フランス倒産法

フランス倒産法

小 梁 吉 章

信山社双書
倒産法

信 山 社

は し が き

　わが国では，大正11年（1922年）に制定された破産法が80余年ぶりに全面的に新しくされ，新破産法が2005年1月1日から施行されている。一方，フランスでは，新しい倒産法が2005年7月26日に成立し，翌日公布され，2006年1月1日から施行される。わが国とフランスで，1年の時差をおいて，ほぼ同時期に倒産処理に関する基本的な法律が改正されている。これは偶然のできごとのようであるが，倒産法という法分野が社会経済的な要因と密接であり，不可分であることを考えると，このようなほぼ同時の法律改正の背後になんらかの要因があるように思える。

　本書はこのような疑問から生まれたものである。倒産法の背後には，企業や家計の破綻がある。もとより，1980年代後半に不動産開発ブームの席巻を見たのは，ひとりわが国だけではない。不動産ブーム60年周期説もことさらに言われ，ニューヨーク，ロンドン，シンガポール，シドニー，香港などのビジネス・センターのオフィス・ビルに各国の投資資金が流れ，ハワイ，ゴールドコースト，コスタ・デル・ソルにホテルが立てられた。フランスも例外ではなかった。デファンスにオフィス・ビルが林立し，マーチャントバンカーはパリのホテルの投資案件を携えて顧客の間を歩いた。その後の1990年代の巨額の不良債権の発生も，同様である。そして，不良債権，不良資産を抱えた企業に対する対策として，倒産法制の見直しが必要とされたことも共通である。倒産法が窮境にある企業について再生を図り，再建が不可能な場合に清算するという基本は同じであろうから，改正された倒産法の内容も類似しているのではないかと思われた。ところが，2005年フランス倒産法を一条ずつ和訳していく過程で，この思惑は外れ，同国倒産法がわが国倒産法と大きく異なることが明らかになってきた。同国倒産法が商人破産主

はしがき

義をとること，支払停止を開始原因とすること，役員倒産責任が規定されていることなど，同国倒産法の特徴は理解していたが，単に制度の違いだけではなく，現在の同国倒産法の特徴の背後に，同国倒産法の歴史が厳然と控えていることを意識せざるを得なくなった。本書が同国倒産法の歴史的な変遷を検討しているのはこのためである。

倒産法は社会政策的法分野である。倒産法の前提として，個人や企業の金融取引や商取引，投資行為などがあり，そのような取引を支えるものとして取引主体が所有する財産，すなわち富の存在を必要とする。財産や富の形態とその蓄積の程度は，国によって，時代によってまちまちであるが，バルザックの小説に見られるとおり，フランスではわが国はもちろん，周辺国に比較しても早く，19世紀初頭から富の蓄積が進んでおり，同国の倒産法はこうした社会経済的状況を背景として変遷してきたのである。今回，わが国と同国の倒産法改正がほぼ同時期に行われたといっても，背後の歴史は大きく異なっており，その違いが倒産法の規定や理解に反映しているようである。同国の倒産法には，現代的な問題に充分に応えられないという問題はあるが，かえって中世以降の長い歴史を引きずっていることから，歴史的な継続性の中で，現代の問題にどのように対応しているのかといった点や，倒産法の基本的な問題，たとえば，私的整理と法的整理という区分の意義や倒産処理における裁判所の役割を考え直すうえで，有益な材料を提供している。

本書を作成する上では，多くの方のご協力を得た。とくにフランス商事裁判所協議会会長であり，パリ商事裁判所所長を兼務されているレイ氏（Mme. Pierrette Rey），倒産手続の中心的立場に立つ法定管理人と法定代理人の全国評議会の会長であるガル・エン氏（Mme. Evelyne Gall-Heng）のほか，フランス経団連のシモン法務部長（Mme. Joële Simon），銀行協会のバック法務部長（Mme. Annie Bac）に，多忙な執務時間を割いて，面談時間を作っていただき，

懇切なご説明を賜った。以上の4人の方はいずれも今回の倒産法改正に関して議会の公聴会に招かれて，意見を述べられている。また，クリフォード・チャンス，パリ事務所のフォルジェ弁護士（Me. Pierre Forget）には改正法についてオリエンテーションを，同事務所のエランド・ゴールドスミス弁護士（Me. Michael Elland-Goldsmith）にはイギリス2002年企業法をご説明いただき，基本的な理解を得ることができた。同事務所のベルコフスコイ弁護士，ユード弁護士（Mes. Pierre Verkhovskoy et Gilles Heude）にも倒産法について重要なご教示をいただいた。さらに，ブレスト大学のルノー博士（Dr. Marie-Hélène Renaut）からは，1807年フランス商法典原文のコピーを送っていただいた。面談した方々はすべて一様に，わが国も含め，各国の倒産法改正の動きに強い関心をお持ちであった。フランス商事裁判所制度の創始者であるド・ロピタルの胸像が見下ろすパリ商事裁判所長室で，拙いながら日本の倒産法の歴史を説明すると，レイ所長がノートを取って聞いておられた。商事裁判所は民間の実業家が裁判官を務める特別裁判所であるが，商事裁判官は商事取引全体の安全を常に意識しているようで，パトロナ・オブリージュ（*patronat oblige*）とでもいうべき，明らかにアングロ・アメリカン流の競争原理とは異なった企業倫理観が商事裁判所制度を支え，倒産法制の基盤となっているようであった。

本書の出版を快くお引受いただいた信山社の袖山貴氏，今井守氏，編集工房INABAの稲葉文子氏には厚く御礼申し上げる。同社の出版事業のいっそうのご発展を祈念する。

なお，本書の研究には，（財）全国銀行学術研究振興財団の2004年度助成を受けた。記して謝意を表したい。

参考資料として，2005年改正後の倒産法の仮訳を添付した。

2005年8月

広島大学大学院法務研究科

小 梁 吉 章

目　次

はしがき

別表：フランスの州別の倒産件数（2004 年）(xii)

第 1 章　フランス倒産法改正検討の意義 …………………… 1

第 2 章　2005 年改正後のフランス倒産制度の概要 …………15

第 1 節　倒産制度の全体像　(15)

第 2 節　倒産予防制度　(18)

　　第 1 款　債務整理のための調停　(18)

　　第 2 款　その他の制度　(38)

　　　　一　事前警報制度　(38)

　　　　二　公認予防協会　(41)

第 3 節　倒産処理手続　(44)

　　第 1 款　事業救済手続　(44)

　　　　一　事業救済手続の新設　(44)

　　　　二　手続開始原因　(49)

　　　　三　手続の概要　(50)

　　　　四　債権者・債務者の権利関係の調整　(61)

　　第 2 款　裁判上の更生・清算手続　(77)

　　　　一　今回の改正　(77)

　　　　二　手続の概要　(78)

第 4 節　法人経営者の民事責任　(88)

　　第 1 款　役員の債務填補責任　(88)

　　第 2 款　倒産の拡張とその緩和　(90)

第 5 節　倒産にかかわる刑事責任　(93)

　　第 1 款　個人破産　(93)

　　第 2 款　詐欺破産罪　(95)

目　次

　　第 6 節　個人債務整理手続　(97)

第 3 章　契約上の手続から裁判上の手続へ …………103

　第 1 節　倒産処理法の発展　(103)

　第 2 節　契約上の手続における裁判所の認可　(111)

　第 3 節　サンディックから法定受任者へ　(114)

第 4 章　フランス倒産処理手続に特有の制度 …………121

　第 1 節　商事裁判所の広範な権限　(121)

　第 2 節　事業倒産主義と事業・債務者の峻別　(123)

　第 3 節　商人破産主義と適用対象の拡大　(125)

　第 4 節　倒産処理の多様化　(127)

　第 5 節　手続開始原因としての支払停止と遡及　(129)

　　第 1 款　支払停止概念の発展　(129)

　　第 2 款　支払停止日の遡及と否認　(138)

　第 6 節　債権者団概念の廃止　(140)

　第 7 節　資産の混同　(142)

　第 8 節　金融機関による詐害的支援の法理の制限　(148)

　第 9 節　懲罰的性格　(153)

第 5 章　わが国倒産法へのインプリケーション …………157

　第 1 節　フランスの倒産処理の環境　(157)

　第 2 節　共有される倒産法理　(160)

　第 3 節　残された課題　(164)

目　次

【参考資料】
2005 年改正後のフランス倒産法
（事業救済に関する 2005 年 7 月 27 日法律番号 2005‐845
による改正後の商法典第 6 部「窮境にある事業」仮訳）················169

別表:フランスの州別の倒産件数 (2004年)

州	倒産処理件数	被用者数別			
		0~9人	10~49人	50~99人	100人以上
アルザス	1,244	1,136	94	11	3
アキテーヌ	2,502	2,352	138	8	4
オーベルニュ	795	754	37	3	1
低ノルマンディ	797	730	51	12	4
ブルゴーニュ	1,035	959	66	6	4
ブルターニュ	1,699	1,611	72	9	7
サントル	1,580	1,456	114	6	4
シャンパーニュ	744	668	64	7	5
コルシカ	291	272	19	0	0
フランシュ・コンテ	781	727	49	4	1
高ノルマンディ	1,003	897	88	11	7
イル・ド・フランス	11,753	10,473	1,179	66	35
ラングドック・ルシヨン	2,380	2,277	93	5	5
リムーザン	530	494	29	4	3
ロレーヌ	1,552	1,431	102	13	6
ミディ・ピレネ	2,053	1,898	135	15	5
ノール・パ・ド・カレ	2,592	2,307	243	25	17
ペイ・ド・ロワール	1,825	1,666	139	11	9
ピカルディ	1,105	1,003	84	9	9
ポワトウ・シャラント	1,109	1,020	78	10	1
プロバンス・コートダジュール	5,486	5,190	279	12	5
ローヌ・アルプス	4,496	4,135	314	29	18
海外県・不詳	859	778	76	2	3
合 計	48,211	44,234	3,543	278	156

第1章　フランス倒産法改正検討の意義

　改正後のフランス倒産法は，2005年7月26日に「事業救済に関する2005年7月26日法律番号2005-845」として成立し，翌日7月27日に公布された（2005年倒産法）[1]。2006年1月1日から施行される予定である。

　2005年改正前のフランスの倒産処理に関する基本法は「事業の裁判上の更生と清算に関する1985年1月25日法律番号85-98」[2]であった（1985年倒産法）。同法は，1994年に「事業の危殆の予防と対策に関する1994年6月10日法律番号94-475」[3]（1994年法）によって重要な改正が加えられているが，2005年改正は，1994年改正とは異なり，倒産法を抜本的に改正するものである[4]。

　今回の改正の経緯は，1998年10月14日の閣議で当時の法務大臣が「更生手続のほとんどが清算に終わっている」という倒産手続の実情を報告したことに端を発し[5]，さらに2001年12月5日に現行

---

(1) Loi n° 2005-845 du 26 juillet 2005 de sauvegarde des entreprises.
(2) Loi n° 85-98 du janvier 1985 relative au redressement et à la liquidation judiciaire des entreprises. なお，同法については，佐藤教授と町村教授による訳がある（佐藤鉄男＝町村泰貴「1985年のフランス倒産法に関する法文の翻訳」北法38巻3号542頁，4号978頁）。本稿で，1985年倒産法を引用するときは，同訳による。ただし，同訳のうち，本稿では「企業」（entreprise）を「事業」に，「準備期間」（période d'observation）を「観察期間」に変更している。
(3) Loi n° 94-475 du 10 juin 1994 relative à la prévention et au traitement des difficultés des entreprises.
(4) Martineau-Bourgniaud, Le spectre de la cessation des paiements dans le projet de loi de sauvegarde des entreprises, D. 2005, Chron. p. 1356.
(5) 2005年2月11日国民議会提出の法務委員会報告は，「改正法案は，長期間の多方面での協議と考慮の産物である」とし，1998年10月に報告が出され，改正が検討されたが，この時点では改正は不奏功に終わったと述べている。http://www.assemblee-nationale.fr/12/rapports/r2095.asp 参照。

フランス倒産法

の倒産法に対する評価報告が出された時点から正式にスタートした[6]。また，破毀院は2002年年報で，倒産法改正についての意見を発表し[7]，2002年に，改正素案が公表された。こうした改正に向けての動きは，2003年に同国の重電・鉄道機器メーカーで巨大企業であるアルストム社の経営危機の表面化により加速され，2003年10月には，倒産法改正案（avant-projet）が発表された。その後，財界，労働組合などから意見を聴取し，各界の意見を踏まえて，2004年5月12日に改正法案がまとめられ，閣議決定され，2004年5月12日に国会の下院に当たる国民議会に提出された。両院の法務委員会，財政経済委員会等で審議が行われ，国民議会での実質審議は2005年2月から行われ，国民議会は2005年3月9日に賛成多数で可決した。さらに，緊急法案として上院に送付されたが，途中，欧州連合憲法に関する国民投票で，拒否票が多数を占めたために，ラファラン内閣が更迭され，新たにドビルパン内閣が組成されるという事態によって，一時改正作業は中断され，その後，本改正案の審議が再開された。2005年7月13日に一部国民議会議員と上院議員から法案の8条，33条などについて憲法院に対して違憲審査が求められ，同月22日には質問があった4条文のいずれも合憲であるとの憲法院の判断が下され[8]，2005年7月26日に新しい倒産法

---

(6) Rapport de l'office parlementaire d'évaluation de la législation portant sur la législation applicable en matière de prévention et de traitement des difficultés des entreprises, le 5 décembre 2001, doc. Assemblée nationale n° 3451.

(7) 破毀院の提言は，5項目にわたる。手続の開始については，支払停止の概念明確化，裁判所の職権での倒産処理手続開始権限の維持，制裁については，裁判所の職権による債務者の制裁の合理化，債務者については，法人債務者の代表者の代表権限の維持，支払停止から申立てまでの期間の延長，債権者については手続開始後の債権の優先の見直し，更生手続については，譲渡計画，事業継続との一貫性などの点を挙げた。

(8) 憲法院（Conseil constitutionnel）の合憲判断は，Décision n° 2005-522 DC du 22 juillet 2005を参照。なお，同判断は，http://www.conseil-constitutionnel.fr/decision/2005/2005522/2005522dc.htm に掲載されている。

が成立したところである。現行倒産法が制定されてから、ちょうど20年を経て、フランス倒産法は改正されたことになる。

わが国では、フランス倒産法に対しては伝統的な懲罰的性質、商人破産主義、手続開始原因としての支払停止概念の曖昧さ、管轄裁判所たる商事裁判所の特異性（素人裁判官の特別裁判所であること）、などを理由に、遅れた法制であると解されてきたことは否定し得ない。後述するように、同国倒産法は現在では債務者の更生を優先した制度となっているが、現実には更生手続が開始されても、清算に終わる例がほとんどであり、同国倒産法制自体の破綻という笑えない皮肉な事実もある。そのような時代に適合しない倒産法を検討する意味はどこにあるのだろうか。この問いに対する答えとして、この改正倒産法が主要国の倒産法の中で最も新しいことは確実に言うことができる。このことのほかに、フランス倒産法改正を検討する意義として、下記の四点があると考える。

(1) 私的整理と法的整理の連絡

第一に、フランスの倒産法は、ある意味でわが国の私的整理と法的整理を連絡するような契約型の倒産予防手続を設けていることである。これは、同国の倒産法制の歴史的発展による必然であって、意図的な制度構築の結果ではないが、皮肉なことにある意味で先進的とも評価することができる。

わが国では、倒産処理において、私的整理と法的整理が分けられており、その間を連絡するような法的手続は存在しない。倒産処理件数のうえでは私的整理が圧倒的に多いとされながら、倒産法はもっぱら法的整理のみを対象とし[9]、私的整理については、簡易

---

(9) ちなみに、信用調査会社は従来、負債額1000万円を超える法人の法的整理、私的整理を倒産と定義していたが、2005年5月にある信用調査会社は、今後法的整理のみを対象とするとした。この例も法的整理と私的整理が区別されていることを示すものであろう。

性,迅速性,高配当,密行性,融通性,債務者との協調性といった効用があるとされながら[10],その一方で,私的整理の成立は債権者の自由意思に委ねられ,その任意性の故に,一部の債権者によって妨害されるおそれがあること,少数者を拘束することができないこと,債権者が必ずしも平等に扱われないおそれがあること,法的根拠がないために,脆弱的な体質があることなどの短所を指摘されている[11]。

こうした私的整理の問題点は,政府においても認識され,いわゆる「骨太の方針」においても,私的整理について「公正,円滑化に資するためのガイドラインを関係者間で早急にとりまとめることが期待」[12]されると指摘されていた。こうした認識を背景として,平成13年(2001年)4月に出された政府の「緊急経済政策」を受けて,同年9月に「私的整理に関するガイドライン」が設けられたところである。私的整理に関するガイドラインは,透明性のある私的整理を行うための指針と位置づけられ,活用が期待されていたが,現実には債権者が金融機関の場合に限られ,一部にメイン寄せといわれる現象が生じ,一方では従来の伝統的なメインバンクが十分な機能を果たすことができなくなる結果を招き[13],このため,同ガイドラインに基づく私的整理の件数は限られる結果となっていた[14]。また,2003年4月に「私的整理と法的整理の中間の役割」

---

(10) 羽田忠義『私的整理法』(商事法務研究会,1976) 39頁。

(11) 羽田忠義『私的整理法』(商事法務研究会,1976) 53頁。

(12) 2001年(平成13年)6月の閣議決定,いわゆる「骨太の方針」(「今後の経済財政運営及び経済社会の構造改革に関する基本方針」)を参照。

(13) 平成15年度年次経済財政報告は,第2章金融と企業の再構築,第3節企業の再構築,②過剰債務企業の事業再生,(1)メインバンクの企業救済機能の低下の項で,従来は負債が増加している企業に対してメインバンクが収支を安定させる機能を持っていたが,1990年代後半にこうした収益悪化企業に対するメインバンクのサポートが見られなくなったと分析している。

(14) 2003年2月2日日本経済新聞記事「リレー討論:企業・金融文化を変革―産業をどう再生する」を参照。

第1章　フランス倒産法改正検討の意義

を果たす機関[15]として，産業再生機構[16]が設立され，同年5月債権買取り業務を開始した。しかし，同機構は当初の予定通り，2005年3月末をもって債権買取り業務を停止している。

このような状況の中で，現時点では，わが国には私的整理と法的整理には間隙がある。フランスの倒産予防のための調停手続は，一見すると，私的整理と法的整理を連携させるハイブリッド型の手続のようであり，このため，新たに公正かつ円滑な私的整理を構想する上で，フランスの制度が一つの参考となると考えられる[17]。

(2) フランス倒産法からの教訓

第二に，これまでフランス倒産法が1990年以降の倒産の増加に充分に対応できなかった点である。この点は第一の点と異なり，同国倒産法の遅れを示しているが，その原因を検討することは，有効な倒産処理法を考える上で有益であると考える。

---

[15] 2004年9月30日付け日本経済新聞社説「産業再生機構"人気"から何を学ぶか」を参照。

[16] 株式会社産業再生機構法1条は，事業者に対して金融機関等が有する債権の買取り等を通じてその事業の再生を支援することを目的とすると規定している。産業再生機構は，2003年4月16日に同法に基づき，預金保険機構が全額出資して，政府の関与する民間企業として設立された，2003年5月8日に業務を開始し，その後，同年5月20日に農林中央金庫からの出資を得て増資した。

[17] 経済産業省経済産業政策局長の私的研究会として設けられた企業活力再生研究会において，今後の事業再生メカニズムの一つとして「私的整理と法的整理の連続性を確保するためのメカニズム」が検討されている（横尾英博「今後の事業再生メカニズムの課題」事業再生と債権管理108号51頁）。横尾課長は「私的整理に関するガイドライン」が一種の紳士協定であったため，抜本的再生計画が立てにくいという私的整理の固有の問題を十分に解決することができなかったと分析し，事業価値を毀損しない私的整理を円滑に進めるためには，私的整理と法的整理の連続性を確保するメカニズムが必要であり，次に私的整理においてもミニ法的整理ともいうべき，多数決原理を導入して少数債権者を拘束するメカニズムを検討する必要があるとしている。さらに，2002年のイギリス倒産法改正と今回のフランス倒産法改正がその参考になるとしている。横尾英博「私的整理と法的整理の選択とその課題」ターンアラウンドマネージャー創刊号27頁参照。

表1：倒産処理手続件数推移　　　　　(単位：件)

年	裁判上の更生	裁判上の清算	合　計	清算率
1993	6,200	49,195	55,395	88.8%
1994	6,475	42,964	49,439	86.9%
1995	8,062	46,263	54,325	85.2%
1996	8,605	51,810	60,415	85.8%
1997	7,427	52,124	59,551	87.5%
1998	7,140	45,787	52,927	86.5%
1999	6,039	42,364	48,403	87.5%
2000	4,945	38,196	43,141	88.5%
2001	4,458	38,062	42,520	89.5%
2002	4,390	39,389	43,779	90.0%
2003	4,699	40,380	44,699	90.3%

出典：フランス法務省（2005年2月11日国民議会に提出された法務委員会資料から）

　改正前のフランス倒産法は，単一の法律の中に再建型の手続である裁判上の更生手続と清算手続の二つの手続を設けていた。倒産処理手続は全体として「事業の救済，経済活動と雇用の維持，債務の履行」を目的とし（改正前商法典L620-1条1項[18]），法文上は，裁判上の更生を優先し，更生が不可能と判明した時点で清算に移行することとしていた。しかし，現実には裁判上の更生手続がとられた事業のうち約9割が清算に陥っていた。同国の立法担当者自身，「既存の倒産法が現在の経済に適合していないことは共通の認識である」と述べているとおり[19]，同国倒産法制の破綻は今回の改正

---

[18]　法典化に関わる1999年12月16日法律番号99-1071に基づく2000年9月18日オルドナンス番号2000-912（*J.O.* n° 219 du 21 septembre 2000 p. 14777）によって，1985年倒産法は商法典（Code de commerce）第6部事業の窮境（Livre Ⅵ : des difficultés des entreprises）に再編された。2000年オルドナンスは，このほかに従前の1966年7月24日会社法などを統合している（同オルドナンス4条を参照）。

[19]　2005年2月11日国民議会に提出された公聴会報告の中に記された，法務省民

に先立って，各方面から指摘されてきたところである。たとえば，2003年9月のフランス経団連の提言は「事業の窮境の対策としての包括執行法の無力は，数年前から，明らかである」[20]と指摘し，また，2005年2月11日の国民議会に提出された法務委員会報告は，「裁判上の更生が不調となる率はきわめて高い」[21]と指摘している。2005年5月26日の上院での財政委員会マリニ委員長報告でも「1995年から2002年の間に清算率は85％から90％に上昇した」として[22]，制度の根本的な問題を指摘している。前頁の統計のとおりである。

また，2005年5月11日に上院に提出された経済委員会報告では，1985年倒産法の下では，担保債権者など優先債権者について6割，一般債権者にいたってはわずか5％しか配当が行われていないとして，債務者のみならず，債権者にとっても1985年法には問題があったと指摘している[23]。

裁判上の更生手続の失敗は，手続開始原因によるものである。

フランスでは1807年の商法典破産編[24]以来，倒産手続開始原因を伝統的に「債務者の支払停止」としてきた[25]。再建型の手続で

事局ギヨーム局長の発言である。http://www.assemblee-nationale.fr/12/rap-info/i2094.asp を参照。

(20) MEDEF, Quel traitement pour les entreprises en difficulté? proposition pour ameliorer la prévention, septembre 2003.

(21) 2005年2月11日国民議会提出の法務委員会報告。http://www.assemblee-nationale.fr/12/rapports/r2095.asp 参照。

(22) 2005年5月26日上院提出の財政委員会報告。http://www.senat.fr.rap/a04-355/a04-355_mono.html. を参照。

(23) 2005年5月11日上院に提出された経済委員会報告は，「契約上」に代えて「合意による」（consensualieme）という表現を使っているが，同義である。http://www.senat.fr/rap/a04-337/a04-337_mono.html を参照。

(24) Code de commerce du 10 septembre 1807, Livre III : des faillites et des banqueroutes. 1808年1月1日施行。

(25) 1807年商法典437条は「支払を停止した商人は全て倒産（faillite）の状態にある」と規定した。

表2：2003年倒産処理手続の構成

申立総数	62,515				(単位：件)
決定総数	60,333	債務者申立	債権者申立	職　権	その他
裁判上の更生開始	14,344	7,005	6,298	717	324
即時清算	30,355	18,772	8,274	1,494	1,825
小　計	44,699	25,777	14,572	2,211	2,139
却下等	15,634				

裁判上の更生	事業継続	事業譲渡	観察期間経過後清算
14,724	3,676	1,023	10,025

出典：フランス法務省（2005年2月11日国民議会に提出された法務委員会資料から）

ある更生手続についても，この伝統的な手続開始原因を適用してきたために，再建のための更生手続の開始が遅すぎたのである[26]。また，1994年の改正で，手続開始申立ての時点で明らかに更生が不可能な場合には，更生を優先させることなく，即時に裁判上の清算手続に入ることが可能となったが，上掲の表が示すように，同国の倒産法は更生を優先するといいながら，現実には，倒産手続開始はほぼ清算を意味した。2003年の倒産処理手続開始申立て4万4699件のうち，更生計画を策定するための観察期間を設けずに即時清算となった件数は，3万355件に達し，更生手続に入っても清算で終わっている例が大半である。

判例は，支払停止という倒産手続開始原因の解釈を変更することで，倒産件数の急増に対応しようとしたが，手続開始原因を変更するという抜本的な対策はこれまでとられなかった。今回の改正は，

---

[26] 齋藤博士は，フランスの学者は，破産とは債務者の支払停止という状態を意味するが，ドイツの学者は債権者または破産手続の側面から破産を「債務者の総財産より総債権者をして平等に之が満足を得せしむるを以て其目的と為すところの裁判上の手続」と説明しており，ドイツ法的な説明の方が破産の本質を理解しやすいとしている（齋藤常三郎「破産の観念」『破産法及和議法研究』（弘文堂，1928）33頁）。

事業救済手続というもっぱら再建を目指す倒産処理手続を新設し，ここで初めて支払停止（という倒産手続開始原因となる事実）を生じる「おそれ」がある場合にも，倒産処理手続を開始することができることとし，ようやく手続開始原因を多様化したのである。

わが国では，再建型の倒産処理手続である会社更生法において「破産の原因たる事実の生じる虞」があるときに手続を開始することができるとし（旧会社更生法30条1項，現行会社更生法17条1項1号），民事再生法もこれにならっている（民事再生法21条1項）。これに対して，フランスでは最近まで支払停止という事態にならなければ，倒産処理手続がとられなかった。法文上の不備を，判例によって補ってきたのである[27]。

(3) フランス倒産法の過去からの連続性

第三に，フランス倒産法が，過去からの残滓を引きずっているというネガティブな性格を有しているからである。同国倒産法がいっさい外国倒産法を参考にしなかったということはできないが，基本的には国内で時代の要請に応える形で倒産法制が変化し，発展してきた。フランス倒産法の変遷は，中世の定期市での債務不履行の商人に対する定期市の厳律を遠源とし，1673年の商事王令を直接的な起源として，時代や社会状況を背景にした改正が加えられてきた。たとえば，1807年商法典破産編は，革命後の混乱期に商人の不実

---

[27] 改正前の会社更生法30条は，手続開始原因として「事業の継続に著しい支障をきたすことなく弁済期にある債務を弁済することができないとき」（1項），「破産の原因たる事実の生ずる虞があるとき」（2項）と規定し，現行の会社更生法17条1項も同様に「破産の原因となる事実が生ずるおそれがあること」（1号），「弁済期にある債務を弁済することとすれば，その事業の継続に著しい支障をきたすおそれがある場合」（2号）と規定している。また，民事再生法21条1項も手続開始原因として「破産の原因たる事実の生ずるおそれがあるとき」と「事業の継続に著しい支障をきたすことなく弁済期にある債務を弁済することができないとき」を規定している。旧和議法12条1項は「破産の原因たる事実ある場合」と規定していた。

な行いが多発したことに対する対策として懲罰的性格を強め，1985年倒産法は社会党政権下の倒産法であり，債務者保護を強めている。フランス倒産法は過去からの断絶のないシームレスな発展，変化を遂げてきたということができる。

　この点は，わが国倒産法の発展と対照的である。

　わが国の破産法の制定自体，商工業の発展段階，財・富の蓄積の程度，金融制度の水準などの経済的基盤を考慮したものではなく，外国との不平等条約の解消という政治外交的な要請を映したものであった。わが国倒産法制は，フランス1807年商法典破産編をモデルとして，明治23年（1890年）に商法（明治23年法律第32号）第3編破産編として設けられ，明治26年（1893年）7月1日に施行された（「明治破産法」）。明治破産法は，フランス商法典の破産編にならって，商人のみを対象とし（商人破産主義），商人でないものについては別に家資分散法（明治23年法律第69号）を設けていた[28]。その後，わが国の民法がドイツ法モデルに改正されたことを受けて，わが国の倒産法制もドイツ法をモデルに改正され，大正11年（1922年）4月25日に破産法（大正11年法律第71号）が公布され，翌年の大正12年（1923年）1月1日に施行された（「旧破産法」）。同法は商人，非商人いずれにも適用されるものとされた[29]。また，

---

(28)　ただし，「家資分散法にはなんら執行手続の規定がなく，家資分散宣告は民訴法の通常の強制執行によって債務を弁済することができない旨の証明がなされた場合に，選挙権・被選挙権を喪失させるための事後の宣告」であったとされている（斎藤秀夫＝麻上正信＝林屋礼二編『注解破産法［第3編］下巻』（青林書院，1999）98頁［谷合克行］）。

(29)　齋藤博士は，商人破産主義をとったことは「吾国当時の経済状態に適合するものと為したるにあらず立法者の予期する所は一般破産主義にありたるも其当時新民商法の改正実施を急ぎたる為め破産法を全部改正して一般主義のものに改むるの余裕なかりしより已むなく一時的応急の規定と近き将来に於て（其当時より見て近き将来）一般破産主義に改むるものとして現行の商人破産主義を仮に採用した」としている（齋藤常三郎「破産法研究の必要」『破産法及和議法研究』（弘文堂，1926）23頁，初収は大正9年国民経済雑誌第28巻第1号，第2号）。

従来の家資分散法は廃止され，同時に，破綻した債務者の清算を目的とする破産法とは別に，破綻債務者の再生を目指す倒産法制として，オーストリア法にならって，和議法（大正11年法律第72号）が設けられた。その後，わが国で株式会社が増加するにつれて，もっぱら株式会社を対象とする倒産法制の整備が求められることとなり，イギリス法に倣って，昭和13年（1938年）に商法の会社法編を改正（昭和13年法律第72号），会社整理と特別清算が導入された。また，第二次大戦後，アメリカ法の強い影響の下に，株式会社に対する厳格な再建型の倒産処理手続を定めるものとして会社更生法（昭和27年法律第172号）が制定された。

最近にいたって，1996年（平成8年）10月8日に開催された法制審議会第120回において，法務大臣から「破産，和議，会社更生等に関する制度を改善する必要があるとすれば，その要綱を示されたい」という諮問（諮問第41号）が行われてから，倒産法制の見直し作業が開始され，平成11年（1999年）に民事再生法（平成11年法律第225号）が成立し，翌年4月1日に施行されて，平成11年以来の和議法は廃止され，平成14年（2002年）には会社更生法も抜本的に改正されている（平成14年法律第154号）。さらに，平成16年（2004年）に旧破産法が廃止され，全く新しく破産法（平成16年法律第75号）が成立し，平成17年（2005年）1月1日に施行された（「新破産法」）。わが国倒産法の歴史には，外国法の影響がきわめて濃厚であり，この点でフランス倒産法と大きく異なっている。フランス倒産法の変遷をたどることは，制度の起源，成り立ちを知る上で有意義であり，倒産制度の存在理由など基本的な問題を考える上で，参考になると考えられる。

(4) 倒産法のコンヴァージェンスとディヴァージェンス

第四に，ここ10年ほどの間に主要国で倒産法の改正が行われ，手続規定などに一定のコンヴァージェンスが見られることである。

フランス倒産法

このコンヴァージェンスの中にフランス倒産法が含まれる。

経済のグローバル化の進展がはなはだしい。1970年代のオイルマネーの発生によりユーロ市場が各国の企業の資金調達の場と化し、さらに、1980年代のイギリスのビッグバン以降、各国で金融規制の緩和が進む一方、開発途上国の経済の開放により、製造業のシフトがグローバルに行われるようになってきた。この結果、各国の経済は外国の経済から遮断された、孤立した存在ではありえなくなっている。以前は、一部のマルチナショナル企業だけが、特権的にワールドマーケットのプレーヤーとして活動していたが、1990年代以降は中小規模の企業においても事業が国際化し、グローバル経済の影響を強く受けるようになったが、このことは企業の倒産という、一般には負と看做される経済社会現象においても、同様である。とくに、1980年代の後半以降の不動産開発ブームに沸いた後の宴の後の後遺症はひとりわが国のみならず、多くの国に見られた現象である。

経済のグローバル化は、倒産法制に対して影響を強め、各国ともに倒産法の目的を事業再生におくようになっている。イギリスでは2002年企業法により倒産法を一部改正しており、スペインの新倒産法では事業の再生を早期に進める制度を導入し、ドイツの倒産法改正においても主要な目的は、企業の再建を可能にする手段の構築であった[30]。わが国でも、小渕内閣発足から間もない平成10年(1998年)8月24日に発足した経済戦略会議が平成11年(1999年)2月26日に発表した答申「日本経済再生への戦略」第4章「活力と国際競争力のある産業の再生」で、「事業者の再挑戦を可能とす

---

(30) 木川博士は、倒産が経済社会全体に関わる公的な問題であるという認識から、「倒産に瀕した企業の再建を可能にする新たな手続を構築することもまた(連邦政府における倒産法委員会の)設置目的の中心に置かれた」としている(木川裕一郎『ドイツ倒産法研究序説』(成文堂、1999)9頁)。この結果、倒産原因として新たに「支払不能のおそれ」が導入されたが、支払不能と支払停止の違いはあるが、「おそれ」という概念を導入したことは今回のフランス倒産法改正も同様である。

るとともに，経営資源の再利用を図る観点に立って，倒産関連の法制を，より柔軟で迅速な対応ができるものに抜本的に改める」と提言していたところである。今回のフランス倒産法の改正でも，文字どおり「事業救済手続」という制度を新設しており，倒産法の方向性は，事業の再建にあることで共通である。またフランス倒産法改正において，たとえば2005年2月11日の国民議会に提出された法務委員会報告は，日本を含む外国の倒産法制に言及し，最近の改正に触れている[31]。現代では，外国の法制を意識しないでは倒産法を語ることのできない時代に入っており，一種の倒産法制のコンヴァージェンスが見られる。わが国とフランスの倒産法制は，110余年の間，異なった歩みをたどりながら，再び，収斂しているともいうことができる[32]。

一方で，わが国の倒産法制の見直しがバブル経済崩壊後の企業や家計の破綻の増加という社会問題を背景としていること，また，平成15年度の年次経済財政報告が金融と企業の再構築と過剰債務企業の事業再生をとりあげ，債務整理の必要性を分析していること，などから明らかなように，倒産法制は単に個々の債権者・債務者間の権利関係の調整であるばかりでなく，社会経済政策でもあり，外国の倒産法は歴史的な制約とともにその国の固有の政策に沿って行われており，外国の倒産法がわが国の倒産法制にそのまま参考になるものではない。もとより，倒産法制は資金的に破綻した債務者について，その更生または清算を目的とする法制度であり，制度の目的，債権者平等原則など，基本的には共通する点があることはある

---

(31) 各国の出先機関を通じて，アメリカ，ドイツ，スイス，ポーランド，フィンランド，日本，ベルギーの各国を調査したとしている。
(32) なお，アメリカ連邦倒産法も2005年4月に改正されている。ただし，改正法であるBankruptcy Abuse Prevention and Consumer Protection Act of 2005 は，個人の多重債務問題の深刻化を背景に，倒産による救済を厳しくしているもので，クレジット・カード業界からの要求に応えたものである。ヨーロッパ各国およびわが国での倒産法改正とは方向性が異なる。

が，法制度を支える下部構造，すなわち，富の蓄積の水準，富の形態などは同じではない。倒産法改正の方向性において一定のコンヴァージェンスが見られるとしても，倒産法の基本的構造あるいは手続や制度を支える根底の原理において相当なディヴァージェンスがあると予想される。どの点が共通し，どの点が異なるか，基本原理において相互比較を行うことは，同国倒産法を参考にする上で必須の作業である。

　本書の構成について述べる。第2章では，倒産予防手続と倒産処理手続等に分けて，改正後のフランス倒産法上の具体的な手続を説明した。たとえば，フランスに現地法人を有している会社の法務担当者が改正後の同国の倒産処理手続を理解するためには，第2章を読んでいただきたい。第3章では，倒産予防のための調停手続の歴史的性格を説明し，債権者と債務者の契約上の債務整理が現代の倒産法につながっていることを明らかにした。第4章では，商人破産主義など，現在のわが国倒産法に見られないフランス倒産法固有の制度が数多く見られるので，これらについて個別に若干の説明を行った。最後に，第5章では2005年改正フランス倒産法がわが国倒産法制に与える影響について検討した。

　なお，ロエスレルの商法草案などカタカナ表記の文章はひらがなと当用漢字表記に改めている。

第2章 2005年改正後のフランス倒産制度の概要

第1節 倒産制度の全体像

　2005年倒産法改正後のフランスにおける倒産処理制度の全体は，以下のとおりである。倒産法は，わが国と異なり単一であり，単一法の中に，倒産予防のための制度と倒産処理のための制度が並置され，倒産処理制度として，裁判上の更生手続，裁判上の清算手続に加えて，改正によって事業救済制度が設けられている。すなわち，倒産予防・処理法としては，調停手続，事業救済手続，裁判上の更生手続，裁判上の清算手続の倒産4法である。このほかに，消費者の債務整理手続が別個の法律として制定されている。

表3：倒産手続一覧

性　格	手続名	手続の機関	その他の機関	裁判所の監督
倒産予防手続	調停(注1)	特別受任者 調停人(注2)	なし	あり
倒産処理手続	事業救済(注3)	法定代理人 法定管理人	主任官 監査委員 債権者委員会 計画遂行監督員	あり
	裁判上の更生	法定代理人 法定管理人	主任官 監査委員	あり
	裁判上の清算	法定清算人	主任官	あり
個人債務整理手続	個人債務整理	なし	なし	あり

注1：従来は，和解的整理とよばれていた。
注2：実務上は，倒産予防手続としてまず任期の制限のない特別受任者を選任し，その

フランス倒産法

後債権者の合意が得られる見込みがついた段階で，任期の制限のある調停人を選任するという流れになっている。
注3：2005年改正倒産法で，倒産法制の中核として新たに設けられた制度である。

これを，処理の目的に従って清算型と再建型に分けると以下のとおりである。

類型	倒産予防手続	倒産処理手続	個人債務整理
清算型	なし	裁判上の清算	なし
再建型	調停	事業救済 裁判上の更生	個人債務整理

フランスの近代的な倒産法は，1673年商事王令第9,10,11章[33]を起源としているが，1955年以降の倒産法制での清算型，再建型および倒産予防手続を示すと，以下のとおりである。

表4：倒産手続の推移

年	清算型	再建型	倒産予防	刑事制裁
1673	破産	示談による和議(注1) 猶予状(注2)		詐欺破産
1807	破産	示談による和議		詐欺破産

この間に，1838年5月28日法，1889年2月4日法があり，1935年8月8日改正法がある。

年	清算型	再建型	倒産予防	刑事制裁
1955	破産	裁判上の整理		詐欺破産
1967	財の清算	裁判上の整理	個別手続停止	詐欺破産 個人破産
1985	裁判上の清算	裁判上の更生	和解的整理(注3)	詐欺破産 個人破産
1994	裁判上の清算	裁判上の更生	特別受任者(注4) 和解的整理	詐欺破産 個人破産
2005	裁判上の清算	事業救済 裁判上の更生	特別受任者 調停	詐欺破産 個人破産

注1：示談は，arrangement の訳，和議は，concordat の訳である。
注2：猶予状は，lettre de répit の訳である。
注3：和解的整理は，1984年法によって設けられている。
注4：特別受任者は，和解的整理または調停を開始する前に選任されるものであり，手続としては和解的整理または調停に吸収される。

1673年商事王令において,すでに債務者と債権者との間の合意(示談)による和議の制度が設けられ,また債権者の追求を停止させる猶予状の制度が存在した。猶予状の制度はさらに古くユスティニアヌス法典に遡ることができるとされているが,これは,債務を履行できない債務者が財産に対する執行を免れるために王に救済を求めるもので,猶予状を得た債務者は5年間,個別の執行を逃れることができた。古法時代のフランス倒産処理制度を研究したデュプイは,14世紀に成立したシャンパーニュとブリーの定期市の慣習法では,猶予状を得るには債権者の過半数の同意を要したとしており[34],猶予状は現在の和議の原型となる債務者の更生を促す手続ということができる。こうした倒産を回避する手段は,1807年商法典破産編に継承され,同法は第8章第2節に債務者と過半数かつ債権金額で四分の三以上の債権者との間の協定による和議(concordat)の制度を設けている(同法519条)[35]。1807年商法典破産編の和議は,裁判所による認可の規定し,認可された協定は全債権者を拘束するものとされていた(同法524条)。1807年商法典破産編の和議は,同法典をモデルに起草されたわが国の明治破産法に「協諧契約」(第7章)として導入されている。このように1807年商法典破産編は1673年商事王令を踏まえて制定され,その後,1838年5月

---

(33) ルイ14世時代の財務総監コルベール(Jean-Baptiste Colbert)が法律顧問のジャック・サヴァリ(Jacques Savary)に起草させた勅令で,正式には「卸・小売商取引の規則に関する勅令」と題し,サヴァリ法典または商人法典(12章,122条)とも呼ばれた。ルノー(拙訳)「フランス倒産法の歴史」広法27巻3号154頁,イレール(塙浩訳)「フランス破産法史」塙浩『フランス民事訴訟法史』(信山社,1992)840頁,スラムキェヴィチ(塙浩訳)「アンシャン・レジム期のフランス破産法」塙浩『フランス民事訴訟法史』(信山社,1992)870頁, Hilaire, *La faillite, Intoroduction historique au droit commercial*, Puf, 1986, p. 318を参照。

(34) Dupouy, *Le droit des faillites en France avant le code de commerce*, L.G.D.J., 1960, p. 58.

(35) 過半数と金額で四分の三以上の債権者の同意の条件は1673年商事王令と同じである。

28日倒産法，1889年3月4日倒産法により改正が加えられた。この間，フランス倒産法は債務者の財産を債権者に移付，または売却代金を債権者に配当することによって債権者の満足を得る手続を中心としつつ，同時に債権者が同意するならば，債務者の将来の更生を期待する手続を併設して発展してきたということができる。

　以上の事実から明らかなことは，2005年倒産法が設けている倒産予防のための調停制度は，2005年法が初めて設けた手続ではないということであり，破綻した債務者の更生のための倒産処理手続は，上記のような債権者と債務者の間の合意に基づくものとして，中世以来の同国の倒産手続に固有の制度であって，2005年改正法の調停手続はその現代化であるということである。

第2節　倒産予防制度

第1款　債務整理のための調停

　2005年6月に，改正倒産法についてフランスの倒産実務担当者にインタビューを行った。その際，相手方は倒産手続を裁判上の手続（procédure judiciaire）と契約上の手続（procédure contractuelle）に分けて説明することが多かった[36]。とくに2005年倒産法が整備した倒産予防のための調停手続を説明するときにこの区分が多用された。倒産予防手続は裁判上の手続ではなく，契約上の手続であり，和解的（amiable）であると説明されたのである。

　ここで裁判上の手続とは，手続の開始申立てを裁判所に行い，裁判所が手続の機関を選任し，裁判所の監督の下で債務者の事業更生計画を策定し，あるいは債務者の財産の換価処分を行い，債権者に配当するという手続を意味するようであり，これはわが国でいう法

---

(36)　インタビューした実務担当者については，はしがきを参照願いたい。

的整理に相当する。一方，契約上の手続とは，債務者と債権者との間の契約による債務整理をいうようである。この点では，契約上の手続とはわが国の私的整理に相当するようであるが，2005年改正倒産法の倒産予防のための調停手続は，あくまでも手続（procédure）である。すなわち，債務者が裁判所に債務整理のための調停手続の開始の申立てを行い，裁判所が裁判によって調停手続の開始を決定し，債務整理を行うための調停人を選任し，調停人は逐次，債務整理手続の進捗を裁判所に報告し，債権者の合意を得た整理案について裁判所が裁判によって，確認または認可するという手続である。手続の開始から債務整理の確定まで裁判所が関与し，債権者との整理交渉の進捗を裁判所が監督する手続であり，したがって，わが国の私的整理とは異なっている。

　契約上の手続にこれほどの裁判所の関与があるとすると，裁判上の手続と契約上の手続の違いはどこにあるのだろうか。この点は，裁判上の手続の場合は，手続の過程で，債権者の債務者に対する強制執行などが当然に停止されるが，契約上の手続にはこの停止効がないこと，裁判上の手続では事案ごとに裁判官の中から主任官が選任されるが，契約上の手続では主任官が選任されないこと，調停手続では，債権者と債務者が債務減免，返済期日の猶予を合意し，合意に加わらない債権者にはその効果は及ばないこと，以上の点で契約上の手続である調停手続は裁判上の手続と異なるということができる。裁判上の手続では，裁判所は積極的に手続を指示するという主導的な役割を果たしているが，倒産予防のための調停という契約上の手続では，裁判所は当事者の合意の形成を後見的に監督する機能を果たしているのである。

　また，フランス倒産法には，裁判上の債務整理手続には救済手続，裁判上の更生と裁判上の清算手続の3種類があり，裁判上の手続は倒産処理手続（包括執行）であるのに対し，調停手続は，倒産予防手続であって，倒産処理手続ではない。上述したように，倒産予防

のための調停手続は，中世以来存在してきた「示談による和議」にその原型を求めることができるので，仮にわが国で，契約上の手続としての倒産予防のための調停手続に類似した手続を挙げるならば，廃止された旧和議法に基づく和議手続がもっとも近いということができよう。

次に，1967年オルドナンス以降，2005年倒産法における倒産予防のための調停手続にいたるまでの倒産予防のための倒産法上の手当てについて説明する。

(1) 1967年9月23日オルドナンスにおける個別手続の停止

倒産を予防するために債務整理を行うとすれば，債務者は債権者から債務の減免または返済の猶予を得る必要があるが，債務者が債務整理に動いていることを察知した債権者が我勝ちに債権回収を図るため，個別の執行に動き出す可能性があり，債務整理の間，債権者から個別の執行を停止させる必要がある。1955年倒産法の下での債務整理においては，債権者の個別の執行手続を停止させるためには，和議協定に対する債権者の同意を得て，裁判所の認可を得る必要があった。これに対して，1967年の「ある事業の経済的，資金的更生を促進する1967年9月23日オルドナンス[37]」(1967年オルドナンス)は，債務者のイニシアティブによる債権者の個別手続の停止の制度を設けて，債務者による債務整理を支援することとした。

1967年オルドナンスは，その直前に制定された「裁判上の整理，財の清算，個人破産と詐欺破産に関する1967年7月13日法律番号67-563[38]」(1967年倒産法)によって，1955年倒産法が抜本的に改

---

[37] Ordonnance 67-820 23/09/1967 tendant à faciliter le redressement économique et financier de certaines entreprises.

[38] Loi n° 67-568 du 13 juillet 1967 sur le règlement judiciaire, la liquidation des biens, la faillite personnelle et les banqueroutes.

正されたことを受けて,「(1967年倒産法の下で) 今後, より早い時点から裁判所で係属し, 多数のビジネスをより良い状態に導き, 債権者の合意を得て, 充分な成功の可能性の下で, 更生が図られるようにすることが必要」であるとして制定されたものである (同オルドナンス前文から)。

同オルドナンス第1条は目的として,「資金的に困難な状態にあるが, 回復不可能な状況にあるわけではなく, その消滅が国家または地域経済に重大な障害を引き起こしかねず, 債権者の利益と適合する条件で回避することが可能な事業について, 手続と債務の履行の一時的停止の手続を設ける」と規定した。この手続の申立権者は, 倒産の状態にない (すなわち支払停止の状態にない) 債務者, または当該債務者の全債務の15パーセント以上を有する債権者とされていた (同オルドナンス4条, 7条)。申立てを受けた裁判所は, 決定によって手続を開始し (同オルドナンス10条), 当該債務者に対する民事執行手続などの個別の手続を3ヶ月間停止させることとした (suspension provisoire des poursuites) (同オルドナンス11条)。裁判所は同時処分として, 保佐人 (curateur) を選任し, 任務を裁判所が決定するとしており, この3ヶ月間という猶予期間の間に, 債務者は債権者の間を回り, 更生のための計画を立案することになった。また, 個別手続の停止の濫用を回避するために, 更生のための計画の不履行があった場合は, 裁判所は15パーセント以上の債権を有する一または複数の債権者の申立てにより, 計画の解除を宣告し, 当該債務者について裁判上の整理または財の清算手続に移行することとした (同オルドナンス38条)。

この手続では「支払の停止のおそれを可能な限り早い段階で防ぐこと, このおそれを回避し, 窮境を更生するための手段を用意し, 可及的に遂行すること」(同オルドナンス前文から) が目指されたが, この手続は単に個別執行等の停止にとどまり, 債務者の債務整理自体を促す効果がないこと, 保佐人は債務整理を支援するのではなく,

単に当該債務者を監督するものに過ぎないこと（同オルドナンス 20 条），個別手続の停止決定が公表され，当該債務者の窮境が債権者等に明らかになること，さらに「本オルドナンスは，その消滅が国家または地域経済に深刻な問題を引き起こすような」大企業を主眼として設けられた制度であり，中小企業が利用できなかったことなどが災いし，制度は設けられたものの利用されない状態が続いていた[39]。

(2) 1984年3月1日法における和解的整理

1984年の「事業の窮境の予防と和解的整理に関する1984年3月1日法律番号84-148[40]」（1984年法）は，1966年会社法[41]に基づく株式会社に対して，会計書類の整備を義務付ける法律であるが，同時に，債務整理を目的とする倒産予防制度として，①和解的整理（règlement amiable）を設けるとともに，②事前警報制度（alerte），③公認予防協会（groupements de prévention agréés）の制度を設けた。このうち，倒産法の観点から重要なものは和解的整理である。同制度は，2005年改正で調停（conciliation）と改称され，現在に至っている。

1984年法の下で，和解的整理の手続を申し立てることができるのは中小企業[42]であって，1967年オルドナンスとは基本的に異な

---

[39] マルタン弁護士は，その理由として，手続開始が遅すぎたこと，3ヶ月という短期間に更生計画をまとめることは困難であったことを挙げている（Martin, *Redressement et liquidation judiciaire*, 7ᵉ éd., Delmas, 1999, p. 17）。

[40] Loi n° 84-148 du 1ᵉʳ mars 1984 relative à la prévention et au règlement amiable des difficultés des entreprises.

[41] Loi n° 66-537 du 24 juillet 1966 sur les sociétés commerciales. 同法は，2000年9月18日オルドナンス番号2000-912によって商法典第2部に再編された。

[42] 同法34条1項は，1966年会社法340-1条（現在は商法典に再編され，商法典のL232-2条となっている）の基準にあてはまらない商事会社としている。会社法340-1条は「被用者数または売上高でコンセイユ・デタのデクレの定める基準のひとつを充足する商事会社については，その事業活動を勘案して，取締役会または董

第2章 2005年改正後のフランス倒産制度の概要

る。1984年法の下では，純資本金額の三分の一を超える純損失を計上した中小企業の経営者に対して，裁判所は業況の改善策の策定を求め（同法34条），「再生を実行するために，商事または職人的事業の経営者は，その決算見込み（comptes prévisibles）が事業の可能性に適合した資金調達によってまかないきれないことが明らかになった場合，商事裁判所に調停人（conciliateur）の選任を申し立てることができ」（同法35条1項），「調停人はとくに債務者と主要な債権者との間で，支払の猶予と債務の減免について合意を締結することにより再生を容易にする任務を負う」（同3項）とされた。

すなわち，当該中小企業の経営者が裁判所に調停人の選任を求めることによって，和解的整理の手続が開始され，調停人は，主たる債権者から当該債務者に対する債務の返済の猶予または債務の減免について同意をとりつける役割を担った。債権者から同意をとりつける間は，個別の執行は停止されることはないが，調停人によって和解的整理案が成立した場合，整理案の履行期間中は個々の手続が停止されることとされた（同法37条）。ただし，この和解的整理案は署名した債権者についてのみ効力があるとされていた。

フランスでは，1807年商法典破産編が「支払を停止した商人は倒産の状態にある」（同法437条）[43]と規定して以来，債務者の「支払停止」を倒産処理手続の開始原因としているが，この和解的整理は「支払停止」を手続の開始原因としていないことから，倒産前の債務整理手続であり，裁判所の後見の下で債務者と債権者が「契約的に」債務整理を行うものであった。

裁判所は前記の調停人の選任のほか，「債務者の状況を知るため

事会は毎決算期の計算書類と資金計画表と同時に，流動資産，簿外資産，流動債務，損益見込み，資金調達表を作成しなければならない」と規定する。商事会社に関する1967年3月23日デクレ番号67-236の244条1項がこの基準を設けており，常時300人以上を雇用し，総売上げが1億2000万フランの商事会社とされている。

(43) 1807年商法典破産編437条は《Tout commerçant qui cesse ses paiements est en état de faillite》と規定した。

に，法律上または規則上の反対の規定にかかわらず，裁判所は，監査役，従業員とその代表，公的行政機関，社会保険当局，金融機関と支払い遅延情報センターから，債務者の経済的・資金的状況に関する正確な知識を得られる情報を得ることができ」（同法36条1項），さらに「その選択により専門家に事業の経営・資金的状況と更生の展望について命じることができる」（同2項）とされ，裁判所はこのようにして関係者または公的機関から得た情報を調停人に提供するとともに，裁判所が会計士などの専門家の調査結果を調停人に提供し，和解的整理の成立を支援すること（同3項），「選任された調停人は，裁判所に任務の状況について報告する」こととされた（同法38条）。

この和解的整理手続では，「調停人の面前で，債権者と債務者の間で締結された和解的合意は，その遂行期間の間，すべての裁判上の訴え，合意の対象となっている債権の支払いを得る目的での債務者の動産および不動産上の個別執行を停止させ，担保権の実行を禁ずる」と規定された（同法37条1項）。

このように和解的整理は，合意した債権者のみを拘束する契約型の債務整理手続であり，1807年商法典破産編に規定された和議が債務整理案に個別に合意していない債権者も拘束したことと基本的に異なっていた[44]。

ただし，1984年法は和解的整理制度を設けたが，実際には，制定当初から1990年代初頭まで，この和解的整理が試みられることは少なかった[45]。この理由は詳らかにしないが，対象が中小企業に限られていたこと，1984年法は主として株式会社に対して会計帳簿・計算書類の作成を義務付けることを主眼としていたこと，和解的整理に関する規定は4条にとどまり，手続に対する抵抗があっ

---

(44) わが国の旧和議法の下の和議手続，旧破産法の下での強制和議はいずれも債務者との和解的整理の協定に加わっていない債権者も拘束した。

(45) Martin, *Redressement et liquidation judiciaire*, 7ᵉ éd., Delmas, 1999, p. 42

たことが考えられる[46]。

(3) 1994年法における特別受任者と和解的整理

1990年代に入り、不動産不況に起因する金融機関の業態の悪化が問題となった。とくにパリの商事裁判所では、銀行の本店が集中するために深刻な問題となり、銀行の業況の悪化を早急に解決するための実務上の対応として[47]、特別受任者（mandataire ad hoc）の制度を新設した。これは裁判所の監督の下で、期間が限定された和解的整理に先立って、期間の制約を受けることなく、債務者の受任者として、債権者・債務者間の債務の調整を機動的におこなうために設けられたものである[48]。

パリ商事裁判所が導入した特別受任者の制度が機能し始めてから、和解的整理が行われるようになり、実務に促される形で1994年法[49]は、1984年法を改正し、純損失の金額にかかわらず、「支払停止の状態にはないが、法的、経済的、財務上の困難を抱える」会社について、特別受任者（mandat ad hoc）を選任することができるとし、また裁判所について和解的整理の手続を開始することができ、調停人（conciliateur）を選任することができるとして、特別受任者の制度を法制化した。ただし、その規定の仕方は慎ましく、1984年法35条[50]を改正する1994年法4条1項は、「裁判所が特別受任

---

(46) 全国商事裁判所評議会（Conference générale des tribunaux des commerces）会長を兼務する、パリ商事裁判所レイ所長によると、法律の変更に対する一種のレジスタンスがあった模様である。
(47) また、パリ商事裁判所のレイ所長によると、特別受任者または調停人による和解的整理を試みることによって、時間をかせぎ、金融機関に対して不良債権の引当金を積むだけの時間的余裕を与えたということである。
(48) 2005年2月11日国民議会提出の法務委員会報告。http://www.assemblee-nationale.fr/12/rapports/r2095.asp 参照。
(49) 1984年法、1966年会社法、1985年倒産法などを改正する法律である。
(50) なお、1994年法により改正された1984年法35条は、2005年倒産法改正前の商法典 L611-3条に再編されている。

者を選任し，その任務を決定する権限を損なうことなく，商業的または職人的事業を営む者で，支払停止の状態にはないが，法的，経済的，財務的な窮境にあり，または事業に必要な資金をまかなえない者に開かれた和解的整理の手続を設ける」と定めた。すなわち，裁判所には，特別受任者を選任することと調停人を選任して調停手続を開始することの二つの権限が与えられたことになる。また，1984年法では債務整理について債権者の合意を得た場合に，対象の債権について，債権者の合意を得た債務整理契約を遂行している間は，個別手続を停止することとし，債権者の合意をとりつける間は，停止効がなかったが，1994年法は，和解的整理案のとりまとめに必要な場合には，調停人はその間の個々の手続の一時的な停止を裁判所に申し立てることができ，調停人は債権者の和解的整理案への合意を得ると，裁判所がこれを認可することとし，債務整理の合意に至る前の段階，すなわち調停期間中から個別手続を停止することを可能とし，債権者の同意を得た債務整理を遂行している間も個別手続が停止されることとした（1994年法4条による1984年法36条9項の改正）。合意の成立を促進する制度に改めたのである。

　1994年法の和解的整理手続は，債務者のみが申し立てることができ（1994年法4条による1984年法35条2項の改正），債務者は和解的整理手続の申立てに当たって，資金的，経済的，労働関係，ファイナンスの必要性等のサポート資料を提出することを要した。

　1984年法は和解的整理の適用対象を中小企業に限っていたが，1994年法はこのような限定を設けず，「運営の継続を危うくする窮境」にある個人の事業，商事会社などすべてにこの手続を開放した。調停人の任期は3ヶ月とされ（1994年法4条による1984年法35条4項の改正），調停人が延長を求めた場合には，さらに1ヶ月延長することができるとされた。調停人は「事業の円滑運営と債権者との合意を得ること」を目的としており，裁判所が得た情報を調停人に提供することは従来と同様である（1994年法4条による1984年法36

条 1 項の改正)。さらに 1994 年法は「合意がすべての債権者と締結されたときは，裁判所はこれを認可し，書記課に提出する。合意が主要な債権者とのみ締結されたときも裁判所は認可し，合意に含まれていない債権について，債務者に民法典 1244-1 条に予定された猶予[51]を認める」と規定した (1994 年法 4 条による 1984 年法 36 条 8 項の改正)。

1994 年法は，特別受任者と調停人の二つの機能を設けたが，このことによって，窮境にある事業による和解的整理の制度の利用が増加した[52]。これは下記の理由による。

第一に，特別受任者の機動性，融通性である。調停人の任務はもっぱら債権者と債務者の間の債務整理に関する合意の経営に限られているが，法律上，特別受任者の任務は規定されておらず，裁判所が個々に事情を考慮して，その任務を定めることができるとされている。

第二に，調停手続に入った場合には個別手続は停止されるが，特別受任者が選任されても，個別の手続の停止効はなく，特別受任者と調停人の使い分けが可能となったことである。

1994 年法は「調停人は個別手続を一時的に停止することが合意の締結を促進すると評価するならば，調停人は裁判所に申し立てることができる。主たる債権者の意見を徴して，裁判所は調停人の任期を超えない期間，それを命ずるオルドナンスを発することができる」(1994 年法 4 条による 1984 年法 36 条 3 項の改正)，「このオルドナンスは，調停の決定の以前に生じた債権であって，債務者に金銭の支払いを命じる，または金銭の支払いがないことを理由として契約

---

(51) 民法典 1244-1 条 1 項は「しかしながら，債務者の状況と債権者の必要性を考慮し，裁判官は 2 年を限度に，金銭の支払いを繰り延べ，または分割することができる」と定めている。和解的整理案に合意していない債権者については，契約的な効果ではなく，民法による裁判上の効果として支払猶予が求められることになる。

(52) Guyon, *Droit des affaires*, T. 2, 9e éd., Economica, 2003, p. 33.

の解除を求めるすべての債権者の裁判上の行為を停止または禁ずる」（同4項の改正），「同様に動産・不動産に対する債権者のすべての執行を停止または禁ずる」（同5項の改正）と規定して，個別の手続を停止させることを可能とした。また，「裁判所の許可がある場合を除き，個別手続を停止するオルドナンスは，債務者に対して調停の決定以前に生じたいかなるものであれ債権の支払い，以前に生じた債権の保証債務の履行を禁じ，さらに事業の通常の運営にそぐわない処分行為，担保の設定を禁ずる」（同7項の改正）と規定した。上記のとおり，調停人の選任は公告されず，債務者，債権者は守秘義務を課せられたが，個別手続の停止は債務者の商業登記に登記されるので，和解的整理を行っていることは公知の事実となる[53]。これは，個別手続の停止という債務者の保護の一方で，潜在的な債権者を保護するものということができる。和解的整理手続は，裁判所の監督の下に，民事執行などを停止させて進められる手続である[54]。

　第三に，調停人の選任には強力な効果がある一方，任期が最大で4ヶ月と短期に限定されているが，特別受任者には任期の限度は設けられていないことである。

　1994年法の下での和解的整理は，特別受任者と調停人の2つの機能によって進められる手続であるが，特別受任者が選任されても，個別手続を停止させる効果はない[55]。特別受任者によって債権者の意向をあらかじめ聴取し，合意の形成に見込みがついた段階で，調停人による和解的整理手続に移行するという運営が行われた。なお，法律には，特別受任者・調停人の資格要件は規定されていない

---

(53)　Guyon, *Droit des affaires*, T. 2, 9ᵉ éd., Economica, 2003, p. 92.

(54)　同国固有の電子情報提供サービスであるミニテルを通じて，商業登記を入手することができる。

(55)　2005年2月11日国民議会に提出された公聴会報告の中で，法務省民事局ギヨーム局長は「現行法上，和解的合意の枠組みでは，一時停止がある」としている。http://www.assemblee-nationale.fr/12/rap-info/i2094.asp を参照。

第2章 2005年改正後のフランス倒産制度の概要

が，現実には，後述の倒産手続において中心的役割を果たす法的管財人・清算人の選任資格を有する者が就任している[56]。また，和解的整理は個別手続を停止させることが可能な強力な手続であり，この点で，わが国でいう私的整理とは異なり，和解的整理がハイブリッドと評される所以である。裁判上の手続でありながら，特定受任者または調停人が債権者と債務者の合意を模索するという機動的な運営が可能となっている。一つの事案について，特別受任者と調停人は同一人が兼ね，特別受任者がそのまま調停人に横滑りすることが多いようである。

では，特別受任者の制度はどのくらい利用されているのだろうか。

特別受任者の選任は公告されないので，特別受任者がどの程度の頻度で，どのような場合に選任されているか，体系的に調査することができない。ただし，特別受任者の選任の後に，事業が破綻し，倒産手続に入った事案で，判決中に倒産手続に先立って特別受任者が選任されていたことが判明することがある。

たとえば，破綻した航空会社エール・リベルテの事件[57]では，同社から営業を譲り受けた航空事業の会社の業況は従前と同様，改善をみず，最終的に裁判上の更生手続に入っているが，判決によると，クルテイユ商事裁判所はまず，同社について特別受任者を選任し，その後，和解的整理の交渉のため，この特別受任者を調停人に選任している。また，イギリスの自動車会社ローバーは2005年4月8日に倒産しているが（イギリス倒産法上のadministration judiciaire），同社の全額出資のフランス子会社ローバー・フランスについて，同社の申立てに基づき，2005年4月15日にナンテール商事裁判所が特別受任者を選任している[58]。また，2004年6月4日の国民議会法務委員会における公聴会で，パリ商事裁判所所長で，

---

(56) Martin, *Redressement et liquidation judiciaire*, 7e éd., Delmas, 1999, p. 29.

(57) CA Paris 7 sept. 2004, Pellegrini c/ Sté Holco, *D.* 2004, Jur. 2500, note Lienhard.

(58) TC Nanterre 19 mai 2005, *D.* 2005, Jur. p. 1789, note Damman.

フランス倒産法

全国商事裁判所評議会の会長であるレイ氏は，2003年にパリ商事裁判所だけで130件の特別受任者の選任があったと述べている[59]。

(4) 2005年倒産法での調停手続

1994年法の下での和解的整理は，法文上規定が商法典L611-3条からL611-6条までの4条にすぎず，2003年9月のフランス経団連（MEDEF）の提言書は，手続の法的不安定性を指摘していた[60]。とくに，和解的整理手続に入った場合に，債務者が新たな資金調達が困難になるという問題を抱えていた。この点について，改正法案を提出した当時のペルベン法務大臣は，2004年5月12日の国民議会における趣旨説明において，「手続を多様化する。裁判上の手続が窮境にある事業の唯一の救済策ではないからである。債務者は，和解的合意の締結を状況により適合した手続であると評価しており，この手続は，以前から信頼に足る手段と認められてきた。債務者と債権者間の合意に関する現行の規定には，法的な脆弱性があり，関係者から対応を求められてきたところである。窮境にある事業に関する和解的処理の領域を拡大し，債権者，投資家，債務者に法的により安定的な和解を締結することができるようにしなければならない」と述べている[61]。さらに，同大臣は2005年2月2日の国民議会の法務委員会において，「毎年4万5000の事業が窮境に陥り，商事裁判所に出向くことを余儀なくされている。そのうち9割が従業員10人以下の企業である。現行手続の開始は遅きに失し，手続を開始しても，9割が（再建ではなく）清算にいたっている，こうして毎年30万人の雇用が倒産手続に直面し，うち15万人が解雇を余

---

(59) 2005年2月11日国民議会に提出された公聴会報告。http://www.assemblee-nationale.fr/12/rap-info/i2-94.asp.を参照。

(60) MEDEF, Quel traitement pour les entreprises en difficulté? Proposition pour améliorer la prévention, septembre 2003.

(61) 2004年5月12日国民議会における法案趣旨説明。http://www.assemblee-nationale.fr/12/projets/pl1596.aspを参照。

儀なくされている」と答弁している(62)。

改正後の倒産予防のための調停手続は次のとおりである。

まず「商事裁判所または大審裁判所は，事業の代表者の申立てにより，特別受任者を選任し，その任務を決定することができる」（改正後商法典 L611-3 条）。1994 年法で設けられた特別受任者の制度は維持されている。さらに，「商事的または職人的事業を営む者が，明らかな，または予想される法的・経済的・資金的な窮境にあり，45 日以上の支払停止の状態にないとき，これらの者について，商事裁判所における調停手続を設ける」（改正後商法典 L611-4 条）と規定している。1994 年法では「和解的整理」（règlement amiable）と呼ばれていたが，これを「調停手続」（procédure de conciliation）に改称し，さらに従来は「支払停止の状態にはないが，法的，経済的，財務上の困難を抱える」債務者に限っていた手続を「支払停止」の状態にあっても，それが 45 日以内であれば倒産予防のための調停手続が可能であるとした。

この調停手続の申立ては従来同様に債務者にのみ認められ，債務者は申立てに当たっては計算書類などの資料を提出しなければならないことも同様である（改正後商法典 L611-6 条 1 項）。申立てを受けた裁判所は，場合によって専門家（expert）を選任して，債務者の経済・財務状況を調査させた後，調停人（conciliateur）を選任する（同 2 項，3 項）(63)。なお，法律上，債務者の財産管理処分権についての規定はないが，調停手続は倒産予防手続であって，倒産処理手続ではないから，債務者は会社の経営権や財産の管理処分権を失わない。調停の期間中に，債権者によって債務者に対する個別の執行の申立てがあった場合，債務者の申立てにより，裁判所は民法典

---

(62) 2005 年 2 月 5 日国民議会法務委員会議事。http://www.assemblee-nationale.fr/12/cr-cloi/04-05/c0405021.asp を参照。

(63) 2005 年 5 月 11 日上院に提出された経済委員会報告は，調停人を交渉人（negotiateur）であるとしている。

1244-1条から1244-3条を適用し，裁判所は2年を超えない期間，債務者の返済を猶予することができる（改正後商法典L611-7条5項）。すなわち，1994年法では予定されていた，債権者から和解的整理をとりつける間の個別執行の停止は2005年改正法では廃止されている。この点については，倒産予防のための調停手続が実際上は，支払停止という倒産状態にある債務者の申立てが多くなることを予想し，2005年改正で新設された事業救済手続と法的な区分けをするために，調停手続では個別執行を包括的に停止させることはせず，個別に民法上の支払猶予を命じることとして対応している[64]。仮に，調停が不調に終わった場合には，調停手続が終了するのみであり，裁判上の更生・法的清算にそのまま牽連することはないが（改正後商法典L611-7条6項），調停の間に当該債務者に支払停止が生じていれば，裁判上の更生の手続が開始される。

今回の改正による調停が従来の和解的整理と異なる点は以下のとおりである。

①手続の対象の拡大

1984年法では，和解的整理の手続は，中小規模の商事会社に限定されていたが，1994年法で個人会社，職人的事業に拡大され，さらに2005年法では，弁護士・会計士などの専門職の者にも適用されることとなった。なお，農業経営者については債務整理のための調停手続は，農事法典（Code rural）L351-1条に，債務者たる農業経営者と主たる債権者との間の和解的債務整理手続が規定されているので，同法典によることになる。

---

[64] 2005年2月11日国民議会提出法務委員会報告は，イギリス，ドイツ，オランダなどの改正について触れている。http://www.assemblee-nationale.fr/12/rapports/r2095.asp を参照。

② 倒産予防手続を倒産状態の債務者に拡大

　支払停止の状態に陥った債務者であっても，支払停止後45日以内であれば，調停手続を利用することができる。従来の和解的整理手続は，窮境にあるが，支払停止の状態にない債務者に限られていたので大きな改正である。

　フランス倒産法は伝統的に「支払停止」を倒産手続開始原因としてきた。和解的整理または調停という制度は本来，倒産予防を目的とするものであり，現に支払を停止した事業についても，停止後45日以内であれば，倒産予防制度の適用を認めるということは同国倒産制度にとっては画期的である。これは，表面上は，裁判上の更生・清算の手続の申立ての期間を従来の支払停止後，15日以内としていたところを今回の改正で45日以内に延長したこと（改正後商法典L631-4条1項）に平仄を合わしたものであるが，実質的には，国民議会での法務委員会報告によれば，倒産状態に陥った債務者についても，包括執行手続をとるのではなく，倒産予防手続を優先し，債務者の再生を果たすことを目的としていることから加えられた改正である。また，フランスにおいて「支払停止」の概念自体に曖昧さがあることも，2005年改正で支払停止状態にある債務者に調停手続が適用されるにいたった原因となっている。すなわち，支払停止を倒産手続開始原因とすると，支払不能または債務超過の状態にない債務者についても倒産という事態がありうる。たとえば，支払期日の到来した100の債務を有するが，150の価値のある不動産を有する債務者が債権者から債務の支払いを求められた場合，不動産を速やかに換価することができれば，債務の支払いを行うことができるが，不動産の換価には一般に相当の時間を要するから，15日または45日以内に換価することは困難であり，この結果，資産は負債をまかなうのに充分であるが，支払停止という倒産の事態に陥ることがある。また，たとえば，支払期日の到来した100の債務を有し，一方，資産として支払期日の到来していない金銭債権150を

有している場合，一見すると支払停止の状態にあるが，この債務者が債務の支払いを求められた場合には，期日未到来の金銭債権をファクタリングに，あるいは手形であれば割引に出すことによって現金化することが可能であり，支払停止の状態を逃れることができる。このように支払停止という倒産手続開始原因が曖昧な概念であるために，裁判上の更生・清算という倒産手続開始原因に当たる場合であっても，倒産予防制度の利用を認めるにいたったようである。なお，支払停止に陥った債務者については，裁判所が債務整理案を確認または認可する際に，債務者が支払停止状態にはないこと，または債務整理案が支払停止状態を解消するものであることを要すると規定している（改正後商法典L611-8条）。

③合意された調停案に対する裁判所の確認と認可

債権者と債務者の債務整理案について，裁判所は原則として「確認」(constat) をするが（改正後商法典L611-8条Ⅰ），債務者の申立てがあれば裁判所はオルドナンスによってこれを「認可」(homologation) することとされている（同Ⅱ）。

債権者と債務者の間の債務整理案は契約であり，拘束力は合意した債権者に限られる。裁判所は原則として，後見的にこれを確認し，合意した債権者債務者間では執行力を与えられるが，確認の場合にはその事実は官報等に公告されない。このため，債務者は倒産予防手続を利用したことを，第三者に知られないですむことになる。一方，債務者の申立てがあった場合には，裁判所は債務整理案を認可する。債務整理案が認可されると，整理の履行中，個別の手続は停止されるという強力な効果があり，また，金融機関からのニュー・マネーによるファイナンスを受けるためには，確認ではなく，裁判所の認可を要する（改正後商法典L611-11条）。認可の要件として，債務者は支払停止の状態にあってはならず，また債務整理案は合意に加わらなかった他の債権者の利益を損なうものであってはならな

いとされている（改正後商法典 L611-8 条 II 第 3 号）。さらに，債務整理案に加わらなかった債権者に対して，従来と同様に，裁判所は民法典 1244-1 条に基づいた支払の猶予または分割返済を命じることができる。この他の債権者に対する効果は，契約上の効果ではなく，債務整理が裁判上で行われることによる法的な効果である。

　一方，認可は裁判所のオルドナンスによって行われるために，債務者が債務整理を行ったことが事後的に公知となる。この点については議論があったところであるが，債務者に公告されない「確認」を選ぶか，公告の対象となる「認可」を選ぶかのオプションをあたえ，その判断に任せるとした[65]。なお，オルドナンス以前でも，認可にあたって裁判所は非公開の法廷である評議部（chambre de conseil）に合意に応じた債権者，企業委員会代表[66]，調停人および検察官を召喚し，意見を聴取することとされており（改正後商法典 L611-9 条），とくに従業員である企業委員会代表が倒産予防の手続に呼び出されることによって，債務者が倒産予防手続をとったことが明らかとなるおそれがある。倒産予防のための調停手続であるから，可能な限り，外部には債務者の窮境が明らかにならないほうがよいのであるが，認可された債務整理案には，手続の停止，債務整理に加わらなかった債権者に対する一定の効果があるため，関係者に対する適正手続の確保の観点から評議部への召喚は必要とされるものと思われる。しかし，債務者の窮境が外部に明らかになることで，倒産予防が失敗することが懸念される。

---

(65) 2005 年 5 月 11 日上院に提出された経済委員会報告。http://www.senat.fr/rap/a04-337/a04-337_mono.html を参照。

(66) 企業委員会は，1973 年 1 月 2 日労働法（Loi no. 73-4 du 2 janvier 1973），現在は労働法典 L431-1 条が定める会社の機関であり，常時 50 人以上を雇用する会社には必須の機関である。商事会社は，決算書類を作成した場合には，定時株主総会に付議する前に企業委員会に説明することを要し，3 ヶ月に一度会社の経営について報告を受けることができる。フランスにはドイツのような労使の共同決定制度はない。また，企業委員会がない会社の場合には，従業員代表を選任する。

④ DIP ファイナンス

　倒産予防のための調停による債務整理案が認可された場合，整理案において債務者に対してニュー・マネーを供与することに応じた金融機関や商品などの納入に応じた商取引先は最優先権[67]を確保する。従来の和解的整理の手続にはなかったもので，今回の重要な改正点である[68]。

　改正法は「救済，その後の裁判上の更生または清算手続の開始の場合，L611-8条Ⅱにいう認可された整理案において，事業の活動の遂行を確保する観点から，債務者に新たな資金を供与する者は，この供与額について，L622-17条ⅡとL641-13条Ⅱの順位に従い，調停手続開始前に生じたすべての債権に優先して，支払われる。同じ条件で，認可された整理案において，事業の活動の遂行を確保する観点から，財またはサービスを提供する者は，調停手続開始前に生じたすべての債権に優先して，財またはサービスの対価を支払われる。この規定は，増資の枠内で債務者の株主または社員が供与した資金には適用されない。整理案に署名した債権者は，調停手続の開始前のその供与の名義でこの規定を直接または間接に享受することはできない」（改正後商法典L611-11条）と定めている。調停が試みられている間，および調停で合意を得た債務整理が履行されている間，債務者はその財産の管理処分権を失わないので（debtor in possession），本条に基づくファイナンスは一種のDIPファイナンスということができる。債務者が債務整理の履行の途中で，支払停止の状態に陥った場合には，裁判上の更生・清算手続に移行するが，

---

(67) 一般に，調停手続におけるDIPファイナンス・プロバイダーに認められる優先権をスーパー優先権（super-privilège）と呼んでいるが，この呼称には，銀行協会の担当者は必ずしも納得していないようであった。

(68) 2005年2月11日国民議会に提出された公聴会報告の中で，銀行協会のオボレンスキー会長は，日本の「貸し渋り」を取り上げ，新たな対応がない場合には金融機関からの新規融資は困難であるとの見方を示している。http://www.assemblee-nationale.fr/12/rap-info/i2094.asp を参照。

第2章 2005年改正後のフランス倒産制度の概要

その場合ニュー・マネー・プロヴァイダーや財・サービスの提供者の最優先権は確保される。この点は，わが国の破産法の施行に伴う関係法律の整備等に関する法律（平成16年法律第76号）において，民事再生法に再生手続から破産手続への移行の節が新設され，再生手続において共益債権とされた債権は破産手続において財団債権とする（民事再生法252条6項）と改正したことと軌を一にするものである。

さて，わが国の契約上の手続である私的整理については，すべての利害関係人の権利を公平かつ公正に調整する点で，限界があること[69]，整理案の遂行の監督がないことなどが問題として指摘されている。一方，フランスの倒産予防のための調停手続では，裁判所が選任した調停人が債務者の債務整理を主導し，調停人は作業の進行を逐次裁判所に報告することとし，債務整理について債権者の合意が得られた場合には，裁判所が確認，または認可することとしており，裁判所が債権者と債務者の契約上の手続を終始監督していることになる。また，裁判所が債務整理案を認可する場合，「合意に署名しなかった債権者の利益を損なわないこと」を条件としており（改正後商法典L611-8条II），利害関係人の公平の確保のための手立てを加えている。このような債務の整理の後見的監督は，後述するとおり，中世以来の債務の減免（remise）と支払猶予（atermoiement）に対する裁判所の認可（homologation）を現代化したものである。

---

[69] 伊藤眞『破産法[第4版]』（有斐閣，2005）59頁。伊藤教授は，私的整理を債権者と債務者の合意の局面に注目して，単に和解契約ととらえるのではなく，債権者委員会委員長の地位，私的整理中の債務者の財産の帰属など私的整理の手続全体について一つの法律構成を考えるべきであるとしている（同37頁）。

第2款　その他の制度

1984年法は，和解的整理のほかに倒産予防措置として，事前警報制度（alerte）と公認予防協会（Groupement de prévention agréé）の制度を設けたが，この二つの制度はその後の法改正においても維持され，2005年倒産法も維持している。事前警報制度，公認予防協会の制度はいずれも債務者の債務整理を行うものではなく，その前提として業態の悪化を指摘し，対応をとるための契機となる制度である。

一　事前警報制度

事前警報制度は，1984年法第3章に「会計監査と事前警報手続」として新設された。これは，当時の会社法230-1条（現在は商法典L234-1条に再編されている）の改正である。事前警報制度は「株式会社の監査役はその任務に当たっている間に，経営の継続を危うくする事実について，取締役会または董事会の会長に説明を求めることができる。同会長はコンセイユ・デタのデクレが定める期間内に回答しなければならない」（同法21条）とするものであり，基本的には会社の監査役に会社の状態に問題が生じた場合，取締役に対して警鐘を鳴らすことを義務づけたものである。また，事前警報は，従業員にも権利として認められている。すなわち，1984年法は労働法典432-5条を改正し，「企業委員会が事業の経済状況を懸念させるような事実を知ったときは，雇用者に説明を求めることができる」（同法43条）と規定した。さらに，上述のとおり，純資本の三分の一を超える純損失を計上した中小企業は，商事裁判所にその旨を通知することとされ，商事裁判所も業態が懸念される会社に対して警鐘を鳴らすことが可能となっている。

1994年法は，基本的に1984年法の事前警報制度を継承しており，2005年倒産法は商法典会社編を改正するものではないので，1994

年法の事前警報制度が現在も有効である。

わが国商法は監査役の取締役への報告義務を定めていなかったが，新会社法は，取締役の不正行為，または不正行為をするおそれ，法令・定款違反の事実または著しく不当な事実を，取締役会に報告することとしている（新会社法382条）。一方，フランスの事前警報制度は，取締役の不正行為といった個別の事実ではなく，「事業経営を危うくするような事実」を通知の対象としており，また，取締役会へ通知した後の事後チェックの規定がある点で，わが国の監査役の取締役への報告義務とは異なり，倒産の予防対策としての効果があると考えられる。

具体的な事前警報の流れは以下のとおり，4段階から構成されている[70]。

第1段階では，監査役は，監査を行っているときに，事業経営を危うくするような事実があれば，取締役会長または董事会会長[71]に通知し，説明を求める（商法典L234-1条1項）。これは義務である。事前警報は対外的には秘密扱いである。説明を求めてから15日以内に監査役が満足する回答を得られれば，警報は鳴り止むことになる。

次に，第2段階として，取締役会または董事会から監査役に対して回答がない場合，または回答が監査役にとって不十分な場合，監査役は業態の悪化を議題とする取締役会または董事会の召集を要求する（商法典L234-1条2項）。取締役会または董事会での決議内容は，企業委員会と商事裁判所に通知されるので，この時点で事前警報が発動されたことは対外的に明らかとなる。取締役会または董事会の召集の要求は，取締役会または董事会から回答せずという回答を得てから，または取締役会または董事会から監査役の満足できな

---

(70) Guyon, *Droit des affaires*, T. 2, 9ᵉ éd., Economica, 2003, p. 58.
(71) フランスの株式会社は，取締役会システムとドイツ型の董事会システムの二つの選択が可能である。

い回答を得てから8日以内に行う必要がある。取締役会または董事会は，その後8日以内に招集され，15日以内に開催される。この招集は会長であって，監査役が行うものではない。監査役はこの取締役会または董事会に出席する。

さらに，第3段階として，取締役会または董事会での決議が守られず，依然，企業の存続が危うい場合，または決議に沿った対応がとられたが，依然として経営状態が改善しない場合には，監査役は株主宛の報告書を作成する（商法典L234-1条3項）。報告書は企業委員会にも通知される。

そして，最終の第4段階として，株主総会においても経営状態を改善するのに十分な措置について決議されない場合，監査役はこの旨を商事裁判所に通知する。商事裁判所は「証書，書類，手続から，商事会社，経済利益団体または個人的，商事的，職人的事業が経営の継続を危うくする窮境を知ったときは，状況の改善の手段を検討するため」，事業の経営者を呼び出して，事情について審尋することができ，さらに公的機関などから当該債務者の経営状態に関する情報を収集することができる（改正後商法典L611-2条Ⅰ）。このような審尋の過程で，商事裁判所は債務者に対して，和解的整理の手続の開始をアドバイスすることになる。このような商事裁判所の後見的機能は，わが国の会社法や倒産法がまったく想定していないところである。

事前警報制度は監査役を中心に設計されているが，仮に監査役が事前警報を行わなかった場合，利害関係人は監査役を相手とし，倒産に伴う損害の賠償を求めることができる[72]。この場合，監査役の義務懈怠および義務懈怠と損害の因果関係の証明は原告が行う。

一方，企業が危機に瀕していない場合に，監査役が事前警報を発動したときには，事前警報制度上は特段の責任を問われることはな

---

[72] Guyon, *Droit des affaires*, T. 2, 9e éd., Economica, 2003, p. 60.

いが，会社法上の責任は別問題である。

　被用者の代表から構成される企業委員会による事前警報は，監査役の場合とは異なり，義務ではなく，任意であり，事前警報の手順は2段階である。

　まず，第1段階として，雇用者に説明を求め[73]，回答がない場合，または状況に改善がない場合，企業委員会は報告を作成することになる。この場合，企業委員会は，会社の費用で会計士を起用し，監査役を招くことができる。

　次に，第2段階として，この報告を取締役会に提出し，その回答を求める。取締役会または董事会は1ヶ月以内に回答しなければならない。緊急の場合には，企業委員会は裁判所に，株主総会招集のための管理人の選任を申し立てることができる。

　株主は直接，事前警報をおこなう権利は規定されていないが，1984年法20条は当時の会社法226-1条（商法典L225-232条）の改正として「資本金の十分の一以上を代表する株主は，決算期中に2回まで，運営の継続を危うくするような事実について，取締役会または董事会の会長に文書で質問することができる」とした。

　事前警報制度は，監査役，企業委員会および商事裁判所に会社の業態を監視することを求めており，経営者に緊張感を持たせるものとして，一種のコーポレート・ガヴァナンスの規定と評価することができる。

二　公認予防協会

　公認予防協会は，1984年法の会計書類の作成義務化に対応した

---

[73]　筆者が接した例では，企業委員会が「労働法典L432-5条により，企業委員会は取締役会に下記の懸念される事実について説明を求める」として，生産性の向上と品質の向上に向けた努力を続けてきたが，赤字決算が継続している現状に鑑み，対策はあるのか，当該対策の労働条件への影響はどうか，資金調達で逼迫するおそれはないかなど，会社の状況を踏まえた質問を呈していた。

救済制度である。すなわち，1984年法は常時雇用者が300人を超えるか，または税前の売上高が一定額（現在は1,800万ユーロ＝約250億円）以上の会社に対して，財務諸表の作成とともに，資金調達表，業績予想の作成と開示を義務づけた（1984年法4条による会社法340-1条の改正であり，現在は商法典L232-2条）。中小企業では人的資源等が不十分なため，この情報開示は任意とされているが，こうした情報の作成をアウトソースする場合，地域に設立される公認予防協会に加盟し，そのサービスを受けることができるとした。1984年法は「全ての商事会社と民事会社は，各州に国家の代表の決定により認可される公認予防協会に加盟することができる」（同法33条1項）とし，「同協会は，加盟者にコンフィデンシャル・ベースで会計・財務情報の分析を行い，定期的に提供する」（同2項）と定めている[74]。

2005年倒産法は，「公認予防協会は地方公共団体の援助を受けることができる」（改正後商法典L611-1条4項）ということを付記したのみでとくに改正していない。

公認予防協会の活動状況は，地域によってまちまちのようであり，評価もさまざまである。たとえば，シャピュ教授は，2004年12月21日の上院の公聴会において「公認予防協会は失敗であった」と発言している[75]。公認予防協会の潜在的な会員は，内部に充分な人的資源を有しない中小企業であるが，経理会計情報の分析を公認予防協会に依頼するには費用を自己負担しなければならず，費用負担の用意のある中小企業がどの程度あるのか，疑問といわざるを得ない。国民議会に提出された法務委員会の報告では，公認予防協会について触れている個所は数行にとどまっているが，このことは同協会の実情を反映しているのではないかと思われる[76]。

---

(74) この規定は，商法典L611-1条に再編されている。
(75) 2004年12月21日上院法務委員会議事録。http://www.senat.fr/commission/loi/lois041229.html を参照。

第2章 2005年改正後のフランス倒産制度の概要

なお,事前警報制度と公認予防協会のほか,倒産予防の措置として,事業主の申立てがあった場合,裁判所は臨時管理人(administrateur provisoire)[77]を選任することができるとされている。商法典L611-3条の規定では,特別受任者の選任のみが規定されているが,臨時管理人が選任される例もあるようである。臨時管理人は,事業主または法人の理事などの死亡による欠員のほかに,これらの者の経営手腕に疑問がもたれるような場合,取締役会内部に争いがあって,正常な運営が妨げられている場合などで,事業主または法人の理事の代替者が経営に当たるものである[78]。わが国商法258条2項(会社法351条2項)は,取締役の欠員の場合に「裁判所は利害関係人の請求に依り一時取締役の職務を行うべき者を選任することを得」と規定しているが,フランス法上は単に欠員の場合でなくても,臨時管理人が選任されることになる。ただし,臨時管理人の選任は商業登記に記載されるので,公知の事実となる点で,倒産予防手続として利用する上では難がある[79]。なお,前述したローバー・フランスの事件では,イギリスのローバー本社が倒産した後に,ローバー・フランスの申立てにより,特別受任者が選任されたが,

---

(76) このほかに,公的機関である社会保険家族年金庁(Union de Recouvrement des cotisations de Sécurité Sociale et d'Allocations Familial, URSSAF)パリ事務所には,負担金の支払いの猶予を求める要請が年間6万件あり,猶予要請の諾否の判定のために,同基金はAIDAと呼ばれる倒産予知ソフトを開発し,約三分の二に対して猶予を応諾しているが,被害率は10%であるとされている。2005年2月11日国民議会に提出された公聴会報告。http://www.assemblee-nationale.fr/12/rap-info/i2094.asp を参照。こうした他の機関による倒産予測が発達していることも公認予防協会が活発でないことの理由の一端になっているようである。

(77) ここでは,臨時管理人と訳したが,administrateurには「取締役」の意味もある。

(78) Guyon, *Droit des affaires*, T. 2, 9e éd., Economica, 2003, p. 71. ギィヨン教授によれば,個人事業主の場合に経営権を奪うことはその所有権を侵害することになるが,会社の場合には事情が異なり,少数株主の要求が可能であるとし,一方,会社の債権者が経営者の更迭を要求することはできないとしている。

(79) Martin, *Redressement et liquidation judiciaire*, 7e éd., Delmas, 1999, p. 29.

フランス倒産法

2000年5月29日欧州連合倒産規則の下で，イギリス・バーミンガムの裁判所がイギリスの倒産処理手続を欧州各国の子会社についても「主たる倒産手続」としたことに対して，ローバー・フランスの特別受任者がナンテール商事裁判所に臨時管理人の選任を申し立て，自ら臨時管理人に選任されている[80]。

第3節　倒産処理手続

第1款　事業救済手続

一　事業救済手続の新設

前掲のフランスの倒産統計は，所期の目的に反して，1985年倒産法の裁判上の裁判上の更生手続が機能不全に陥っていたことを示している[81]。このため，1990年代から倒産法の改正が必要であるとの認識はあったが，当時は倒産処理法ではなく，倒産処理の機関に問題の焦点が当たっていた。すなわち，わが国の破産管財人に相当する法定代理人，法定管理人の問題である。フランスには200ヶ所を超える商事裁判所があり，アルザス州とモーゼル県を除き，一般商事事件は商事裁判所が管轄することとされている[82]。パリな

---

(80) TC Nanterre 19 mai 2005, *D*. 2005, Jur. p. 1789, note Damman.

(81) Soinne, Réalisme et confusion（à propos du projet de loi réformant le droit des procédures collectives), *D*. 2004 Doct. p. 1506. Lienhard, La réforme des procédures collectives, *D*. 2003, p. 2554.

(82) 商事裁判所の事物管轄は，従来，商法典631条に規定されていたが，新経済規則に関する2001年5月15日法律番号2001-420の127条により，司法組織法典L411-4条に移された。同法典L411-4条によれば，商事裁判所の管轄は以下のとおりである。
　――卸売業者（négociants），商人（marchands），銀行（banquiers）間の契約および取引（engagements et transactions）に関わる争い
　――商事会社（sociétés de commerce）に関わる社員（associés）間の争い
　――その他全ての者（toutes personnes）に関わる商事契約（actes de commerce）上の争い

どの大都市を除き,商事裁判所の管轄区域は狭い[83]。1990年代に入って,商事裁判所の管轄事件,とくに倒産事件が増加し,商事裁判所の拡充が問題となった。各地の商事裁判所に登録された法定代理人,法定管理人が地域の商事裁判所と結びつき,倒産処理から不当な利益をむさぼっているのではないかとの疑念から,商事裁判所制度の存廃,法定代理人・管理人制度の検討が優先課題とされ,倒産処理法の見直しは先送りされてきた[84]。すなわち,法定代理人,法定管理人が必ずしも倒産処理手続を誠実に遂行しておらず,自己の利益を図っているのではないかという疑念がもたれ,司法補助職の制度はそのままとしながらも,管轄区域を変更することによって,地域との安易な密着を回避することが模索された。1998年には,管理人等の資格および土地管轄の見直しを含め,商事裁判所制度全体の再検討が加えられた[85]。しかし,商事裁判所制度の抜本的な改正は既得権益に絡む大問題となり,結局これまで議論が繰り返されるものの,改正に至っていない。フランスの倒産法制に関する議論は,このように機関を巡って展開され,法制度そのものについては特段の議論がなかった。

なお,商事裁判官(juges de tribunaux de commerce)は職業裁判官(magistrat)ではなく,民間人の中から選出される。司法組織法典は,商事裁判官の被選挙適格性は年齢30歳以上かつ各地の商工会議所のメンバーとし,商事裁判所毎に候補者リストが作成され,その中から選挙時点の商事裁判官および商工会議所メンバー等が選挙する(同法L413-3条)。商事裁判官の任期は2年(同法L412-7条)であり,14年継続して商事裁判官を務めた場合には被選挙資格を失う(同法L413-4条)。商事裁判官は無報酬(同法L412-15条)である。商事裁判所の数は,全国で227を超え,商事裁判官数は,3000人を超えている。

(83) フランスの州別の倒産件数は,冒頭別表のとおり。
(84) 1998年には国民議会において,商事裁判所の運営と機能調査委員会が組織されている。国民議会への報告書,Les tribunaux de commerce : une justice en faillite? を参照。また,問題の一端については,拙稿「フランスの取締役倒産責任と商事裁判所」際商27巻4号376頁を参照。
(85) 国民議会への報告書,Les tribunaux de commerce : une justice en faillite? を参照。

フランス倒産法

　倒産処理法の改正が本格的に始まるのは，2002年にシラク大統領が再選され，それまでのシラク大統領＝ジョスパン首相のコアビタシオン内閣が解消され，シラク＝ラファランの保守政権が確立してからである。2004年5月12日の国民議会における改正法案の趣旨説明で，ペルベン法務大臣は，「手続の開始条件を緩和する。現行法では，事業を救済する真の解決策を実行できるのはまれになっているからである。この失敗の法的原因のひとつは，事業が窮境に陥ったが，まだ支払を停止していないときに手続を開始できないことにある。改正法案は，債務者が支払の停止にいたるおそれのある窮境にあればすぐに，経済活動の遂行，雇用の維持，債務の履行を可能とするための事業の再建に向けた救済手続を創設し，従来の障害を排除するものである」と述べている。同大臣は，事業救済手続は倒産処理手続ではなく，あくまでも倒産予防手続であるとしている[86]。

　フランスの倒産処理では，1673年商事王令以来，伝統的に「支払停止」を倒産処理手続の開始原因としてきた[87]。1955年倒産法は「支払を停止した商人は，すべて15日以内に，破産および裁判上の整理手続を開始するために，主たる営業所のある地を管轄する裁判所の書記課にその旨を届けなければならない」（同法1条1項）と規定し，1967年倒産法も「すべての商人，商人でないものであってもすべての私法上の法人で，支払を停止した者は，15日以内に裁判上の整理と財の清算手続を開始するために，その旨を届けなければならない」（同法1条）と規定していたところである。

---

[86]　2004年5月12日国民議会における法案趣旨説明。http://www.assemblee-nationale.fr/12/projets/pl1596.asp を参照。

[87]　支払停止から手続の申立てまでの期間は，1807年商法典破産編では，支払停止から3日以内（同法440条）としていたが，1955年法では支払停止から15日以内とされ，1967年倒産法，1985年倒産法もこれを踏襲した。2005年倒産法はこれを一挙に支払停止から45日以内と3倍に延長した。ここにも倒産債務者に対する手続の緩和がうかがわれる。

1985年倒産法も「裁判上の更生手続は，第2条で規定した事業のうち，処分可能な積極財産で弁済期の到来した債務に対処しえない事業について開始される」（改正前商法典L621-1条1項），「この手続の開始は債務者が，前項で定義した支払停止から遅くとも15日以内に請求しなければならない」（同2項）と規定した[88]。このように，フランスの倒産処理手続は常に債務者の支払停止をトリガーとしてきたのである。これはフランス倒産処理法が倒産者の財産の清算を主たる目的として設けられたためであるということができる[89]。支払を停止して，倒産状態に陥った債務者について，債権者が債務整理に合意するのであれば，和議が成立し，債務者の更生が図られるが，原則として支払を停止した債務者については清算を行い，仮に債務者に不実があれば，詐欺破産として制裁を加えるという考え方であった。このため，1955年倒産法が清算ではなく，再建を目的とする倒産処理を設けたにもかかわらず，手続開始原因を複数化することがなかった。この事情は，その後も変わらず，1985年倒産法は，支払を停止した事業について，まずは「事業の救済，経済活動と雇用の維持，負債の履行を目的とする裁判上の更生」（改正前商法典L620-1条1項）という再建型の倒産処理手続を優先させることとし，再建の可能性がないと判明した時点から清算手続を開始するとしたが[90]，再建型の倒産処理手続である裁判上の更生手続と清算型の倒産処理手続である裁判上の清算手続の開始原因を同じものとしていたのである。このため，事業を再建するには倒産処理手続開始が遅きに失していたことは前述のとおりである。

すなわち，フランスにおける倒産処理法には，わが国の民事再生

---

(88) ただし，支払停止の概念について変遷があったことは，第4章第5節を参照。
(89) Martineau-Bourgniaud, Le spectre de la cessation des paiements dans le projet de loi de sauvegarde des entreprises, D. 2005, Chron. p. 1356.
(90) ただし，1994年改正で更生の見込みがない事業については，裁判上の更生を経ることなく，即時に裁判上の清算手続の開始決定をすることが認められた。

法のような「破産手続開始の原因となる事実の生ずるおそれがある」という時点で発動される倒産処理手続が存在しなかったのである。

　ようやく，2005年改正で，支払停止に陥った債務者ではなく，「支払の停止にいたるおそれのある窮境」（改正後商法典 L620-1）にある債務者について事業救済手続（sauvegarde des entreprises）が導入され，再建型の倒産処理手続が整備された。従来の裁判上の更生手続は，改正後も存続されているが，事業の再生を果たすためには，事業が更生の余地がない状態に陥る前に，可及的に早く手続をとるべきであり，2005年倒産法の規定自体，事業救済手続を中心に構成され，裁判上の更生・清算手続は事業救済手続の規定を準用する形式となっており，2005年倒産法の下では，事業再生は基本的には裁判上の更生手続ではなく，事業救済手続によることになると思われる。事業救済手続の新設によって，伝統的な「支払停止」の呪縛がようやく，一部解けたということができる。「支払停止」前の債務者で経済的な窮境にある者について救済手続が創設されたことは，画期的なことであり，2005年改正法を「事業救済法」（loi de sauvegarde des entreprises）と呼称する所以である。

　わが国では民事再生法の制定に当たって，アメリカ連邦倒産法上のチャプター・イレブン手続が参考にされたが，フランス倒産法改正に当たっては，アメリカ連邦倒産法とともにわが国民事再生法，イギリス倒産法，ドイツの改正倒産法などが参考にされている。2003年9月フランス経団連（MEDEF）の提言書は，チャプター・イレブン手続のフランス法への導入の可能性を検討していた。ただし，この提言書は，支払停止という概念を引続き倒産処理のトリガーとして維持しつつ，支払停止に陥る以前での倒産処理手続の必要性を主張していた。また，手続開始前に債務者と主たる債権者が交渉するプレ・パッケージ型はフランスの商事裁判所制度になじまず，債務者の濫用を招く懸念があることから，あくまでもフランス型の倒産

処理を求めていた[91]。したがって，2005年倒産法は，伝統的な「支払停止」を開始原因としつつ，早い段階での手続開始を促すというフランス型の事業更生の方法を模索した結果ということができる[92]。事業救済手続は倒産予防と位置づけられてはいるが，事業の再生を目指す手続である点で，従来の裁判上の更生手続と大きな違いはなく，基本的には早期の段階での更生手続である[93]。

二 手続開始原因

事業救済手続は，倒産開始原因である支払停止にはまだ陥っていない事業について事業再生を目指す手続である。前述した倒産予防のための調停手続は，債務者が支払を停止した場合にも，支払停止後45日以内であれば手続開始の申立てを認められるが（改正後法典L611-4条），救済手続の場合，債務者は支払停止の状態にあってはならず，手続開始原因は倒産予防のための調停手続よりも早い段階とされている（改正後商法典L620-1条）。また，救済計画を策定している途中で，手続開始の時点で実はすでに債務者が支払停止状態にあったことが判明した場合，裁判上の更生手続に必要的に移行すること（改正後商法典L621-12条），裁判所が救済計画を認可し，

---

(91) MEDEF, Quel traitement pour les entreprises en difficulté? Proposition pour améliorer la prévention, septembre 2003. 高木教授は「倒産予防のためにはアメリカ連邦倒産法のように，債務者の自発的申立により当然に手続を開始させ，債権者による非自発的申立の場合を除いては開始原因や開始決定をなくしてしまうのがもっとも効果的であるが，わが国ではここまで徹底させることは現実的ではない」としている（高木新二郎『新倒産法制の課題と将来』（商事法務，2002）11頁）。倒産制度は単に手続ではなく，司法制度や広くは一般の倒産観などに支えられた制度であり，この指摘は重要であると考える。

(92) 2005年5月11日上院に提出された経済委員会報告は，新しい事業救済手続を1955年倒産法まで設けられていた和議（concordat）と1985年倒産法が設けた裁判上の更生手続による事業継続（continuation）の折衷形態であると評価している。http://www.senat.fr/rap/a04-337/a04-337_mono.html を参照。

(93) 2005年2月11日国民議会提出の法務委員会報告。http://www.assemblee-nationale.fr/12/rapports/r2095.asp 参照。

計画の遂行段階にはいった後,債務者の支払停止が確認された場合,裁判上の清算手続に移行すること(改正後商法典 L626-27 条Ⅰ)とされている。したがって,事業救済手続の開始要件は,倒産予防のための調停手続よりも厳しく,支払停止状態にないことが必要とされる。このため,倒産処理手続としての事業救済と倒産予防のための調停手続の開始原因について,一種のねじれが存在することになる。このねじれは,1985 年倒産法の下では,支払停止に陥れば裁判上の手続である倒産処理を開始することとし,支払停止の状態になければ契約上の手続である和解的整理を行うという形で,裁判上の手続と契約上の手続の領域が分けられていたのに対して,契約上の手続の適用範囲を拡大した結果であり,債権者・債務者のイニシアティブを促進する点では有意義ではあるが,事業救済手続が係属する裁判所では支払停止の状態の存否についての判断に困難が予想される。マルチノー゠ブルジノー講師は,事業救済手続の開始原因は一種のオブスキュランティズムであり,法的な不安定性の原因となりかねないとの懸念を示している[94]。

なお,事業救済手続開始の申立ては,債務者のみに認められる(改正後商法典 L620-1 条 1 項)。裁判上の更生手続については債権者の申立ても認められるが(改正後商法典 L631-5 条 2 項),救済手続では,債務者が支払停止すなわち倒産状態に陥っていないため,債権者の手続開始申立ては認められていない。

三 手続の概要

(1) わが国倒産処理手続との比較

救済手続は,事業活動の継続,雇用の維持と債務の履行を目的とし,債権者に債権を届出させる一方,債務者の財産を調査し,債務者・債権者間の権利関係を調整するという倒産処理手続である点で,

---

[94] Martineau-Bourgniaud, Le spectre de la cessation des paiements dans le projet de loi de sauvegarde des entreprises, *D.* 2005, p. 1359.

わが国の倒産処理手続と同様であり，下記の点でわが国の民事再生法による再生手続に類似している。

- 株式会社に限らず，個人事業主であれ，法人形態であれ，商人，職人的事業，農業経営のほかに弁護士などの独立職を営む者に適用される。ただし，個人消費者は対象外。
- 破産手続開始原因の生じる「おそれ」のある債務者についての手続である。
- 裁判所が手続開始決定から計画の認可以後，計画の遂行まで監督する。
- 管理人（管財人）が選任されるが，債務者は管理人の監督の下で財産の管理処分権を失わない[95]（再生手続での監督委員の監督の下での債務者の地位に類似する）。
- 事業救済手続は，個別の手続の中止効がある（ただし，事業救済手続の場合には，自動的であり，申立てを要しない）。
- 債権者は債権者委員会を組織し，救済計画を決議する。
- 企業委員会の代表（組合）から手続の開始決定，計画の認可などの際，意見を聴取する。
- 計画では，事業の譲渡，定款の変更，資本の増減が想定されている。
- DIPファイナンスが認められる。
- 労働債権には優先権がある。
- 制度として，取戻権，相殺権が認められる（適用範囲やその詳細は異なる）。
- 債務者側に双方未履行の双務契約の解除または履行の選択が認められる。
- 倒産債務者の保証人は基本的に全額の保証責任を負う。

---

[95] ただし，事業の雇用者数，売上高が一定の規模に達しない場合には，管理人を選任しないことがある（改正後商法典L621-4条4項）。

ただし，下記の点は，わが国の再生手続と異なる。

・再生手続では，担保債権者は別除権を有するが，事業救済手続では，救済計画の成立まで，担保権を有する債権者は担保権の行使を認められず，計画の中で担保権債権者は優先的に考慮される（この点では会社更生法上の更生担保権者に類似する）。不足額について不足額主義がとられる点は共通である。
・再生手続では，手続開始の申立ての後，開始決定までの間，利害関係人の申立て等により，強制執行などの手続の停止を命じることができるが（中止命令），事業救済手続では，申立て後手続開始前の保全処分は設けられていない。
・事業救済手続の債権者委員会は，金融機関債権者委員会と商取引債権者委員会の二つである。
・事業救済手続では，債権者の中から監督員を選任する（旧破産法の下での監査委員に類似した制度である）

(2) 手続の流れ

事業救済手続の対象は，従来の倒産法で認められていた商人，農業経営者，民事会社に加えて，弁護士・会計士などの独立職を営む者に拡大された（改正後商法典 L620-2 条）。裁判上の更生・清算手続も同様である。

手続は，債務者が裁判所にその開始を申し立てる。申立てを受けた裁判所は債務者，企業委員会代表（被用者代表）等を原則として非公開の評議部に呼び出し，尋問する（改正後商法典 L621-1 条1項）。申立てに当たって債務者が提出すべき書類は法律に規定されていないが，裁判所は資金的，経済的および労働関係に関するすべての資料を入手することができ，また専門家を選任することも可能とされている（同3項）。「事業の裁判上の更生と清算に関する 1985 年 12 月 27 日デクレ番号 85-1388」[96]（1985 年デクレ）は，裁判上の更生手続の申立てに当たっては，商業登記抄本，3ヶ月以内の資金状況表，

第 2 章　2005 年改正後のフランス倒産制度の概要

被用者数と税を控除した売上高，債権・債務一覧と未払い給与明細，担保および簿外勘定一覧，債務者の財の一覧，企業委員会代表名を提出することとしており（同デクレ 6 条），基本的には同様に運営されるものと思われる。なお，事業救済手続を申し立てる前の 18 ヶ月以内に，倒産予防のための特別受任者または調停人が選任されていた場合，裁判所は検事局の同席を得て，事業救済手続の開始の裁判を行う必要があり（同 4 項），裁判所は職権でまたは検事局の申立てにより，調停人または特別受任者から必要な情報を入手することができる（同 5 項）。

救済手続の申立てを行ってから，裁判所による手続開始決定まで一定の期間を要すると思われるが，この間，わが国の倒産法が規定する他の手続の中止命令，包括的禁止命令または債務者の財産および業務に関する保全処分（民事再生法では 26 条，27 条，30 条）に相当する保全処分は設けられていない[97]。申立て後開始決定前の保全処分の制度の欠缺の理由は判然としないが，手続開始後に担保の設定を行い，あるいは財産の処分行為を行った者に対しては，禁固刑と罰金が予定されており（改正後商法典 L654-8 条），罰則規定による威嚇に期待していると推測される。

救済手続の開始決定と同時に，裁判所は観察期間（période d'observation）[98]を設定する。観察期間という概念は，わが国倒産

---

(96) Décret n° 85-1388 du 27 décembre 1985 relatif au redressement et à la liquidation judiciaire des entreprises.

(97) 1955 年倒産法は，保全処分（mesures conservatoires）と題する規定を有し（同法 46 条から 50 条），1967 年倒産法も同様の規定があったが（同法 16 条から 23 条），これらはいずれも手続開始決定後のサンディック（管財人に相当する。詳細は第 4 章第 6 節参照）の保全義務を規定するものであり，手続申立てから開始決定までの保全処分ではなかった。1985 年法も手続開始決定前の保全について規定しておらず，2005 年改正法も「管理人は，就任したときから，債務者に対する事業の権利の保全と生産能力の保持に必要な行為を事業主が行うように求め，または場合によって自身で行わねばならない」（改正後商法典 L622-4 条）と規定するのみである。

法にはない概念であるが,手続開始後,事業再生計画を練り上げる期間であり,1985年倒産法で初めて導入されたものである。1967年倒産法までは,手続開始の申立てがあると,裁判所は開始決定の時点で更生・清算のいずれかを決定していたが,1985年倒産法は事業の再生に重点を置き,制定当初,裁判上の更生・清算手続の申立てがあった場合,いったんすべて裁判上の更生手続に入り,観察期間を経て,明らかに更生が困難な場合に裁判上の清算手続に移行すると規定し[99],更生の可否を検討する期間として観察期間を設けていた。ただし,1994年法は,裁判上の更生・清算手続の簡素化を目的として,「裁判上の清算手続は,事業が活動を停止したとき,または更生が明らかに不可能なときは,観察期間を開始せずに宣告される」として,裁判上の更生手続を経ない清算手続を設けた(改正前商法典L620-1条3項および改正前商法典L622-1条1項)。これは企業が事業を中止している場合,あるいは更生が明らかに不可能と見える場合である。しかし,更生優先の原則は維持されているので,観察期間の概念は存続している。

わが国の倒産法制は「倒産5法」(新会社法では会社整理が廃止されるので倒産4法となる)といわれるように,手続開始を裁判所に申し立てる時点で,債務者はいずれの手続をとるかを選択しているが,フランス倒産法では,手続の選択は裁判所に委ねられ,裁判所による手続選択の判断の猶予期間として観察期間が設けられているものである。今回,支払停止という倒産状態にない段階での債務者による事業救済手続が設けられたことで,債務者による手続選択の

---

(98) 佐藤鉄男=町村泰貴「1985年のフランス倒産法に関する法文の翻訳(1)」北法38巻572頁では,「準備期間」と訳されているが,本稿では原義どおり「観察期間」と訳した。

(99) 1985年倒産法1条2項は,「裁判上の更生は,観察期間の後に裁判によって確定された計画に従って確保される。計画は,事業の継続またはその譲渡を定める。その解決策のいずれも可能でないと思われる場合は,裁判上の清算が開始される」と定めていた。

第2章　2005年改正後のフランス倒産制度の概要

オプションが設けられたことになる。事業救済手続も裁判上の更生手続と同様に、事業再生を目的とする手続であるから、2005年改正では事業救済手続にも観察期間を設けている。

1985年倒産法の下では、1985年デクレ20条を改正する1994年10月21日デクレ番号94-910[100]（1994年デクレ）の21条は、「観察期間は6ヶ月を限度とする。観察期間は、6ヶ月を限度として1回延長することができる。さらに、観察期間は8ヶ月を超えない限度で、検事局の要求により例外的に延長することができる」と定めている。すなわち、観察期間は最大で20ヶ月となる。一方、事業救済手続の観察期間は原則として6ヶ月であり、1回の延長が可能である（改正後商法典L621-3条1項）。さらに「観察期間は、コンセイユ・デタのデクレの定める期間、裁判所の理由を付した決定により、検事局の請求により例外的に延長することができる」と規定しており、今後、コンセイユ・デタのデクレ（規則）によって例外的延長の期間が定められることになるが、従来の運営に問題がなければ、基本的にはこの期間、すなわち最大で20ヶ月の期間が踏襲されると予想される。

事業救済手続の開始決定と同時に、裁判所は主任官（juge-commissaire）を選任し、さらに法定管理人[101]（administrateur judiciaire）、法定代理人（mandataire judiciaire）ないし債権者代表（représentant des créanciers）[102]の2人の法定受任者を選任する。

主任官は、1807年商法典破産編で設けられた制度であり[103]、わ

---

(100) Décret n° 94-910 du 21 octobre 1994 pris pour l'application de la loi n° 94-475 du 10 juin 1994 relative à la prévention et au traitement des difficultés des entreprises.
(101) 山本教授は、administrateur judiciaire を司法管財人と訳している（山本和彦「フランス司法見聞録」判時1443号13頁）。
(102) 2005年倒産法では、法定代理人と債権者代表の用語が混在している。
(103) 1807年商法典454条1項は、「封印の貼付を命じる裁判で、商事裁判所は倒産の開始時点を宣する。商事裁判所はその構成員の一人を倒産主任官に選任し、倒産の重要性に応じて、主任官の監督の下、本法の与える機能を果たす一ないし複数の

が国の明治破産法も設けていた。明治破産法を起草したロエスレルは、「倒産主任官は倒産処分の全事務を統宰監督し其の命令は仮に執行すべきものとす」(商法草案 1038 条) とし、「倒産の事たる重大なる訴訟事件にして之を独任裁判官に任放す可からざるなり」、「倒産主任官は倒産裁判所の名代にして、倒産処分を審査し裁判判決の準備を掌る」とし、「倒産主任官は裁判官にして、倒産の予審即ち倒産に係る裁判官の処置命令を担任す」と述べている[104]。わが国では旧破産法の制定時に、破産事件の管轄を単独制に変更したため、主任官制度は廃止されたが、フランス倒産法では主任官制度を伝統的に維持している。

法定管理人は、「債務者の経営を監督し、または経営行為のすべてまたはその一部を補佐」するものとされ (改正後商法典 L622-1 条 II)、法定代理人は「債権者の名とその包括的利益において行為する権限を有する」(改正後商法典 L622-20 条) ものである。すなわち、法定管理人は倒産債務者を監督し、法定代理人は債権者を代表するものとし、倒産処理手続の機関を分離している。この点は、破産管財人に機能が集約されているわが国倒産法と異なっている。法定管理人の任務は、事業経営についての債務者の監督 (改正後商法典 L622-1 条 II)、経営関係・労働関係・環境調査書 (改正後商法典 L623-1 条 1 項) と救済計画の策定 (改正後商法典 L623-1 条 3 項) であり、このほかに、債務者の財産状況についての情報収集 (改正後商法典 L622-6 条 4 項)、双方未履行の双務契約の解除または履行の選択 (改正後商法典 L622-13 条) などを行うこととされている。法定代理人の任務は、破産債権の調査と債権者表の作成 (改正後商法典 L624 条 1 項) である。法定管理人と法定代理人は常に主任官の監督の下、手続の執行状況を逐次報告することを求められている (改正後商法典 L621-8 条)。ただし、今回の改正で新たに、被用者数と売

　　代理人を選任する」と定めた。
　(104)　ロエスレル氏寄稿『商法草案下巻』復刻版 (新青出版, 1995) 841, 851 頁。

上高で,債務者の事業が小規模の場合には,法定管理人の選任は必須ではないこととされた(改正後商法典 L621-4 条 4 項)[105]。手続の簡易化を図ったものであろう。

法定管理人と法定代理人は,1967 年倒産法までは,サンディックとして一人の者に任務が集約されていたが,1985 年倒産法がこれを二つの機関に分離したものである。また,裁判所は必要があれば,職権で財務諸表等の調査を担当する会計士などの専門家を選任することができる(改正後商法典 L621-1 条 3 項)。

選任された主任官は,債権者の中から 1 人から 5 人の監査委員(contrôleur)を選任する(改正後商法典 L621-10 条 1 項)。監査委員は,債権者の代表として,倒産処理手続にあたる法定代理人および主任官を補佐することとされている(改正後商法典 L621-11 条)。上述のとおり,わが国の旧破産法は主任官制度を廃止したが,その際に債権者全体の利益を図るものとして監査委員制度を導入した。ただし,その後わが国では監査委員制度はほとんど利用されていないことを理由に,新破産法では廃止されている。制度の根拠は異なるものの,フランス法上の監査委員の機能は旧破産法下の監査委員と類似している。

法定管理人が選任されることは,従来の裁判上の更生手続と同様であるが,事業救済手続では,債務者の事業の管理は引続き債務者が行い(改正後商法典 L622-1 条 I),債務者の財産の管理処分権は債務者に帰属する(改正後商法典 L622-3 条 1 項)。事業救済手続開始に当たって選任される法定管理人は,債務者の経営の監督が任務であり(改正後商法典 L622-1 条 II),事業の権利の保全と経済活動の維持のために必要な措置を債務者に要求するものとされている(改正後商法典 L622-4 条 1 項)。一方,裁判上の更生手続では,管理人は「経営に関するすべてまたはその一部の行為について債務者を支援

---

(105) 改正後商法典 L622-18 条 1 項は「法定代理人がいない場合」には監査委員が代行する旨を規定している。

し，または自ら事業の管理をすべてまたは一部担う」こととされているので（改正後商法典 L631-12 条 2 項），事業救済手続の法定管理人と裁判上の更生手続の法定管理人とでは，法文上は機能が異なる。しかし，実際には新たに設けられた事業救済手続における管理人の機能は裁判上の更生手続に近接するのではないかと思われる。

　事業救済手続では，債務者は事業の管理権，財産の管理処分権を有するのでわが国民事再生法と同様に Debtor-in-possession を原則としている。1955 年倒産法は「倒産宣告は，その日から，倒産状態にある限り，なんらかの名義で獲得した財産についても，その財の管理処分権を失う。財団に関する権利と訴権は，倒産の間，サンディックが行使する」（同法 37 条 1 項）と規定し，1967 年倒産法 15 条も同様に規定し，債務者の財産管理処分権の喪失を規定した。1985 年倒産法は，初めてフランス倒産法に Debtor-in-possession をとりいれ，同法は「債務者は自己の財産について，処分・管理行為を，および管理人の任務に含まれない権利と訴権を，引き続き行使する」（改正前商法典 L621-23 条 1 項）と規定していた。2005 年法での事業救済手続も同様である。ただし，清算にいたった場合は別で，裁判上の清算手続が開始された場合には「言渡しの日から，債務者の財産について，および裁判上の清算が終結するまでに債務者がなんらかの名義で獲得した財産についても，債務者の管理処分権の剥奪を，当然にもたらす。債務者の財産関係に関する権利および訴権は，裁判上の清算のすべてに機関を通じて清算人が行使する」（改正前商法典 L622-9 条 1 項）と規定していた。1985 年倒産法が 1967 年倒産法までの管理処分権喪失を改めた理由としては，すべての事業について更生を優先させ，観察期間制度を設けたためと考えられる。

　事業救済手続開始決定は，個別の手続を自動的に停止させる（改正後商法典 L622-21 条）。事業救済手続開始後に生じた債権については，原則として支払は停止されるが（改正後商法典 L622-7 条），手続の進行に必要な債権は一種の共益債権として期日に支払われる

(改正後商法典 L622-17 条)。

　事業救済手続開始決定は公告され，債権者は，保有する債権を法定代理人（債権者代表）に届け出ることを要し，わが国新破産法32条3項と同様に知れている債権者には個別に通知される（改正後商法典 L622-24 条 1 項）。届出られた債権は，法定代理人が債権者表としてまとめ，認否についての意見を付した上で主任官に提出し（改正後商法典 L624-1 条），主任官が債権を確定する（改正後商法典 L624-2 条）。

　法定代理人（債権者代表）が債権調査を行う一方で，法定管理人は，観察期間中に事業の救済のための計画を策定する。1985年倒産法では，裁判上の更生手続の法定管理人が更生計画を策定し，裁判所がこれを確定することとし，法定代理人（債権者代表）は審尋を受けるが，債権者全体として計画に賛否を表す機会は設けられていなかった（改正前商法典 L621-21 条）。これに対して，2005年倒産法は，債務者の管理人が策定する救済計画について債権者委員会で決議することとし，計画への債権者の関与を認めている。これは，アメリカ連邦倒産法のチャプター・イレブン手続を参考にしたものである[106]。

　債権者委員会は，一定規模以上の債務者の債権者について，手続開始決定後，30日以内に二つ構成される。ただし，その構成はアメリカ連邦倒産法と異なり，金融機関債権者委員会と商取引債権者委員会の二つである（改正後商法典 L626-30 条 1 項）。金融債権と商取引債権では債権の性格が異なる点を考慮し，改正法の起案にあたって，各国の債権者委員会制度を調査した上で，債権者の業態によって債権者委員会を分ける案に落ち着いた模様である[107]。わが

---

(106) 2005年5月11日上院に提出された経済委員会報告。http://www.senat.fr/rap/a04-337/a04-337_mono.html を参照。

(107) 2005年2月11日国民議会提出の法務委員会報告。http://www.assemblee-nationale.fr/12/rapports/r2095.asp 参照。

フランス倒産法

国会社更生法は，更生債権者委員会と更生担保権者委員会の二つの債権者委員会を規定しているが，フランスの救済手続はわが国会社更生法と同様に担保権を有する債権者に別除権を認めていないので，担保権を有する債権者も倒産処理手続に加わらざるを得ない。しかし，担保債権者と一般債権者の利害は対立が予想されることから，新設されたばかりの債権者委員会が果たして円滑に機能するか，懸念される[108]。この点についてフォルジェ弁護士は，改正法では債権者委員会への参加は義務的なのか，任意なのか明らかではないが，少数の担保権を有する債権者が多数の一般債権者の意見に左右されることになり，機能不全を起こしかねないと問題を指摘している[109]。なお，法定代理人（債権者代表）は，債権者の包括的利益を代表するものであり，債権者委員会に出席できない債権者も多いことから，法定代理人は債権者委員会に出席し，意見を述べることができるものと解されている[110]。

管理人が策定する救済計画案は，債権者委員会に提案され，各委員会の債権金額の少なくとも三分の二を代表する債権者の過半数の決議による（改正後商法典 L626-30 条 3 項）。社債が発行されている場合には，別途社債権団の代表者が社債権者集会を招集し，三分の二以上の議決権の賛成により決議する（商法典 L228-65 条 II）。債権者委員会等での承認を得た救済計画案について，裁判所が認可決定を与える（改正後商法典 L626-9 条）。決定された救済計画については，裁判所が計画遂行監督員（commissaire à l'exécution du plan）を

---

(108) 会社更生法案を審議した平成14年12月5日の衆議院法務委員会で，政府参考人（房村判事）は，更生債権者委員会，更生担保権者委員会，株主等委員会を設けた理由として，「多くの関係者が個々ばらばらに会社更生手続に関与しようと思ってもその実効性が上がらない」，「更生債権者と更生担保権者，それから株主というのは基本的に利害が対立」すると発言している。

(109) Forget, Les futurs comités des créanciers à la française, *L'agefi*, 1er mars 2005.

(110) 2005年5月26日上院提出財政委員会報告。http://www.senat.fr/rap/a04-355/a04-355_mono.html を参照。

選任し，その後の遂行状況の監督に当たらせる。原則として，計画遂行監督員は，従前の法定管理人が選任される（改正後商法典L626-25条1項）。

救済計画の内容については，わが国会社更生法167条1項のような特定の事項を要求しておらず，事業活動の可能性と方法，市場動向と流動資金調達などを記載することとされている（改正後商法典L626-2条1項）。基本的には，営業譲渡などの事業活動の継続のための手段，増減資および債務の支払猶予と減免，新たな資金調達方法などの項目になるものと予想される。

倒産前の予防手続としての調停手続では，ニュー・マネー・プロヴァイダーに対する優先権（super-privilège）[111]が新設されたが，倒産処理手続では1985年法で金融機関のニュー・マネー供与を共益債権の地位に置いており（改正前商法典L621-32条III），今回の改正でもこの優先権は維持されている（改正後商法典L622-17条III）。

四　債権者・債務者の権利関係の調整

次に，救済手続における倒産実体法について検討する。上述した倒産予防のための調停手続は倒産処理手続ではないので，調停手続の進行中，債権者と債務者の権利関係を調整することは予定されていないが[112]，事業救済手続は倒産処理手続のひとつであり，債権者と債務者の権利関係の調整が規定されている。まず，救済手続の開始決定とともに，債務者によるすべての支払は停止され（改正後

---

(111) 2005年2月15日国民議会提出の財政経済委員会意見書は「調停手続段階で供与された信用は，調停手続開始前に生じたすべての債権に優先して支払われる」とし，これを "super-privilège" と性格づけしている。http://www.assemblee-nationale.fr/12/rapports/r2099.asp を参照。

(112) 調停手続の進行中に，債権者の一人が債務者に対して強制執行をした場合，裁判所は民法典1244-1条から1244-3条を適用し，当該債務について2年を限度に猶予または分割弁済を命じることができるとしている（改正後商法典L611-7条5項）。これは一般法の規定である。

商法典 L622-7 条 1 項),強制執行などの手続はすべて停止される（改正後商法典 L622-21 条Ⅱ）。ここでは倒産手続一般として，過去の倒産法上の規定と 2005 年倒産法での救済手続における実体法規定を対照する。

①破産債権の現在化・金銭化

1807 年商法典破産編は「倒産宣告は，期日未到来の債務を請求可能とする」（同法 448 条）として，破産債権の現在化を規定していた[113]。1955 年倒産法 39 条 1 項，1967 年倒産法 37 条 1 項も同趣旨であった。1985 年倒産法は，債権届けにあたって「裁判上の更生手続開始決定の日に期日が到来していた金額」を届け出ることとし（改正前商法典 L621-44 条 1 項），更生計画で事業の全部譲渡が確定した場合，その時点で全債権額が現在化し（改正前商法典 L621-94 条），裁判上の清算決定があった場合，全債権額について現在化されることとした（改正前商法典 L622 22 条 1 項）。1967 年倒産法までは，債務者に対して観察期間を設けず，手続開始に当たって債務整理か，清算かのいずれかを決定することとしていたが，1985 年倒産法は，債務者について観察期間を設け，債務者の更生を優先させたため，更生手続の開始の時点では期日未到来の債務者の債務の現在化を行わないこととしたのである。

また，外貨表示の金銭債権については，1955 年倒産法 39 条 2 項，1967 年倒産法 37 条 2 項がそれぞれ手続開始決定日の相場でフランに換算することを規定し，1985 年倒産法は，裁判上の更生手続に

---

[113] 明治破産法 988 条 1 項は「弁済期限の未だ至らざる破産者の債務は破産宣告によりて弁済期限に至りたるものとす」と定めた。ロエスレルの起草案も「未だ満期に至ざる倒産者の義務は倒産申渡を以て満期となる」（草案 1042 条）と規定し，ロエスレルは「此の規則は主義上においては諸国法律の皆是認するところ」として，フランスのほか，ベルギー，ドイツ，オランダ，スペイン，イギリスの各倒産法を挙げている（ロエスレル氏寄稿『商法草案上巻』復刻版（新青出版，1995）865 頁）。

よる債権届けの際に、外貨表示の金銭債権については、手続開始日の相場でフラン（ユーロ）に換算することとしし（改正前商法典 L621-44 条 2 項）、裁判上の清算の場合も同様に、清算手続開始決定の日の相場で換算することを定めた（改正前商法典 L622-22 条 2 項）。

これに対して、2005 年倒産法は、事業救済手続の「開始決定は、決定日に期日が未到来の債権を現在化しない。これに反する規定はすべて無効である」（改正後商法典 L622-29 条）としている。事業救済手続は、裁判上の更生手続と同様に債務者の事業がゴーイング・コンサーンとして継続することを優先しているので、破産債権を現在化しない。

②取戻権

すでに 1807 年商法典破産編は「倒産の場合、商品の売主は、売却し、引渡したが、代金の支払われていない商品を、以下の条件に従い、取り戻すことができる」とし（同法 576 条）、商品と有価証券の取戻権について規定を設けていた。取戻権に関する規定はそのまま踏襲され、1985 年倒産法は商法典 L621-116 条以下に動産の取戻権を規定した。

2005 年倒産法では、取戻権の行使を救済手続開始決定の公告後 3 ヶ月以内（改正後商法典 L624-9 条）とし、取戻権の行使の対象としては、全部または一部が現物のまま残存している動産で手続開始決定の前に売買が解除された商品、手続の開始決定後に裁判所の決定によって売買の解除が宣告された商品、債務者または債務者の計算で販売する問屋に引渡されていない商品、債務者に保管のためまたは所有者の計算で販売するために預けられ現物が存在する商品とされている（改正後商法典 L624-12 条、L624-13 条）。また、有価証券についても、取立て、または特定の支払いに充当するために引き渡されたものは、取り戻すことができることを明記した（改正後商法典 L624-15 条）。さらに、所有権留保条件で販売した商品についても、

現物で存在する場合には，取戻しの対象となることとした（改正後商法典 L624-16 条）。

フランス倒産法上，買い手のもとに現物で残存し，代金が完済していない場合には，取戻権の行使が可能となる。問題は，商品が種類物である場合である（改正後商法典 L624-16 条 3 項後段）。わが国倒産法にはこの点について規定がない。フランス 1985 年倒産法も種類物を対象とする取戻権の行使について，特段の規定をおいていなかった。規定の欠缺の中で，判例は，取戻権の行使の対象は特定物であることとしていた[114]。しかし，1994 年改正で「現物の取戻しは，買い手の手中に同一種類，同一量の物がある場合，代替可能物に対しても認められる」という規定が加えられ（改正前商法典 L621-122 条 3 項後段），2005 年倒産法もこの規定を踏襲したものである。この結果，不特定の代替可能物に対する取戻権の行使も認められることになった[115]。この場合の種類物は，主として医薬品を対象としているようで，破毀院は医薬品について取戻権の行使を認めている[116]。次の問題は，種類物の範囲である。医薬品が物であって，種類物であることに異論はないであろうが，フランスで判例上問題になったのは，金銭である。すなわち，フランスでは第三者の資金を保管する立場にある者が倒産した場合に，保管を委託した者が取戻権の行使として，当該資金の取戻しを求める訴えが何件か提起されている[117]。たとえば，破毀院 2000 年 5 月 10 日商事部判決[118]は，

---

(114) Cass. com., 19 janv. 1994, Syndicat copropr. de l'ensemble immobilier Val Brise à Marseille c/ Crédit du Nord, *D.* 1994 Juris 576, note Martin.

(115) マルタンはこの改正を人的権利・物的権利の概念の再検討を迫るものであるとする（Martin, De la revendication des sommes d'argent, *D.* 2002, Doct. 3279）。カンパナは 1994 年改正を突飛であるとし，取戻しをめぐる争いが生じやすいとマイナスの評価をしている（Campana, Les revendications après la réforme du 10 juin 1994, *Le nouveau droit des défaillances d'entreprise*, Dalloz, 1995, p. 203）。

(116) Cass. com., 5 mars 2002, *D.* 2002, AJ 1139, note Lienhard, Paris, 3 avril 1998, *D.* 2000, SC 69, Paris, 26 juin 1998, *D.* 2000, SC 69.

(117) 拙稿「第三者の資金保管者の倒産に関するフランス判例の法理と『信託』」広

スーパーマーケットの生肉部門を委託された会社が売上金をスーパーマーケットに支払い，当該スーパーマーケットが裁判上の更生手続に入ったという事件で，生肉部門を委託された会社が取戻権の行使の訴えを提起したものである。破毀院は，当該生肉部門受託会社が「売上金の所有者ではなく，スーパーマーケットに対する破産債権者に過ぎない」として請求を棄却している。また，破毀院2003年4月4日商事部判決[119]は，金融業者に証券投資資金を預託していたが，当該金融業者が裁判上の更生手続に入ったため，投資家が金銭に対する取戻権の行使の訴えを起こした事件で，破毀院は，金銭の回収には取戻権の行使は認められず，破産債権を届け出るだけであるとして，請求を棄却した。金銭が物であるか否か，金銭債権について所有権が及ぶか否かという問題であるが，現状，取戻権の行使の種類物の中には金銭は含まれていない[120]。

③別除権

1807年商法典破産編は，「有効に担保で保証された倒産債権者は，記録のためにのみ，債権者団に記録される」（同法535条），あるいは「サンディックが担保を解消せず，債権者が売却し，代金が債権を上回るならば，超過分はサンディックにより回収される。代金が債権を下回るならば，担保債権者は不足分について配当に与る」（同法537条）と規定し，担保債権者に別除権を認め，別除権の行使によって満足を得られなかった部分について，倒産手続に参加することを認めた。ロエスレルは「別取権」として「負債者の動産もしくは不動産に対し書入質主権質主権其の他の先取権を有する債主は倒産品より弁償を受けざるときに限りその保証たる物品の売得金よ

法28巻1号260頁。
(118) Cass. com., 10 mai 2000, Sodama c/ Champion, *Rev. dr. banc.*, 2000, p. 235.
(119) Cass. com., 4 févr. 2003, X c/ Luc Terme, *D.* 2003, AJ1230, note Lienhard.
(120) Martin, la revendication des sommes d'argent, *D.* 2002, Doct. 3279.

り，費用，利子および元金を合せたる要求について特別の弁償を請求するを得」（商法草案1050条）とし[121]，明治破産法997条に取り入れられている。1955年倒産法も1807年商法典破産編と同様に規定し（同法100条），1967年倒産法は担保債権者に担保の目的物に対する優先権を認め，原則として債権届けは不要とし（同法71条），担保債権から全額回収されない場合に不足額について（同法87条），または，担保債権者の債権に対して異議が述べられた場合に（同法67条3項），倒産手続に取り込まれることとしていた。

これに対して，1985年倒産法は，従来の別除権規定を根本的に改めている。すなわち，担保権の設定された目的物が売却された場合，代金はいったん国立貯蓄供託金庫に供託され，更生計画が確定するか，債務者に清算が宣告された場合に，担保債権者に支払うこととされた（改正前商法典L621-25条）。しかも，担保債権者は当該担保目的物の代金に対して排他的な優先権を有するのではなく，先取特権のある労働債権の支払いの後に，担保債権者に支払われることとされた（同法L621-80条）。

2005年倒産法は，新設された事業救済手続，裁判上の更生・清算手続のいずれの場合にも，担保権者の手続外での担保権行使を認めていない。救済手続の場合には，「特別の先取特権，担保権，抵当権が設定された財の売却の場合，被担保債権相当額は，国立貯蓄供託金庫に払い込まれる。計画の認可の後，担保権者または優先権者が計画に服している場合，担保権者または優先権者は，それらの優先順位に応じて，L626-22条に従って支払われる」（改正後商法典L622-8条1項）と規定し，L626-22条は「特別の先取特権，担保権，

---

[121] ロエスレルは，「別取権ある債主とは負債者の財産全体よる弁償を受くべきものにあらずして其の財産中特別の物権に就いて専ら特別の権利を有する者」，「別取（セパラション）とは倒産者の全財産中物品を別異し専ら先に某債主の弁償に充るを云う」と説明した（ロエスレル氏寄稿『商法草案上巻』復刻版（新青出版，1995）865, 893頁）。

第 2 章　2005 年改正後のフランス倒産制度の概要

抵当権のある財を売却した場合，担保債権者は，労働法典 L143-10 条，L143-11 条，L742-6 条，L751-15 条にいう先取特権で担保された債権の支払いの後に支払われる」（同 1 項），「担保債権者は，計画により，期日前の支払いに応じて割り引いて，配当を担保債権者間の優先順位に従って受取る」（同 2 項）と定めており，担保債権者に別除権は認められていないことは，わが国会社更生法と同様であるが，さらに担保権者よりも労働債権が優先する。

なお，裁判上の更生の場合にも改正後商法典 L622-8 条は準用される。裁判上の清算の場合にも「譲渡が特別の先取特権，担保権，抵当権の設定された財について行われるとき，対価の対応分は，裁判所によって，対価の配分と優先権の行使について，各財に割り当てられる」（改正後商法典 L642-12 条 1 項），「譲渡対価の支払いは，譲受人に対する当該財の上に設定された債権者の権利の行使を妨げる」（同 2 項）と規定しており，担保権者の担保行使は認められていない。ただし，清算の場合「特別の先取特権，担保権，抵当権のある債権者および優先権ある債権について国庫は，債権届けをすると，それが確定していなくても，清算人が裁判上の清算を開始し，または宣告決定から 3 ヶ月以内に担保のある財の清算に着手しないならば，個別の追求権を行使することができる」（改正後商法典 L643-2 条）として，租税債権の場合の例外を定めている。

また，1807 年商法典破産編は「サンディックは，倒産のために債務を返済して，担保権を消滅することが認められる」（同法 537 条）と規定し，1955 年倒産法 90 条，1967 年倒産法 83 条 1 項，1985 年倒産法 33 条 3 項（改正前商法典 L612-24 条 32 項）も同様であった。2005 年倒産法でもこの制度は，「主任官に許可された清算人は，債務を払って，債務者が担保を設定した財または留置されたものを請け戻すことができる」（改正後倒産法 L642-25 条 1 項）と規定されている。ただし，これは債務金額を債権者に支払うことによる担保権の消滅であって，わが国民事再生法が導入した担保権消滅請求（民

事再生法148条以下)とは異なる。

④相　殺　権

　フランス倒産法上，相殺については議論のあるところである[122]。

　1807年商法典破産編は「倒産手続の開始前10日以内に行われた，期日の到来していない商事債務についての支払は返還される」(同法446条)と規定するのみであったが，これは，フランス倒産処理手続上，相殺が認められなかったことを意味しない[123]。フランス民法の上では，相殺には債務の相互性(réciprocité)(民法典1289条)と目的物の代替性(fongibilité)，金額の確定(liquidité)および支払期日の到来(exigilité)(以上3点は民法典1291条)が要件とされ，倒産手続開始決定前に，前記要件が充足されていれば，法定相殺(compensation légale)として，当事者の意思表示を要することなく，自動的に相殺が行われる[124]。さらに，倒産手続開始決定後であっても，従来の判例は，自働・受働の両債務間に牽連性があれば，金額の確定または支払期日の到来の要件が充足されなくても，相殺が認められるとしてきた。

　1985年倒産法は，「手続を開始する判決は，当然に，開始判決以前に生じたすべての債権の弁済の禁止をもたらす」(改正前商法典

---

(122) Pedamon et Carmet, La compensation dans les procédures collectives de règlement du passif, *D.* 1976, Chron. p. 123.

(123) わが国明治破産法は995条で相殺権を認めていた。この点について，ロエスレルは「契約上の殺除(差引，相殺)のみに此の規則を適用し法律上の殺除には之を施及せざるものとす」，「民法第1291条の規定に適するとき即ち両要求満期に至り且つ金額確定したるときはいずれの場合を問わず倒産において殺除を為すことを得」と説明した(ロエスレル氏寄稿『商法草案上巻』復刻版(新青出版，1995)888頁)。フランス民法典1291条1項は「相殺は，いずれも金銭，または同種の代替可能な物で，金額が確定しており(liquid)，支払期日が到来している(exigible)二つの債務の間でのみ行われる」と規定する。

(124) Terré, Simler et Lequette, *Droit civil—Les obligations*, 7ᵉ éd., Dalloz, 1999, p. 1164.

L621-24条1項）と規定するのみであったが，1994年法による改正で，同条1項に「この禁止は牽連性（connexité）のある相殺を妨げない」の一文が追加された。倒産法に相殺（le paiement par compensation）の言葉が使われたのはこれが初めてである。問題は「牽連性」の定義である。テレらは「相互性のある両債務の緊密な関係」としているが，「結局のところ，牽連性は緻密な技術的な定義に収まらない」とも述べている[125]。2005年倒産法も「手続開始決定は，牽連性のある債権の相殺を除き，開始決定後に生じた債権の支払いを一切禁ずる」（改正後商法典L622-7条1項）として，牽連性のある相殺を認めている。具体的には，金融機関が取引先に融資した場合に，余剰資金が当該金融機関保有の預金口座に残っていれば，借入金債務と預金債権は，一般的に牽連性があるということができる。2本の異なった契約から生じた自働債務と受働債務の場合は，契約締結の原因の牽連性が基準となるとされている。ただし，契約上の相殺の合意は，牽連性を必ずしも充足するものではなく，個別に判断される。たとえば，最近の事例として下記の事案がある。

○破毀院2000年12月19日商事部判決[126]
〈事案の概要〉

　ギメール夫妻は，農業経営者であるルクルトワ氏に41万7000フランを貸付け，1994年2月9日に，ルクルトワ氏はその所有家屋を67万7000フランで売却し，うち41万7000フランを貸付金との相殺によって，また残金26万フランを振込みによって支払うことで合意した。ルクルトワ氏については，1994年10月19日に裁判上の更生手続が開始され，次いで裁判上の清算手続に入り，支払停止日が1994年1月15日に決定された。法定清算人は，ギメール氏に

---

[125] Terré, Simler et Lequette, *Droit civil—Les obligations*, 7ᵉ éd., Dalloz, 1999, p. 1167.

[126] Cass. Com., 19 déc. 2000, Laroppe c/ Gimer, *D* 2001, Jur. p. 306, note Lienhard.

対する家屋売却について否認の訴えを起こした。カーン控訴院1997年12月4日判決は、41万7000フランは法定相殺であるとして否認権の行使を認めなかったため、法定清算人が上告した。
〈判旨〉
　売買価格の一部を相殺に充当することによる借入金の返済は、商法典L621-107条4号（否認権に関する規定で、改正後商法典L 632-1条I第4号に当たる）が認める支払方法に当たらないとして、原判決を破棄し、レンヌ控訴院に移送した。

⑤双方未履行の双務契約

　1807年商法典破産編には双方未履行の双務契約について特段の規定はなかった。1955年倒産法は、債務者の賃貸借契約についてのみ、主任官の許可を得て、解除または継続することができるとした（同法71条4項）。1967年倒産法は、「裁判上の整理または財の清算の場合、契約された給付の提供について、サンディックは相手方に請求することができる」（同法38条1項）とし、管理人が履行を選択しなかった場合に契約相手方に損害賠償請求権が生じるとした。1985年倒産法は37条（改正前商法典L621-28条1項）でこの旨を定め、さらに契約を履行した相手方の請求権は優先債権として扱われることとした（改正前商法典L621-32条III第3号）。解除された場合の相手方の損害賠償請求権について優先権は認められていなかった。

　2005年倒産法は、「管理人のみが契約の履行を債務者の契約相手に要求する権限を有する。管理人に催告したが1ヶ月の間、回答がない場合には、契約は解除される。この期間の満了前に、主任官は管理人に短い期間を認め、または2ヶ月を超えない範囲で長期にすることができる」（改正後倒産法L622-13条1項）と規定している。管理人は、履行請求または解除を選択することができるが、これはわが国倒産法（たとえば新破産法53条1項）と同様である。

　賃貸借については、特則があり、救済手続が開始された場合には、

賃借人の債務者の管理人は事業用の不動産の賃貸借契約について解除することができる（改正後倒産法L622-14条1項）。賃貸人側は、賃借料の不払いがあれば、救済手続開始決定後3ヶ月以内に、賃貸借契約の解除の訴えを提起することができるが、賃借料の支払いに遅延がなければ、解除されないとされている（同2、3項）。なお、賃貸人の先取特権は最後の2年間の賃料にとどまるとされている（改正後倒産法L622-16条1項）。旧破産法63条1項の規定に相当するものである。また、裁判上の清算の場合、当然には事業用の不動産賃貸借契約を解除するものではなく、清算人または管理人は、賃貸借を継続する、または賃貸人との間で締結された契約に定められた条件に従って、契約に含まれる権利義務を譲渡することができる（改正後倒産法L641-12条1項）。

⑥否　認

　1807年商法典破産編は「倒産の開始は、商事裁判所が宣告する」（同法441条）とし、「倒産の10日前までに、債務者によって契約された行為または債務は、債務者の詐害的行為と推定される。これらは、相手方に詐害行為があれば無効である」（同法445条）と定めていた[127]。1807年商法典破産編では、債務者の行為の時期が問題とされ、サンディックに否認権を認める規定はなかった。わが国の明治破産法も、「支払停止後又は支払停止前10日内に破産者が其財産中より無償の利益を或人に与ふる権利行為殊に贈与、無償にて若くは不相当の報酬を以て義務を負担する契約、期限に至らざる債務の支払、期限に至りたる債務の変体支払及び従来負担したる債務の為

---

(127) 井上教授は、1667年に国王の認許を得て、リヨンで制定されたリヨン規則（règlement de Lyon）に「破産者の財産に付きて為されたる譲渡は、破産が公になりたる日より少くとも十日以前に係るに非ざれば、無効となる」と規定されたことを指摘している（井上直三郎「詐害行為に対する救済制度の変遷(2)」論叢20巻（1928）6号1193頁）。

め新に供する担保は財団に対しては当然無効とす」(同法990条) と定めていた。10日間としたことについて, ロエスレルは「諸国法律の多数に従い支払停止前10日と定めたり」[128]と説明している。

支払停止前の行為を否認される期間を疑わしき期間 (période suspect) という。フランス倒産法における否認は, 基本的には倒産日 (支払停止日) を遡及させ, 倒産日以降の債務者の行為を無効にするという方法をとってきた。1955年倒産法は「最初の審尋において, 裁判官の報告があればそれに基づいて, 裁判所は支払の停止を確認するならば, その日を決定し, 破産または裁判上の整理を宣告し, その構成員のひとりを主任官に指名する」(同法8条) と規定し, 支払停止日以降の債務者による動産・不動産の無償譲渡 (1号), 期日未到来の債務の支払い (2号), 担保の設定 (3号) を無効とした (同法41条)。1967年倒産法も同様に, 支払停止日の決定権を裁判所にあるとし (同法6条, 29条), 動産・不動産の無償譲渡 (1号), 債務者の債務が相手方の債務を明らかに上回る契約 (2号), 支払手段にかかわらず, 支払期日未到来の弁済 (3号), 期日到来の債務の弁済で, 現金, 手形, 振込, ダイイ法による債権譲渡以外の手段で行われたもの (4号), 民法2075条の1による預金, 供託 (5号), 契約による抵当権設定, 法定抵当権 (6号), 保全手段 (7号) を債権者団には対抗できない行為と規定した (同法30条)。1985年倒産法も, 裁判所による支払停止日の決定 (改正前商法典 L621-7条1項) と1967年倒産法30条が列挙した行為の無効を規定した (改正前商法典 L621-107条Ⅰ)。

2005年倒産法で新設された事業救済手続は, 倒産状態 (支払停止) にない債務者についての倒産処理手続であるため, 支払停止日を遡及させることによる否認権の行使という手段をとることができない。このため, 倒産処理手続ではあるが, 事業救済手続では, 法

---

(128) ロエスレル氏寄稿『商法草案上巻』復刻版 (新青出版, 1995) 873頁。

定管理人に否認権はない。否認権が認められるのは，裁判上の更生手続に入った段階からである（改正後商法典 L632-1 条）。

この点は，同じ再建型の倒産処理手続であるわが国の再生手続で，監督委員による否認権の行使（民事再生法127条以下）が認められていることと対照的である。2005年倒産法では，罰則規定についても事業救済手続の申立て前の偏頗行為，詐害行為に対する罰則はない。救済計画に対しては，裁判所の認可を要件としており，仮に事業救済手続を申し立てた債務者にこれらの否認すべき行為があったと判断された場合には，救済計画を認可せず，裁判上の更生手続に移行するという対応によって解決が図られると推測される。再建型の救済手続であっても，窮境にある債務者には債権者全体を詐害する行為や偏頗行為が行われるおそれはあり，この点で今後の事業救済手続の実効性の確保が注目される。

⑦保 証 人

1807年商法典破産編は，保証の受益人である債権者は保証人からの支払額を控除した金額をもって債権者団に加わり，代位弁済した保証人はその限度で債権者団に加わると規定した（同法538条）。明治破産法も「共同義務者に対し其全額に付き」債権届けをすること規定していた（同法1030条前段）[129]。基本的には，共同債務者に対する請求は踏襲され，1955年倒産法85条，1967年倒産法46条，1985年倒産法（改正前商法典 L621-51 条）に同様に規定されている。2005年倒産法でも複数の共同債務者の倒産の場合に全額を以て倒産手続に参加することができること（改正後商法典 L622-31 条），手続の開始決定前に保証人からの支払があった場合には当該分を控除した金額で債権届けを行い，代位弁済した保証人が債権として届け

---

(129) ロエスレルの草案1084条は，「共同義務者は支払を為して初めて其責を免れ」すと説明している（ロエスレル氏寄稿『商法草案上巻』復刻版（新青出版，1995）959頁）。

出ること(改正後商法典 L622-33 条)は同様である。

　ただし,1985 年倒産法は,保証人が法人である場合を除いて,手続が開始されてから,債権者が保証人に対して支払請求することを停止させていた(改正前商法典 L621-48 条 2 項)。2005 年倒産法も事業救済手続の「開始決定は,計画認可または清算宣告の決定まで,自然人である共同債務者または個人保証,独立保証を供した者に対する訴えを停止する」(改正後商法典 L622-28 条 2 項)と規定している。保証は本来,主たる債務者が支払うことができなくなった場合に備えた債権保全手段であり,この規定の存在は,保証の意味を減殺するものである。この点について,ギュヨン教授は「この規定は保証の実効性を損なうものであるが,保証人はしばしば窮境にある事業自体の経営者であることで説明されうるもので,会社に対して追及できないとして,債権者がすぐに自分に向かうと予想したら,経営者が倒産の申立てを躊躇することになる」と説明している[130]。

⑧労働債権

　1807 年商法典破産編には労働債権の優先規定がなかった。同法の成立は,産業革命の進展する 19 世紀初頭であり,労働問題という社会的観点はいまだ存在しなかったものと推測される。ただし,1955 年倒産法においても労働債権について特段の規定はなく,労働債権の優先返済が規定されるのはようやく 1967 年倒産法からである[131]。一方,1985 年倒産法は,ミッテラン大統領下のファビウス社会党政権時代に成立した倒産法であり,労働債権に対する手厚い保護を加えていた。

---

(130)　Guyon, *Droit des affaires*, T. 2, 9ᵉ éd., Economica, 2003, p. 266.
(131)　ただし,労働債権の保証機関である労働債権保証協会(Association pour la Gestion du régime de garantie des créances des Salariés, AGS)のサイトは,1967 年倒産法は被用者保護をなんら予定していなかったとしている。http://www.ags-garantie-salaires.org/index.php を参照。

現行の労働法典 L143-10 条 1 項は「裁判上の更生・清算手続が開始されたときは，いかなる性質のものであれ，被用者と研修者に支払うべき報酬および本法典 L980-11- 1 条にいう職業オリエンテーション中の者に雇用者が支払うべき補償金は，労働または研修の最終 60 日間相当について，すでに支払済みの分を差し引き，他の優先権のある債権の存在にかかわらず，受領者の範疇について同様の月間限度額まで支払われなければならない」と定めている。さらに労働法典 L143-11- 1 条は「商人，職人，農業経営者または私法上の法人の資格を有し，一ないし複数の被用者を雇用するすべての雇用者は，外国に派遣された賃金労働者ならびに L351- 4 条にいう賃金労働者を含む自己の被用者のために，裁判上の更生・清算手続の場合における不払いのリスクに対して，労働契約の履行に伴い負担する金額につき保険を付さなければならない」と規定している。この労働債権の保険機関として，労働債権保証協会がある。同協会は会員の納付金（cotisation）で運用されているが，2005 年 6 月現在，給与の 0.35％の納付金の支払いを使用者に義務づけている。

1985 年倒産法は，この労働法典の規定を前提として，労働債権の優先支払いを定め（改正前商法典 L621-130 条 1 項），労働債権については，「他のすべての債権の存在にかかわらず，管理人が必要な資金を有するならば，主任官のオルドナンスに基づき，管理人によって，救済，裁判上の更生または裁判上の清算手続の開始決定後 10 日以内に支払」うこととし（同法 L621-131 条 1 項），「これら債権金額の確定前に，管理人は，主任官の許可を得て，処分可能資金の範囲内で，未払いの給与 1 ヶ月相当分を，労働法典 L143-10 条にいう上限を超えない範囲で，最終の給与明細票に基づいて被用者に仮払い」することとしていた（同法 L621-131 条 2 項）。

このような労働債権の保護に加えて，1985 年倒産法は，さらに倒産手続に被用者の代表である企業委員会の関与を認め，単に労働債権の優先弁済以外に倒産処理手続自体に被用者を組み入れるとい

フランス倒産法

う抜本的な改革を行った。すなわち，手続開始の申立てを受けた裁判所は，開始決定を行う前に債務者の事業の企業委員会を呼び出し，意見を聴取することとした（同法 L621-8 条 1 項）。そのほか，更生手続の観察期間中に事業を廃業する場合（同法 L621-27 条 2 項），営業賃貸借の場合（同法 L621-34 条 1 項），更生のために経済的理由により解雇する場合（同法 L621-37 条），事業の経営者の解任および経営者の保有株式の譲渡禁止の決定の前（同 L621-59 条 3 項），計画中の経済的理由により解雇する場合（同法 L621-64 条 1 項），いったん譲渡された財産が再譲渡されまたは担保設定される場合（同法 L621-91 条 2 項）にはそれぞれ意見を求められ，裁判所が更生計画案を確定する前（同法 L621-62 条 1 項），更生計画を変更する前（同法 L621-69 条 2 項），清算に至り財産を譲渡する前に（同法 L622-17 条 5 項）裁判所から呼び出され，審尋される。また，管理人等から更生手続の進捗状況（同法 L621-56 条 3 項），債務整理案（同法 L621-60 条 1 項）などの報告を受けることとなっており，さらに，清算決定，計画認可・拒絶決定，更生計画変更決定に対しては控訴することが認められていた（同法 L623-1 条）。

前述のとおり，企業委員会には事前警報の発動も認められており，被用者に広範な権限が与えられている。わが国の民事再生法は，労働組合は再生手続開始決定について（同法 24 条の 2），営業の譲渡について（同法 42 条 3 項），再生計画案について（同法 168 条）意見を聴取すされ，さらに財産状況報告集会で意見を述べることができる（同法 126 条 3 項）とされているが，わが国における労働組合に対する以上にフランス倒産法では被用者の意見が重視されている。

1985 年倒産法の時代からは，政権が社会党から保守に交代してはいるが，2005 年倒産法は，労働債権の優先弁済と企業委員会の関与について基本的に 1985 年倒産法を継承しており，変更はない。

第2章　2005年改正後のフランス倒産制度の概要

第2款　裁判上の更生・清算手続

一　今回の改正

　2005年倒産法で新設された事業救済手続は，債務者が支払停止状態にないことを要件としている。一方，1985年倒産法が設けた裁判上の更生・清算手続はそのまま維持され，その開始原因は，従来同様，「支払停止」のままである。ただし，支払停止後届出までの期間が大幅に延長された。1985年倒産法では，債務者は支払停止後，遅くとも15日以内に裁判所に申し立てなければならず（改正前商法典L621-1条2項），仮にこの期間を徒過すれば，事業主は個人破産を宣告され，会社の経営などを一切禁じられ（同法L625-2条），仮に法人の債務を連帯保証していれば，倒産した法人の債務の支払いを免除されることはなく（同法L622-32条III），法人の議決権を失うこととされていた（同法L625-9条1項）。こうした失権措置の期間は最大5年間（同法L625-10条）であるが，この間，事業家にとっては，ビジネスから完全に排除されることを意味した。

　今回の改正では，裁判上の更生手続について，支払停止後遅くとも45日以内に，調停手続か，裁判上の更生手続を申し立てなければならないとされた（改正後商法典L631-4条1項）。支払停止後の申立てまでの猶予期間は，15日から45日に大幅に延長されたことになる。これは，支払停止という倒産状態に陥った債務者についても，機能不全に陥っている裁判上の更生手続ではなく，倒産予防のための調停手続を優先することによって，事業の存続を図ることとしたことと平仄をとったためである。なお，この期間内に調停手続，裁判上の更生手続のいずれの手続も申し立てなかった場合には，従来と同様の個人破産の制裁を受けることとされている（改正後商法典L653-8条3項）。

二 手続の概要

(1) 1955年倒産法の裁判上の整理と破産

1955年倒産法は、支払停止に陥った商人は、最終の決算期の貸借対照表、損益計算書、債権債務明細、連帯債務者がある場合はその一覧を添付して[132](同法2条)、その所在地を管轄する裁判所に15日以内に法定整理または倒産手続の開始を申し立てなければならない(同法1条)としていた。また、債権者による手続開始の申立て、裁判所の職権による手続開始も認められていた(同法4条)。手続開始の申立てによって、通常は、更生手続である裁判上の整理手続が開始されたが(同法12条1項)、債務者が法令の禁止に反する事業を行う、あるいは財産を隠匿、あるいは粉飾決算などの事実がある場合は、清算手続である破産が宣告された(同法12条2項)。すなわち、1955年倒産法は債務者の財産の清算と債務者の債務の整理による再生の二つの手続を定めていたが、清算か再生かの判断は事業の再生可能性ではなく、もっぱら債務者の悪意の有無に基づいていたのであり、裁判上の整理手続は、再生の可能性がない債務者であっても誠実である限りは、いったん通過すべき手続であった。ここにも倒産手続の懲罰的な性格がうかがわれる。

1955年倒産法では、裁判所が破産または裁判上の整理の開始を決定(宣告)すると、個別の手続はすべて停止された(同法38条)。わが国の新破産法では、破産手続の申立てがあった場合に必要があると認められるときは、利害関係人の申立て等により、破産手続開始決定があるまでの間、強制執行、仮差押えなどの個別の手続を停止することができるとされているが(同法24条1項)、1955年倒産法では、開始決定(宣告)前の保全処分については規定がなく、手続開始決定があった場合に、自動的に個別の手続を停止する効果があるとされていたので、わが国破産法の保全処分と異なっている。

---

(132) たとえば、わが国民事再生規則13条1項も同様に資産・負債の状況などの提出を求めている。

これは，フランス倒産法上，支払停止日の遡及が認められるために，申立て後，開始決定までの保全処分の必要がなかったためと思われる。

1955年法は粉飾，違法行為などの悪意のある債務者を破産手続によって制裁するものであり，破産手続を宣告された債務者には厳しい扱いが行われた。すなわち，裁判所は破産を宣告された債務者について監守（depôt à la maison d'arrêt）を命じることができ（同法33条），また，債務者は復権までの間一定の失権を余儀なくされ（同法35条），債務者は財産の管理処分権を失い，その財産の管理処分権は管理人に専属した（同法37条1項）。

管理人は主任官の許可を得て，破産を宣告された債務者の財産を換価処分するとともに，その債権の回収に努め（同法61条），管理人は換価処分代金，債権回収額を国立貯蓄供託金庫に供託し（同法64条），主任官が債権者への配当を指示した（同法66条）。

一方，裁判上の整理の場合には，管財人は債務者の財産管理処分を補佐する（assistance）こととされ（同法37条2項），債務者は主任官の許可を得て事業を継続することが認められていた（同法70条）。ただし，裁判上の整理を宣告された債務者は公職の被選挙権を失い，就任中であった場合には辞職した（同法36条）。

裁判上の整理手続に入ると，主任官が債務整理案（和議案）を提示し（同法120条），債権者の頭数で過半，債権額で三分の二以上の債権者の賛成を得られれば（同法121条），整理案が成立し，裁判所がこれを認可すると，整理案への賛否にかかわらず，全ての債権者を拘束した。また，債務者が全ての財を放棄することによって，債務整理を行うことも認められた（同法149条）。

なお，会社の役員などが会社の債務について連帯保証している場合，会社について裁判上の整理または破産が宣告されると，その手続は当該役員にも及ぶとされ（同法9条），会社を利用して図利行為があった者にも同様に効果が及ぶとされた（同法10条）。

すなわち，1955年法には事業の存続，雇用の維持という観点はなく，破産を宣告された債務者については，債権者を裏切った者という伝統的な倒産観に基づいて，債務者の財[133]を換価処分し，債権者の満足を得るという制度であった。

(2) 1967年倒産法の裁判上の整理と財の清算

1967年倒産法では，裁判上の整理とともに，従来破産（faillite）と呼ばれていた手続を財の清算（liquidation des biens）に改め，手続にまつわる規範的なニュアンスを解消した。

手続は，支払停止状態に陥った債務者が15日以内に裁判所に手続開始を申し立て，裁判所が裁判上の整理または財の清算のいずれかを宣告することとされていた（同法6条）。債権者による申立ても可能であった。

手続開始決定とともに，裁判所は主任官，サンディックを選任し，主任官が債権者の中から1ないし2名の監査委員を選任した。

1967年倒産法は，1955年倒産法を踏襲しているが，最大の相違点は，破綻した法人と経営者を分ける規定を設けたことである（同法96条以下）。1955年倒産法は，法人を含む債務者に対する手続を定めていたが，法人の社員・経営者についてはなんら規定していなかった。1967年倒産法はこれを改めている。

1967年法のこの結果，97条で法人についての手続開始決定の効果は全ての無限責任社員（associés）に及ぶことを規定し，99条でいわゆる債務填補責任を規定した。

---

(133) 財は，biens の訳である。フランス倒産法では，日本語で財産を意味する patrimoine, actifs, biens が区別されて使われている。patrimoine はオーブリー＝ローに由来するが，財産法上の概念として債務者の積極財産と消極財産の総体を意味し，actifs は，会計上の概念，biens は現実の個々の財産をいうものと理解する。

第2章　2005年改正後のフランス倒産制度の概要

(3)　1985年倒産法

1985年倒産法の下では，裁判上の更生手続の開始の申立ては，債務者の場合には会計書類の写し，商業登記抄本，3ヶ月以内の財務状況表，従業員数と売上高，番号を付し，債権者の氏名住所を示し，労働債権について未払い金額を明示した債権・債務一覧，保証など簿外債務の一覧，財産目録などを添付することとされていた。現在でも倒産手続開始の申立てをフランス語でデポ・デ・ビラン (dépôt de bilan)，すなわち「会計書類提出」と俗称するが，実態に即した表現である。フランスでは，裁判上の更生手続開始の決定は，条件が充足される場合は必要的であり，事実上の倒産というものは存在しない。

裁判所は裁判上の更生手続の開始を決定し，同時処分として，更生の場合には観察期間の設定，機関（主任官，副主任官，法定管理人，債権者代表）の選任，債権届けの期限設定，債権者表の提出期限，臨時の支払停止日の設定などを行うこととされていた。裁判上の更生手続の開始決定は，書記課，選任された管理人，検事局，財務局に送られ，裁判上の更生手続開始決定は商業登記に登記された。

1985年倒産法の最大の改正点は，債務者等からの手続開始の申立てがあった場合，裁判所は手続開始決定を行い，管理人，債権者代表を選任するが，開始決定の時点では裁判上の更生，清算のいずれとも決定せず，いったん観察期間を設け，この期間中に管理人は，事業の破綻に対する解決策を立て，更生計画または清算のいずれかを提案するために，選任された管理人が経営・労働関係調査書 (bilan économique et social) を作成することとし，観察期間終了前に裁判所が事業の継続，事業の譲渡あるいは譲渡付きの継続あるいは清算を判断することとしたことである（改正前商法典 L620-1条2項）。経営・労働関係調査書は，事業の全体を映し出すものであり，経営関係では，事業の概要，事業環境，財務状況（変化，開始決定当日の状況，決算の財務構造の分析，債務金額，開始決定以降の損益，開始

81

決定以降に生じた債権）を記載し，労働関係では，被用者数，配置，給与総額，被用者の状況，社会保険制度，被用者の代表，訴訟の有無等を記載することとされていた。また，管理人は事業の破綻の原因，破綻の程度，性質を述べ，当該債務者を更生すべきか清算すべきか意見を明らかにし，更生を選択する場合には，事業の更生の可能性を説明し，そのための手段，当該事業を取り巻く環境，資金調達の計画，債務の整理方法，解雇を要する場合にはその内容を述べることとされていた（同法L621-54条）。また，経済的理由により解雇を要する場合には，解雇される被用者に対する補償についても記載を要した。すなわち，観察期間は，経営・労働関係調査書を作成し，企業の継続か譲渡かの提案をまとめるための期間であり，かりにこうした解決が不可能であるとなったら，裁判上の清算に移行することとされていた。なお，既述のとおり，1994年の改正で「全事業が停止され，または更生が明らかに不可能な場合」には裁判所は観察期間を設けず，即時に清算手続開始決定することを認めている。わが国民事再生法も「再生計画案の作成若しくは可決の見込み又は再生計画の認可の見込みがないことが明らかであるとき」は再生手続の申立てを棄却し（同法25条1項3号），「破産手続開始前の再生債務者について再生手続開始の申立ての棄却，再生手続廃止，再生計画不認可又は再生計画取消しの決定が確定した場合において，裁判所は，当該再生債務者に破産手続開始の原因となる事実があると認めるときは，職権で，破産法に従い，破産手続開始の決定をすることができる」としているが（同法250条1項），フランス1985年倒産法も画一的に更生のための観察期間を設けていたわけではない。

　支払を停止した債務者は，それから15日以内に手続開始の申立てを行わなければならないとされていた（改正前商法典L621-1条2項）。債務者自身のほか，債権者による申立て（同法L621-2条1項），商事裁判所（ただし，民事会社については大審裁判所）は職権で，または共和国検事局の申立てにより手続を開始することができた（同

2項)。このために,会社の企業委員会,それがない場合には従業員代表は裁判所または検事局に会社の支払停止の事実を通知することが認められていた(同3項)。

また,1985年法は従来存在しなかった簡易手続(procédure simplifée)を設けていた(同法L621-133条からL621-143条)。通常手続は,常時50人超を雇用するか[134],最後の決算の売上高が2,000万フラン(310万ユーロ)を超える事業の場合であり,常時雇用する者が50人以下で,かつ税を控除した売上高が2,000万フラン(310万ユーロ)未満の事業について簡易手続がとられる。裁判上の更生手続に入る事業の95％が簡易手続の対象となっている。簡易手続では,観察期間は4ヶ月に短縮され,最長でも8ヶ月とされていること(通常の手続では最大20ヶ月),管理人が選任されない場合が多く,債務者の権限が広いこと,このため経営・労働関係調査書は債務者が作成し,主任官が直接監督すること,などの点で通常の手続よりも簡素化が図られている。

一方,債務者以外の第三者は当該の破綻した事業に対して,管理人宛にオファーを提示することとされていた(同法L621-57条)。また,仮に,事業を継続し,このために,債務者の増減資を要する場合には,管財人が株主総会を招集することとされていた(同法L621-58条)。破綻した企業について株主が投資意欲を減退することを考慮して,わが国の民事再生法は,営業の譲渡に関する株主総会の決議に代わる裁判所の許可の制度を設けているが(同法43条),フランス1985年倒産法では,株主総会に代わる許可の制度はない。

---

(134) ヴァランサンによれば,法務省は企業の95％が常時雇用の者が50人未満という統計を出している由である(Vallansan, *Redressement judiciaire et liquidation judiciaire*, 2ᵉ éd., Litec, 2003, p. 23)

(4) 2005年倒産法
①裁判上の更生手続

　2005年倒産法は、事業救済手続を倒産手続の中心におき、裁判上の更生・清算手続については、救済手続の規定を準用する形式をとっている。裁判上の更生手続は「事業活動の遂行、雇用の維持、負債の履行を促すために事業の再編を目指す手続」（改正後商法典L631-1条）であり、手続の対象も商人、民事会社、農業経営者、専門職である点、裁判所による開始決定の同時処分として、主任官、法定管理人と法定代理人を選任する点、計画を立案するための期間として観察期間を設ける点など事業救済手続と大きく変わるところはない。法定管理人が選任されないこともある点も同様である（改正後商法典L631-9条によるL621-4条の準用）。

　ただし、裁判上の更生手続は、支払停止という状態に陥った債務者に対する手続であり、事業救済手続開始の申立ては、債務者のみが行うことができるが、裁判上の更生手続では債務者のほか、事前に和解的整理のための調停手続がなかった場合には、債権者によっても申し立てることができ、検事局も申立てが認められている（改正後商法典L631-5条）。ただし、債権者による申立てには制限がある。1985年倒産法の下では、1985年デクレの7条で「債権者の申立てには、債権の性質と金額を明記し、債権回収のために行われた手続または執行があればこれを含めなければならない」と規定していたが、1994年デクレ15条Ⅰは、この「があれば（eventuellement）」という一語を削除した。この結果、判例では債権者が債務者について裁判上の更生手続の開始を申し立てる場合、必ずその前に個別執行の申立てを行い、それが不調であったことを要するものとしていた[135]。2005年倒産法では、債権者の申立てについてはとくに制限を付していないが、今後デクレで1994年デクレを改正し

---

(135) Lucas, Redressement et liquidation judiciaire, *D*. 2005, Panorama, p. 2012. ルカ教授は、この事前の個別執行の要件には批判的である。

第 2 章 2005 年改正後のフランス倒産制度の概要

ない限り，従来同様に債権者の申立ては制限されるものと思われる。

さらに，事業救済手続にはない，裁判上の更生手続の固有の規定は，上述の手続開始原因のほかに，支払停止日の決定（改正後商法典 L631-8 条 1 項），法人の経営者の保有株式の譲渡禁止（改正後商法典 L631-10 条），計画の認可以前の観察期間中の解雇の許可（改正後商法典 L631-17 条），否認（改正後商法典 L632-1 条）である。裁判上の更生手続で，支払停止日は，手続開始申立ての前 18 ヶ月まで遡及することができ，手続開始決定から 1 年以内であれば開始後でもその遡及を申し立てることができる。

事業救済手続では救済計画を策定し，裁判上の更生手続では更生計画を策定する点は，共通であるが，両者の計画の内容は異なる。すなわち，事業救済手続では，増資による資本の増強（改正後商法典 L626-3 条）と債務の返済猶予および減免によって（改正後商法典 L626-18 条），事業の再建を果たすことを基本としており，事業の譲渡は中心的な手段とは位置づけられていない。一方，1985 年倒産法では，裁判上の更生手続においては，債務者が支払停止状態という状況があるために，単なる返済猶予と減免では事業の再建が困難であり，このため，事業の全部または一部譲渡を規定し（改正前商法典 L621-62 条），2005 年倒産法においても裁判上の更生手続に入った場合には，第三者は当該債務者の営業の譲渡に関するオファーを管理人に提示することとなっている（改正後商法典 L631-13 条）ので，裁判上の更生手続は同様に位置づけられているものと考えられる。

②裁判上の清算手続

裁判所が当該債務者の事業の更生を明らかに不可能と判断した場合にもかならず裁判上の更生手続を優先することは意味がない。2005 年倒産法は「更生が明らかに不可能な債務者に開始する裁判上の清算手続を設ける」と規定して，従来の手続（改正前商法典 L640-1 条 1 項）を踏襲しており，裁判上の更生手続開始決定後の観

察期間の間に更生が困難と判断された場合のほか，手続開始申立てがあった時点で明らかに更生できないと判断される場合にも，観察期間を経ず，即時に裁判上の清算の開始が決定される。

裁判所による開始決定の同時処分として，主任官と清算人が選任される（改正後商法典L641-1条II）。救済手続と裁判上の更生手続では，主任官のほかに法定管理人と法定代理人（債権者代表）を選任することとしているが，裁判上の清算手続はもっぱら「事業活動を終了させ，または債務者の権利と財を一括してまたは別々に譲渡することにより債務者の財産を換価することを目的」とするものであり（改正後商法典L640-1条2項），清算人は法定管理人と法定代理人の両方の権限を有する（改正後商法典L641-4条3項）。すなわち，わが国破産法にいう破産管財人と同様の立場にたつことになる。また，主任官は債権者の中から監査委員を選任する（改正後商法典L641-1条II第4項）。

清算人は，債務者の財産状況を調査し（改正後商法典L641-2条1項），債権調査と清算作業を並行的に行う（改正後商法典L641-4条1項）。ただし，債務者の財産の換価代金を手続費用などに充当したところ，一般破産債権者に対する配当が不可能と判断される場合には，債権調査も省略される（改正後商法典L641-4条2項）。

裁判上の清算手続の実態については，芳しくない調査結果が出ている。「公財政監察官と司法監察官による1998年7月の商事裁判所の組織と運営に関する調査」では，裁判上の清算手続の80％は配当がないまま終わっており，また換価代金の平均が5万フラン（7622ユーロ）以下にとどまり，清算手続に手間取り，代金のほとんどが結果として手続費用に回っていることが明らかにされた[136]。清算手続は将来性のない債務者の事業を終了させるものであり，社会経済的な観点からは，清算対象に使用されていた経済資源は早期

---

(136) 2005年2月11日国民議会提出の法務委員会報告。http://www.assemblee-nationale.fr/12/rapports/r2095.asp 参照。

に新たな経済分野につぎ込むことべきであろう。こうした観点から，清算手続を迅速化が求められ，2005年倒産法は，清算手続の簡易迅速化のために二つの改正を施している。

第一に，裁判上の清算手続の開始決定の時点で手続の終了時期を明らかにすることとしたことである（改正後商法典 L643-9 条 1 項）。これは手続機関に手続の促進を促す効果を持っている。第二に，簡易破産の制度を改正したことである。これはドイツ倒産法の規定を参考にしたとされているが，新たな簡易清算のクリテリアは，二つであり，「債務者の財が不動産を含まず，手続開始決定に先立つ6ヶ月間の被用者数と税を控除した売上高がコンセイユ・デタのデクレの定める限度以下」の場合に適用される（改正後商法典 L641-2 条 2 項）。通常の清算手続では，債務者の所有不動産を売却する場合には，不動産執行の方法によって行うこととされている。不動産執行を開始する場合，債権者は債務者に対して督促状（commandement）の送達を行い，アナクロニスムと評される手続を経る必要があるが[137]，簡易手続は債務者が不動産を所有していないので，動産，フォン・ド・コメルスなどを相対または一般競売で売却することになる。

裁判上の清算手続では，債務者はその財産の管理処分権を喪失するが（改正後商法典 L641-9 条 I 第 1 項），債務者が法人の場合には，原則として会社の経営者はそのまま地位にとどまることとされている（同 II 第 1 項）。

裁判上の清算手続が開始された場合には，「裁判上の清算開始決定は，期日未到来の債権を現在化する」（改正後商法典 L643-1 条 1

---

[137] フランスでは1991年7月9日に新民事執行法が制定されたが，新民事執行法はもっぱら金銭債権差押えに関して規定しており，不動産差押えについては従前の旧民事訴訟法673条以下の規定が適用される。1991年の新民事執行法制定時に，不動産差押えの改正も議論があったが，関係者の利害調整の問題があり，先送りされた経緯がある。ペロ教授らは，「アナクロニスム」と評している（Perrot et Théry, *Procédures civiles d'exécution*, Dalloz, 2000, p. 126）。

項)とし,「債権が裁判上の清算が宣せられた地の通貨以外で表示されているときは,決定の日の相場でその地の通貨に換算する」として外貨表示債権の換算を規定している(改正後商法典L643-1条2項)。

第4節　法人経営者の民事責任

第1款　役員の債務填補責任

1807年商法典破産編は,大革命後の混乱期であり,詐欺が横行するという時代的な背景から,懲罰的な性格を濃厚にしていた。破産者が財産の管理処分権を失うことはもとより(同法442条),破産宣告と同時に債務者拘置所に拘束されるところとなった(同法455条)[138]。倒産法の改正にかかわらず,倒産処理手続には,常に懲罰という規範的な性格がつきまとってきたが,ようやく1967年倒産法にいたって,債務整理・財の清算という手続から規範的性格が除かれ,詐欺破産罪とは別に債務者に対する懲罰として個人破産,民事責任として法人の役員の債務填補責任の制度が設けられた。

1967年倒産法は,株式会社(1940年11月16日の会社法に基づく会社)と有限会社(1953年8月9日デクレに基づく会社)の役員について,「当該法人の法的整理または財の清算によって,資産(actif)不足が明らかになったときは,裁判所はサンディックの申立てにより,または職権により,会社の負債の全てまたは一部を,法律上または事実上の,明らかなまたは隠れた,有償のまたは無償の会社の経営者の全員またはその一部に負担させることを決定することができる」として(同法99条1項),いわゆる債務填補訴権(action en

---

(138) ゾラの小説『獲物の分け前』(1872年)に,債権者が借金を返済できない主人公にクリシー刑務所をほのめかす場面がある。同刑務所は「返済不能な債務者を収監」した(ゾラ(伊藤桂子訳)『獲物の分け前』(創論社,2004)222頁)。

第2章 2005年改正後のフランス倒産制度の概要

comblement de passif)[139]を新設した。1967年倒産法では，倒産した会社の役員には債務填補責任が推定され，倒産した会社の役員が「その責任を免ぜられるためには，当該経営者は会社のビジネスの監督にあたって必要な活動と用心を払ったことを証明しなければならない」と規定した（同3項）。経営者は債務填補責任を免れるためには，充分な注意を払って会社の経営に当たったことを主張・立証する責任を負ったのである。

1967年倒産法の下での債務填補責任は，役員に対して厳格であったが，その後の倒産法はこの責任を緩和する方向にある。

まず，1985年倒産法は「裁判上の更生ないし清算において，当該企業の積極財産で負債を支払うことができず，その債務超過が経営判断の誤りに起因する場合，商事裁判所は報酬の有無に拘らず，また登記上，事実上に拘らず，当該企業の取締役に対して，当該企業の負債の全部ないし一部を，連帯してまたは非連帯で負担を命ずることができる」と定めた（改正前商法典 L624-3条1項）[140]。1967年倒産法では，倒産した会社の経営者について責任が推定され，この責任を免れるためには経営者が充分な注意を払ったことを主張・立証する責任を負ったが，1985年倒産法では責任を問う側が会社の「債務超過が経営判断の誤りに起因する」ことを主張・立証する責任を負うこととして，責任が転換された。この点を除けば，1985年倒産法は1967年法を踏襲している。

2003年3月のフランス経団連の提言は，起業をいっそう促進するためとして債務填補訴権のいっそうの緩和を求めていたが，2005年倒産法はこれに応えるかたちで，「救済計画または裁判上の更生計画の解除，あるいは裁判上の清算により，資産不足が明らかなと

---

(139) 取締役の債務填補責任訴訟の例については，拙稿「フランスの取締役倒産責任と商事裁判所」際商27巻4号365頁を参照。

(140) Calvo, L'action en comblement de passif et la notion de faute de gestion, *Petittes affiches*, 27 mai 1998, n° 63, p. 13.

きは，裁判所は，この資産不足の原因となった経営上の過失がある場合，法人の債務を，全額または一部，連帯してまたは連帯せずに，法律上または事実上の経営者の全員またはこの一部に負担させることを決定することができる」(改正後商法典L651-2条1項) と規定している。1985年倒産法では，裁判上の更生と清算の手続の両方で，債務填補責任を問われる可能性があったが，2005年倒産法では，役員の債務填補責任の適用範囲は，基本的に清算の場合に限定されることとなった。

わが国の新破産法は，役員の責任に基づく損害賠償請求権の査定の裁判を新設している (同法178条)。従来，会社整理 (商法386条1項8号)，特別清算 (商法454条1項5号)，更生手続 (会社更生法100条)，再生手続 (民事再生法143条) に設けられていた制度を破産法が採用したものであるが，フランス倒産法上の役員の債務填補責任は，二つの点でわが国の役員に対する損害賠償請求権の査定の裁判制度と異なっている。

第一に，わが国倒産法が予定する役員の損害賠償責任は役員の会社に対する責任であるが，債務填補責任は倒産した企業の経営者が会社の債権者に対して責任を負う制度である。

第二に，わが国倒産法の役員の損害賠償責任は，商法上の善管注意義務 (商法254条3項，民法644条) ないし忠実義務 (商法254条ノ3) 違反によって生じた会社の個別の損害であるが，債務填補責任は個別の損害の責任ではなく，会社の財産で債務の支払が行われない場合に，不足額を填補する責任である。

第2款　倒産の拡張とその緩和

法人の経営者が自己の利益のために，法人を隠れ蓑に (sous le couvert) 法人を倒産させることがある。偽装倒産であるが，倒産手続を中心的に遂行する法定管理人は，本来法人にとって外部の者であり，訴訟の一般原則からこのような経営者の責任を立証すること

には困難がある。すでに1935年8月8日デクレ法[141]において，倒産した会社を隠れ蓑にした経営者について倒産の拡張手続が設けられ，1955年倒産法も「社員が会社の債務に連帯保証している場合，会社が倒産を宣告され，または裁判上の整理を認められたときは，開始決定はその者にも効果を有する」（同法9条）とする一方，「会社を隠れ蓑にして，個人的目的で商行為を行い，自己のものであるかのごとく会社の財産を処分したすべての者に，共通に倒産を宣告する」と定めた（同法10条）。

1967年倒産法においても「法人に対して支払停止を確認する判決は，社員が会社の負債について無限に連帯して責任を負うときは，社員に対して効果が及び，各人に対して，裁判上の整理または財の清算を宣告する」（同法97条）と定め，また，上述の債務填補責任を問われた経営者がその債務を支払わないとき，裁判所は当該経営者について裁判上の整理または財の清算を宣告することができるとし（同100条），さらに「法人の裁判上の整理または財の清算の場合，法律上または事実上の，明らかなまたは隠れた，有償のまたは無償の会社の経営者に，下記の事由があるときは，当該経営者に対して裁判上の更生または財の清算を宣告する」（同101条）として，法人を隠れ蓑にして個人の利益を図るために商行為をしたとき，会社の財産を自己の財産であるがごとく処分したとき，個人的利益のために法人の支払停止にいたらざるを得ない赤字の運営を詐害的に行ったときの三つの事由を上げていた。

1985年倒産法も，同様に会社の債務に無限連帯責任を負う社員に対する裁判上の更生または清算手続を規定し（改正前商法典L624-1条），さらに法人の経営者に対して一定の詐害的な事由がある場合に，倒産手続の拡張を定めた（同法L624-5条）。ただし，1985年倒産法では，1967年倒産法が3事由を定めていたところに，さら

---

(141) 齋藤常三郎「仏蘭西商法破産編の改正」『破産法及和議法研究』（弘文堂，1938）121頁を参照。

に法人の財産・信用を個人的利益等のために利用したとき（3号），虚偽の会計処理を行い，または会計書類を破棄し，あるいは法定の規則に従った処理を行わなかったとき（5号），法人の財産を流用または隠匿し，または法人の負債を詐害的に増やしたとき（6号）の3事由が新たに追加された。こうした行為は，グループ会社間で，経営者が法人格を濫用する例である[142]。前述の債務填補責任の場合には，自己の利益を図る目的ではなく，あくまでも会社の経営に当たっての判断の誤りが責任の原因であるが，倒産の拡張の場合には，当該経営者の個人の利益を図る目的を要する。なお，倒産が拡張された経営者は，法人の債務を支払う責任を負うほか，次に述べる刑事責任としての個人破産の制約を受けた。

しかし，2005年倒産法では，従来の倒産の拡張の規定を「裁判上の清算手続の過程で，裁判所が法人の法律上または事実上の経営者の一人について，下記の過失の一つが支払停止の原因になったと判断するときは，その者に法人の債務の全額または一部を負担させることができる」（改正後商法典 L652-1条）として，前述の債務填補責任と同様に債務の負担にとどめ，個人破産の制裁は課さないこととした。これは，2003年3月のフランス経団連提言が，従来の制裁的な倒産法が起業意識を阻害しているとして「（倒産の拡張を定めた改正前商法典 L624-5条は）一定の事実が明らかになった経営者に対する制裁として，包括執行手続の開始が使用されているケースである。本提言では，これら事実の一つが明らかになったであろう経営者に対する裁判上の更生または清算手続の開始に代えて，裁判所が（倒産した会社の）資産不足の全部の支払いを命じる権限とすることを提案する」としたことを受けたものである。

---

(142) Guyon, *Droit des affaires*, T. 2, 9ᵉ éd., Economica, 2003, p. 442.

第5節　倒産にかかわる刑事責任

第1款　個人破産

個人破産（faillite personnelle）とは，財産に対する手続ではなく，公職の禁止，会社の経営の禁止など身分上（personnelle）の制裁である[143]。

1955年倒産法ですでに「破産を宣告された債務者は，法律の定める失権と禁止処分を受ける」と定め，倒産した者に対する制裁を定めていた（同法35条1項）。1967年倒産法は「商人である債務者，または法人ならば，法律上または事実上の，有償のまたは無償の経営者，取締役，執行役，清算人または幹部で，個人破産を宣告された者は，本法の施行前に当該の用語に与えられていた意味での倒産の状態を宣告された者に適用される失権と禁止の適用を受ける」，「とくに，個人経営であれ会社形態であれ，事業の運営，管理，コントロールを行うことを禁ずる」（同法105条）と定めた。1967年倒産法は，一般にフランス倒産法上初めて，事業と債務者を峻別したとされているが（1967年オルドナンス前文）[144]，同法は，倒産した「事業」に対しては裁判上の更生または財の清算手続を適用し，倒産した事業運営の主体である債務者に対しては，事業の会計処理で資産を流用または隠匿し，または債務を詐害的に認めた場合（同法106条1号），仲介人を通じて，または会社を隠れ蓑にして個人的商取引を行った場合（同2号），会社の財産を自己の財産のごとく使用した場合（同3号），その事業または自分のために詐欺により後

---

(143) Guyon, *Droit des affaires*, T. 2, 9ᵉ éd., Economica, 2003, p. 446.
(144) ルノー（拙訳）「フランス倒産法の歴史」広法27巻3号128頁。イレール（塙浩訳）「フランス破産法史」塙浩『フランス民事訴訟法史』（信山社，1992）867頁，2003年3月フランス経団連提言3頁を参照。

に取り消される和議を得た場合（同4号），不誠実な行為，弁解不能な不注意な行為または商取引の規則慣習の重大な違背行為を犯した場合（同5号）があれば，個人破産として，公職被選挙権を喪失し，事業運営を禁じるという身分上の制裁を科すこととした。

1985年倒産法も同様に，個人破産は「商事または職人的事業，農業経営および経済活動を行う法人の経営管理を禁ずる」（改正前商法典L625-2条1項）とされ，事業主，会社の役員に対する制裁措置として設けられていた。1985年倒産法では，個人破産は，事業主，法人の経営者および法人取締役の常任代理人[145]について，支払停止しかもたらし得ないような赤字経営を濫用的に追行したこと（同法L625-3条1号），法律の規定に従った会計処理を行うことを怠り，または会計文書の全部または一部を棄滅させたこと（同2号），積極財産の全部ないし一部を流用または隠匿し，または債務を詐害的に増やしたこと（同3号）がある場合に宣告される。

2005年倒産法でも「個人破産は，商業的または職人的事業，農業経営と経済活動を行う法人を直接または間接に経営し，管理し，監督することを禁ずる」（改正後商法典L653-2条）とし，詐害的に，支払停止にいたらざるを得ない不採算の運営をした場合（改正後商法典L653-3条1号），法令に従った会計処理を行わず，または計算書類の全部または一部を隠匿した場合（改正後商法典L653-3条2号），資産の全部または一部を隠匿し，または法人の債務を詐害的に増やした場合（改正後商法典L653-3条3号）に宣告されることがあると

---

(145) わが国の多数説は，株式会社の取締役は自然人であることを要するとしているが，フランスでは，自然人ばかりでなく，法人も株式会社の取締役に就任することができる。商法典L225-20条（旧会社法91条）は「法人（Personne morale）は取締役（Administrateur）に選任されることができる」とし，この場合法人取締役は「常任代表（Représentant permanent）を指名」し，「常任代表は取締役に就任した場合と同じ条件・義務，民事・刑事上の責任を負う」と規定している。会社の意思決定は取締役会で行われるが，法人取締役は物理的に取締役会に出席できないため，法人取締役の意思を代表する機関として，個人を常任代表として指名する必要がある。

している。

第2款　詐欺破産罪

わが国新破産法は，債権者を害する目的で，債務者の財産を隠匿，または損壊する行為，債務者の財産の譲渡または債務の負担を仮装する行為，債務者の財産の現状を改変して，その価格を減損する行為，債務者の財産を債権者の不利益に処分し，又は債権者に不利益な債務を債務者が負担する行為については，破産手続開始の決定が確定したとき，10年以下の懲役若しくは1000万円以下の罰金に処すと規定し（新破産法265条），民事再生法には詐欺再生罪，会社更生法には詐欺更生罪が規定されている。フランス倒産法も基本的には同様である。

1807年商法典破産編は，破産および詐欺破産罪（des faillites et des banqueroutes）という標題である。同法の詐欺破産罪は中世の定期市における「定期市の厳律」（rigueur des foires）を継承したものであり，1673年商事王令も詐欺破産に対して極刑に処すこととしていた。ただし現実には，死刑ではなく，ガレー船の漕ぎ手という刑罰や追放に処されることが多かった模様である。倒産は本来，債権者の信頼を裏切る行為であるから，故意に債権者の信頼を損なった債務者に対しては刑事制裁が課されたのである。中世イタリア商業都市では，商人は同業者の集会場に席（banco）をもち，ここで売買や交渉を行ったが，商人が破産するとこのベンチを壊したという[146]。

---

[146] ルノー（拙訳）「フランス倒産法の歴史」広法27巻3号158頁。イレール教授は「弁済不能の銀行業者に科せられる長椅子ないしは勘定台の打ち壊し」としている（イレール（塙浩訳）「フランス破産法通史」『フランス民事訴訟法史』（信山社，1992）832頁，Hilaire, *La faillite, Intoroduction hisotorique au droit commercial*, Puf, 1986, p. 312）。ロエスレルは「破店の義（伊語バンコ・ロット）にして支払を為さざる両替屋即ち銀行の店舗を人民怒て破砕し之をして其業を継続することを得さらしむるの意」としている（ロエスレル氏寄稿『商法草案上巻』復刻版（新

フランス倒産法

　1807年商法典破産編は，詐欺破産をさらに単純詐欺破産罪と詐欺破産罪に分けた。前者は，軽罪裁判所の管轄で，奢侈行為（同法586条1号），賭博行為（同2号），資産が債務の半分以下となった場合（同3号），資産額の3倍以上の信用享受（同4号）とされ，また倒産手続の申立ての懈怠，説明義務の過怠，虚偽の会計書類の提出も単純詐欺破産罪とされていた（同587条）。後者は，重罪裁判所が管轄し，架空の取引，資金の流用などであり（同593条），意図的に債権者を詐害する行為が挙げられていた。

　1967年倒産法でも，1807年商法典破産編以来の単純破産罪と詐欺破産罪の区分を維持していたが，1985年倒産法はこの区分を設けず，裁判上の清算手続の開始を避け，または遅れさせる意図で，相場以下で転売する目的で購入し，または資金調達のために破滅的な手段を行使した場合（改正前商法典L626-2条1号），債務者の資産の全部または一部を隠匿した場合（同2号），債務者の債務を詐害的に増やした場合（同3号），事業または法人の虚偽の会計処理を行い，または書類を紛失させ，あるいは法令上の義務にかかわらず，会計処理を行わなかった場合（同4号），法律規定の観点から明らかに不完全，不当な虚偽の会計処理を行った場合（同5号）に詐欺破産罪として，5年の禁固と7万5000フランの罰金の処分を受けるとした。

　2005年倒産法は，詐欺破産罪を維持した。具体的には，裁判上の清算手続を回避または遅らせるために，相場以下の値段で転売するために財を購入する，破滅的な資金調達を行う（改正後商法典L654-2条1号），裁判上の更生・清算手続において，債務者の財産を隠匿する（同2号），債務者の債務の詐害的に水増しする（同3号），虚偽の会計記帳を行う（同4号）などがある場合，5年の禁固と7万5000ユーロの罰金に処すものとしている。また，このほか

　　青出版，1995）823頁）。

に，事業救済手続または裁判上の更生手続において，許可なく，担保設定し，または財産を処分した場合あるいは手続開始決定以前の債権または所定の再建を除く開始決定後の債権を支払った場合（改正後商法典 L654-8 条 1 号），救済計画・更生計画に反して許可なく処分行為を行った場合または譲渡した場合（同 2 号）も詐欺破産罪の対象となり，さらに債権者については，観察期間中または救済計画・更生計画の遂行期間中，違法な支払いを受ける行為（同 3 号）は，2 年の禁固と 3 万ユーロの罰金に処せられる。債権者などが，虚偽の債権を届け出る行為は，5 年の禁固と 7 万 5000 ユーロの罰金に処されるとした（改正後商法典 L654-9 条 2 号）。

第 6 節　個人債務整理手続

1673 年商事王令は，倒産手続を商人には限定せず，管轄する裁判所も普通裁判所としていたが，1807 年商法典は商人破産主義を採用し(147)，漸次，適用対象が拡大されたとはいえ，商人破産主義はそれ以後フランス倒産法の基本原則とされ(148)，商人でない者の債務は，民法典の家資分散（déconfiture）によることとされてきた(149)。中世以降 19 世紀初めまでは，第三者の信用を得て，取引を行うものは商人に限られていたから，破産手続を商人に限ることに支障はなかったが，19 世紀後半から，商人でない一般階層が富を

---

(147) 1673 年商事王令は，倒産を商事に固有とはしていなかったことについて，ルノー（抽訳）「フランス倒産法の歴史」広法 27 巻 3 号 153 頁を参照。
(148) フランス東部のアルザス州の 2 県（オ・ラン，バ・ラン）とモーゼル県ではドイツの影響の下，個別の債権回収の禁止と倒産者の財産清算後の免責を特徴とする，商人でない個人の倒産手続（faillite civile と俗称する）が存在した。第一次大戦後の 1924 年 6 月 1 日法でこれら 3 県にもフランス商法の適用することが規定されたが，3 県では従来の手続が維持された。
(149) テレらは「債務者の支払不能について，民法典には家資分散という初歩的かつ時代遅れの概念しかなく，限定的かつ一時的な効果しかない」としている（Terré, Simler et Lequette, *Droit civil—Les obligations*, 7e éd., Dalloz, 1999, p. 945）。

蓄積し始め，また，銀行制度の発展に伴って，小切手や手形などの信用手段ともなる支払手段を利用することができるようになった。このため，1人の債務者に複数の債権者がそれぞれ同時に返済を求めるような事態が生じ，早い者勝ちの状態となり，債権者間で著しい不平等が生じ，債務者からの資産の剥奪が見られた。また商人に対する倒産手続では否認権があるが，商人でない自然人についてはこのような制度が存在しないため，債務者が財産を隠匿する例が見られるようになった。このような事態を前に，消費者についても倒産手続が必要であるとする意見が出て，非商人についての倒産手続法案も用意されたことはある[150]。しかし，個人による信用への需要は依然として低く，消費者に倒産制度を拡大すると消費者である債務者の破綻が増加するおそれがあること，消費者債務者の破綻の増加を防ぐために，手続開始原因を厳しくしすぎると消費者の倒産の場合，換価処分可能な財がなくなってしまうことなどが考慮され，消費者への倒産制度の拡大は見送られた。個人の債務整理に関する制度は設けられないまま，1936年8月20日法の改正により，民法典1244条に「裁判官は債務者の状況，経済事情を考慮し，返済を猶予し，責任追及の執行を猶予することができる」と追加されたにとどまった[151]。

20世紀の後半にいたって，消費者信用の拡大に伴って，個人の過重債務問題が深刻化を増してきた。こうした背景から，「個人お

---

(150) 個人債務の包括執行手続に関する法案として，1848年のラングロア提案，1880年のサン・マルタン提案，1888年上院でのラコンブ提案，1918年のバンデール提案がある (Glasson, Morel et Tissier, *Traité théorique et pratique d'organisation judiciaire, de compétence et de procédure civile*, 3e éd., T. IV, Sirey, 1932, p. 77)。

(151) ニエルツ法制定以前の過剰債務問題については，石黒由美子「ニエルツ法（Neiertz）成立前におけるフランスの住宅ローンを中心とする多重債務問題」家計経済研究24号63頁を参照。同論文は，過剰債務の主因は国民の住宅所有意欲に基づく住宅ローンにあるとし，種々の制度金融の存在が借入れの過剰を招いていると分析している。

よび家計の多重債務に起因する問題の予防と解決に関する1989年12月31日法律番号89-1010」[152]によって，初めて個人債務の整理手続が設けられた。提案者の名をとってニエルツ法と呼ばれている。

ニエルツ法は，個人の債務整理手続として，債務者が申し立てる和議手続と民事裁判上の更生包括手続の二つの制度を設けている。両者は，まず和議手続を先行し，これが不調の場合，民事裁判上の更生包括手続に移行するという順序関係にある。また個人の債務返済の遅延については国立個人支払事故ファイル[153]の制度が設けられている。なお，2005年倒産法改正は，事業の倒産手続を対象としており，個人・消費者の多重債務問題については改正していない。

①和議手続（procédure de règlement amiable）

和議手続（示談手続）は，各県に設けられる過剰債務調査委員会（commission d'examen des situations de surendettement）[154]における手

---

(152) Loi n° 89-1010 du 31 décembre 1989 relative à la prévention et au règlement des difficulté liées au surendettement des particuliers et des familles. 法案報告者のヴェロニク・ニエルツ議員（社会党）に因む。同法は1995年2月8日司法組織および民事刑事行政手続に関する法律（Loi n° 95-125 du 8 février 1995 relative à l'organisation des juridictions et à la procédure civile, pénale et administrative）と1998年7月29日排除問題解決に関する法律（Loi n° 98-657 du 29 juillet 1998 d'orientation relative à la lutte contre les exclusions）84条から102条によって一部改正されている。社会党政権下の1998年改正では，モデルとしてアルザス・モーゼル型の個人破産も検討されたが，これが個人財産の清算に終わることを懸念して採用されなかった（国民議会1998年4月28日議事録参照）。これに対して保守政権下での改正は，アルザス・モーゼル型にならった旨を公表している。ニエルツ法が和議前置主義を採用しているのに対し，2003年改正法は和議と更生手続を併置している点にアルザス・モーゼル型の影響がある。1989年ニエルツ法は1993年7月26日法律番号93-349号によって，消費者法典に統合されている。

(153) わが国には，個人信用情報機関として個々の業界ごとに全国銀行個人信用情報センター（全国銀行協会），全国信用情報センター連合会（消費者金融会社）などがあるが，フランスの場合には国立機関として設けられている。

(154) 過剰債務調査委員会は，中央銀行であるフランス銀行の各支店を事務局として，各県に設けられ，県の上位の地方公共団体である州の出納役，フランス銀行の地域代表，金融機関代表などにより構成される。

続であり，一種の調停手続であって，あくまでも債権者の同意を前提とする。返済期日が到来したが，債務の返済が明らかに不可能な債務者は過剰債務調査委員会に和議を申し立てる。同委員会は当該債務者の報告に基づいて，その資産負債状況を調査した上で，返済期限のリスケジュール，一部の債務免除，金利の減免などの和議案を起案し，申立てから2ヶ月以内に債権者の同意を求めるという手続である。仮に，同委員会が作成した和議案に同意を取り付けることができれば，債務者は和議計画に沿った返済を行うことになる。和議手続の適格債務者は「誠実」であることを要するとされている。なお，同委員会は債務者からの申立てを地域の管轄の大審裁判所に通知することとされている。

②民事裁判上の更生包括手続 (procédure collective de redressement judiciaire civil)

　和議手続が不調に終わった場合，または過剰債務調査委員会が検討している間に債権者が当該債務者に対する民事執行手続をとった場合，手続は当該債務者の住所地を管轄する大審裁判所による民事裁判上の更生包括手続に移行する。必要があれば，担当裁判官は2ヶ月を期限として（1回の延長が可能）個別の執行手続の中止を命じることができ，この場合には債務者は新たな借入れ行為，既存の債務の返済などの行為を禁じられることになる。

③国立個人支払事故ファイル (fichier national des incidents de remboursement de crédits aux particuliers)

　上記の債務整理手続とは別に，個人の過剰債務状況の把握のため，小切手の資金不足などの支払事故があった場合，金融機関はフランス銀行に報告することとされ，上記の手続がとられた場合，調査委員会または裁判所書記官がフランス銀行に報告することとされている。

第2章　2005年改正後のフランス倒産制度の概要

　フランスでは，パリや地方の大都市に高所得者が住み，その郊外に建設された低所得者向けの公共賃貸住宅（HLM ＝ habitation à loyer modéré，低家賃住宅）に移民労働者が住むという構造になっており，都市の郊外の犯罪が増加しており，深刻化している地域はとくに問題地域として指定されている。社会的格差が固定化し，格差が拡大する中で，大都市近郊に居住者する低所得者層の問題が深刻さを増してきた。こうした中，1998年4月23日の国民議会において，社会的不安定層（précarité）への対策を審議する中でニエルツ法に対する評価が議論されていた[155]。

　2002年6月の内閣改造により発足した第2次ラファラン内閣で就任したボーロー都市郊外再生担当大臣は，全国で約150万の家計が過剰債務の状態にあるとし，過剰債務を原因とする支払不能の結果，民事執行法上の賃貸借住宅からの退去[156]，給与の差押えなどが生じており，単に債務の返済の問題にとどまらない複合問題の様相を呈しているとして，個人の過剰債務問題を含む社会的弱者対策が必要と述べていた。こうして2003年に，「都市および郊外再生の方向性とプログラムに関わる2003年8月1日法律番号2003-710」[157]が成立した。2003年法は消費者法典の改正であり，法律名が示すとおり，都市生活の環境改善と社会的不安定層に対して社会的復帰を支援することとし，個人過剰債務整理手続の改正のほかに，低所得者向け住宅の改築などの都市再生プログラムの発足，都市再生機構（Agence nationale pour la rénovation urbaine）の設置，集合住宅の安全確保（地方自治体の長への権限委譲）などを盛り込んでいる。個人債務の整理手続については，ニエルツ法を前提にした改正であ

---

(155)　1998年4月23日国民議会提出の排除との戦いに関する法案検討特別委員会報告。http://www.assemblee-nationale.fr/rapports/r0856-01.asp を参照。
(156)　1991年7月9日として新民事執行法（法律番号91-650）第3章第8節に新設された。
(157)　Loi n° 2003-710 du 1er août 2003 d'orientation et de programmation pour la ville et la rénovation urbaine.

り，従来のニエルツ法では前後関係にあった和議手続と民事裁判上の更生包括手続が並列的とされたこと，整理対象の債務者の債務に租税公課が加えられた点が主たる改正点である。

第3章　契約上の手続から裁判上の手続へ

第1節　倒産処理法の発展

　現在，わが国において，私的整理と法的整理との間に間隙があるが，これは，わが国倒産法制の発展の特異性，すなわち倒産法制が自律的に生成・発展したのではなく，必要性に応じて，既存の法制度を廃止し，新しい法制度を輸入したことに起因すると考えられる。わが国の私的整理は「債務者の経済的破綻を契機として，債務者が，原則として，多数債権者を相手に個別的な示談を試み，個別的債権者を含む総体（総債権者）との間に営業の継続，債務免除あるいは支払の猶予等を内容とする整理案を作成し，裁判外において，裁判上の法的整理と同一の目的を達せんとする債務整理」である[158]。わが国の私的整理は「裁判外」で行われるのであり，裁判所において行われるという意味での「手続」ではない。

　フランスの倒産処理の発展を見るとわが国とは事情が異なるようである。

　フランスの倒産処理法の歴史的変遷をたどると，倒産処理は本来，債権者と債務者の契約に依るものであり，近代国家が成立してから，国家が執行権を集中し，私的執行を禁止する中で，国家機関としての裁判所が債権者と債務者の合意した契約を公的に認可することとして，私的な契約上の債務整理を法的手続に取り込んできたと理解することができる。これは，債権者・債務者という当事者にとっては，私的な債務整理契約の履行の確保を国家権力に依存させること

（158）　羽田忠義『私的整理法』（商事法務研究会，1976）23頁。

であり，国家，当事者双方にとって有利な解決策となっている。近代的な権力の集中した国家が成立する以前から，金銭の貸借や信用の供与は存在し，債務を履行しない債務者は存在し，債権者は債権回収を図る必要があった。したがってフランス倒産処理法上は，もともと倒産処理における私的な契約上の整理と裁判上の整理との間には緊密な連絡が存在したのである。私的な契約上の債務整理と裁判上の整理との関係という点について，自生的な発展を遂げたフランス倒産法は私的整理と法的整理の関係を考えるうえで一つの教材を提供しているということができる。

フランス型の契約上の倒産処理手続は，伝統的に債権者が債務者に対して支払猶予と債務の減免を認める手続であり，これが和議制度（concordat）として倒産法に取り入れられている。この手続が成立しうる前提として，債権者の譲歩を引き出すことができるほどに債務者が誠実であることが必要となる。破綻したとはいえ，その原因が債務者の奢侈，浪費，無分別によるのではなく，災害などの不運によるものである場合である。これに対して，裁判上の倒産処理は，債務を履行しない債務者に対する債権者の自力執行を禁じた見返りとして，国家が倒産処理を引き受けるものであり，債務者の誠実不実は問題とならない。このために，裁判上の倒産処理手続は，詐欺破産罪という懲罰を必要とし，一方の契約上の手続は懲罰による履行の担保は不要となる。1807年商法典破産編において，「倒産者の証書，計算書類を検査した結果，詐欺破産が推定されるならば，債務者と債権者の間の（和議の）協定は成立しない」としているとおりである（同法521条）。

フランス型の契約上の倒産処理はわが国倒産法にまったく無縁というわけでもない。明治破産法は「協諧契約」と「支払猶予」の二つの制度を設けていた。「協諧契約」は，支払を停止して倒産に陥った債務者に対して，破産が宣告された場合にとられる手続であり，倒産予防の手続ではないが，債権者と債務者の契約に基づく債

務整理の手続である。すなわち，破産手続が開始され，主任官と管財人が選任され，破産債権届けが行われるが，債権者集会において，債務者が支払猶予と債務減免を提案し，債権者の過半数，債権額の四分の三の承諾を得て（明治破産法 1039 条 1 項），裁判所が認可することによって成立するものであった（同法 1040 条）。これは，1807 年商法典破産編にいう concordat（同法 519 条以下）を導入したものであり，ロエルレルは「和解」と訳し，「和解は通常負債の幾割を支払い残額の義務を免るるに在り例えば各債主に 5 割或は 7 割 5 部を支払い残額 5 割又は 2 割 5 部を免除せらる然れども支払延期或は利子の免除を以てすることあり」と説明した[159]。

一方，「支払猶予」は，1807 年商法典破産編にはないが，ロエスレルは「各国の法律多くは掲ぐる所」として，1869 年イギリス倒産法 126 条，オランダ商法 900 条ないし 922 条，ベルギー商法 593 条ないし 614 条，ブラジル 1850 年商法 898 条乃至 906 条とともにフランス 1848 年 8 月 22 日布達を挙げている[160]。「支払猶予」は，「商を為すに当り自己の過失なくして一時其支払を中止せざることを得ざるに至りたる者は商事上の債権者の過半数の承諾を得て其営業所若くは住所の裁判所より右債権者に対する義務に付き 1 ケ年以内の支払猶予を受けることを得」とされていた（明治破産法 1059 条）。すなわち，「協諧契約」（「和解」）は，支払の猶予と債務の減免を対象とし，猶予の期間に制限が設けられていないのに対して，「支払猶予」は 1 年を限度とする支払の延期に過ぎない。ただし，その成立の要件は「協諧契約」では，債権者の過半かつ債権額の四分の三という厳格な条件が課されていた。

大正 11 年に制定されたわが国の旧破産法は，「支払猶予」の制度を廃止し，代わって旧和議法を制定した。「支払猶予」の手続はわが国における和議の前身と理解されている[161]。一方，「協諧契約」

---

(159) ロエスレル氏寄稿『商法草案上巻』復刻版（新青出版，1995）977 頁。
(160) ロエスレル氏寄稿『商法草案上巻』復刻版（新青出版，1995）977 頁。

は旧破産法では「強制和議」に改組されている[162]。

　雉本博士は、旧破産法が「支払猶予制度」を廃止した理由を、改正草案を起草した梅博士の説明に求め、支払猶予の制度が「とんと実際に用を為して居らぬと聞いて居る」、「破産法其の物が厳格に失して居る、それで仮に此破産法というものが或いは病気に対する薬であるとするならば、是は余程劇薬である。病の重いときには其の劇薬を用いて癒すの外ないが、軽い病にそれを用いると却て瞑眩して悪いからそれには和かい薬を用いる、それが支払猶予である」という個所を引用し[163]、「破産予防の整理が、成法に依りて律せられざるが為め、一方に於ては完全に其の目的を達する能わざると同時に、他方に於ては種々の弊害あることは、現に我国及びドイツ、オーストリア等の経験しつつある所なり。されば、成法に於ては制度として認められたるにはあらずして、しかも実際に於て盛に行われつつある破産予防の整理を規則立て、一方に於ては其の目的を完全に達するを得せしむると同時に、他方に於ては之に随伴せる種々の弊害を除去する必要あらざるか」として、私的整理を成文法とすることを提言していた[164]。

　これに対して、齋藤博士は、支払猶予は「立法例に於ては其の猶予期間が僅かに1年乃至2年に止まり、その他に債務免除の恩恵を与ふるものにあらざるを以て支払手段を欠缺せる債務者が斯る短期間内に財産の整理を為して破産の状態を脱出することは頗る困難なりと云わざるべからず。されば該制度を採用せる諸国に於ては其の

---

(161)　麻上正信＝谷口安平『注解和議法［改訂］』（青林書院、1993）15頁［谷口安平］。

(162)　斎藤秀夫＝麻上正信＝林屋礼二『注解破産法［第3版］下巻』（青林書院、1999）631頁［羽田忠義］。

(163)　雉本朗造「我国ノ実際ニ於ケル破産予防ノ整理ヲ論シテ破産外ノ強制和議制度ニ及フ㈠」論叢3巻8号53頁。

(164)　雉本朗造「我国ノ実際ニ於ケル破産予防ノ整理ヲ論シテ破産外ノ強制和議制度ニ及フ㈠」論叢3巻8号56頁。

結果が予期の如く良好ならざるのみならず吾が旧法の下に於ても此制度の利用せられたること極めて少し」として[165]，支払猶予制度の問題を指摘し，破産宣告を受けることを回避してとられる手段が「私の整理」であり，破産を予防するという長所があるが，その成立は困難であり，「債権者団体の観念を軽視して債権者個人の自由意思を過重」するという短所があるので，破産外の強制和議によって，「私の整理」の短所を矯正し，長所を収めることができると述べていた[166]。

現実には，破産手続が強制和議の認可によって終結した件数は，昭和59年（1984年）に67件を数えたが，1990年代には年間で10数件にとどまり，平成14年（2002年）には6件，平成15年，16年は1件もなく，利用されていなかった。

このような明治破産法が設けていた協諧契約（和解）と支払猶予の手続は，破産手続が開始された債務者について行われる手続ではあるが，債権者と債務者の合意を基礎とする点でフランスの倒産予防のための調停手続に類似している。ただし，倒産予防のための調停手続は，調停案として提示された返済猶予・債務減免に同意した債権者のみを拘束する制度であり，債権者の多数決によってすべての債権者を強制的に変更する和議とは異なっている。

明治破産法の「支払猶予」に代わって，旧破産法と同時の大正11年に成立した旧和議法による和議手続に対しては期待が寄せられていた。和議手続は，施行された大正11年（1923年）の新受件数33件からスタートして，戦中戦後の急減期を除いて，1980年から86年まで年間500件を超えていたが，その後減少した[167]。現実には，和議法による和議手続については，「和議が債務者の提供し

---

(165) 齋藤常三郎『破産法及和議法研究』（弘文堂，1933）46頁。
(166) 齋藤常三郎『破産法及和議法研究』（弘文堂，1933）70頁。
(167) 倒産件数の統計は，麻上正信＝谷口安平『注解和議法［改訂］』（青林書院，1993）8頁［谷口安平］を参照。

た和議条件を債権者が受け入れるか否かを決する手続である,という性質からして,和議の内容は当事者に任されているといえる。その点で和議は裁判上の和解に類似する」[168]とも評価されたが,一般には,法的整理の一形態と理解されていた。

旧和議法による和議手続は,「倒産した債務者の債務関係を債権者の多数決の譲歩により整理することで,債務者の財産の全面的な清算を回避しようとする制度」[169]であり,破産予防のための手続(同法1条)と位置づけられ,債務者は財産の状況を示す明細書と債権者債務者一覧表を提出して(同法13条),手続開始を申し立て(同法12条1項),和議開始決定と同時に,裁判所は管財人を選任することとされ(同法27条),和議手続中は和議債権について債務者の財産に対して個別の手続は停止され(同法40条),和議は債権者集会において決議され(同法4章),裁判所が和議の認否を行うこととされた(同法5章)。

一方,旧和議法による和議手続については,多くの問題があることが指摘されてきた。和議手続の開始原因が破産手続と同じであったこと,申立ての際に和議条件を提示する必要があり,債権者は債務者の作成した条件の賛否を迫られる形となっていたこと,和議条件は必ずしも債務者の体質改善を織り込んだものでなかったこと,和議申立てと同時に弁済禁止処分が行われることがあり,これが手形の不渡り処分を免れる手段となったこと,債権調査・確定の手続がなかったこと,担保権の実行に対する対応策がなかったこと,などが挙げられ,とくに和議が認可されると裁判所の手を離れるため,和議条件の履行を確保する手段がなかったが最大の問題点とされた[170]。高木教授は「倒産はパニックであるから,秩序だった倒産

---

(168) 麻上正信＝谷口安平『注解和議法［改訂］』(青林書院,1993) 10頁［谷口安平］。

(169) 麻上正信＝谷口安平『注解和議法［改訂］』(青林書院,1993) 3頁［谷口安平］。

処理を行い,債権のための道筋をつけるためには,まず取付け騒ぎを鎮静化しなければならず,そのためには一般的保全処分は不可欠である」のに,「東京地裁民事20部は長い間この保全処分を出さなかった」[171],「例外的にあった濫用事例に過剰反応して,また和議で決めた延べ払いが実行されなかった案件に対する非難に必要以上に責任を感じすぎて,裁判所が窓口を閉めてしまった」と述べている[172]。このような和議法の問題への対応として,平成11年(1999年)に民事再生法が成立し,和議法が廃止された。

破産法上の強制和議については,和議の可決要件が厳しく,破産法上の手続であるから,担保債権者は別除権を行使することができるが,事業再建を目指す強制和議において,債務者の主要な財産が別除権の行使によって処分された場合には,再建が困難になるおそれがあり,さらにいったん和議が成立すると裁判所の監督を受けず,和議の履行の確保が困難になるという旧和議法上の和議手続と同様の問題を抱えていた[173]。

---

(170) 麻上正信＝谷口安平『注解和議法［改訂］』(青林書院,1993) 12頁［谷口安平］。
(171) 高木新二郎『新倒産法制の課題と将来』(商事法務,2002) 75頁。
(172) 高木新二郎『企業再生の基礎知識』(岩波アクティブ新書,2003) 136頁。また,高木教授は,「保全処分の濫用を防ぐことを理由に保全処分発令にはきわめて慎重となってしまった。保全処分発令の前提として,和議の可決要件である総債権額の四分の三以上の債権を有する債権者の和議条件に対する同意書の提出を要求したのであった。混乱を未然に防ぐ秩序だった倒産処理をするために,和議の申立をなし,一般的保全処分の申立をしたのに,保全処分を求めるならば無防備のままで事前に倒産の事実を公表して,大多数の債権者から同意書を徴して提出するよう求めたのであった。これは債務者代理人に対してほとんど不可能を強いるものであった。法の力に頼ることなく自力で混乱を鎮められるのであれば,和議手続によるまでもなく最後まで私的整理で処理することができたし,倒産直後の取付け騒ぎを防ぐことができれば,その後は裁判所に頼らずに,私的整理で進めたほうが迅速で融通が利く処理ができたのであった。こうして当時の東京地裁民事20部は,債務者代理人弁護士の多くを私的整理に追いやってしまった」と指摘された(高木新二郎『新倒産法制の課題と将来』(商事法務,2002) 75頁)。
(173) 斎藤秀夫＝麻上正信＝林屋礼二『注解破産法［第3版］下巻』(青林書院,

フランス倒産法

　フランス倒産法上の倒産予防のための調停手続は，債務整理案に合意した債権者のみを拘束するために，わが国の破産法上の強制和議や旧和議法上の和議のような和議の可決要件の問題はない。また，この調停手続では合意が裁判所により確認または認可された場合には，その時点で手続は終了するとされており，わが国の破産法上の強制和議や旧和議法上の和議と同様に，いったん成立した債務整理の履行を直接監督する機関は存在しない（この点で，事業救済手続で救済計画の遂行を監督する任に当たる監督員が選任されることは異なる）。それにもかかわらず倒産予防のための調停手続が機能すると予想されるのは，商事裁判所が事業者にとって身近な存在であり，また，会計書類の届出，事前警報制度などガヴァナンスの歯止めが利いているからではないかと推測される。

　2005年5月26日に上院に提出された予算委員会報告で，マリニ委員長は「英米法を参考に，和解と一般的に契約による処理に向けた柔軟な手続を構築すべきである」と述べている[174]。この報告とは若干趣旨が異なるが，マルチノー＝ブルニノー講師は，2005年倒産法について「改正前には和解的性格の窮境の予防と裁判による処理との間に連絡するところはなかった」が，「改正法は，支払停止後であっても45日経過していなければ調停手続を申し立てることができる」ので，契約上の手続と裁判上の手続の境界が消滅するととらえている[175]。今回の改正法の分析に当たっての議論では，倒産処理を契約上の手続と裁判上の手続が対比されている。

　上述のとおり，倒産処理は本来，当事者間の契約として生成したものであり，契約上の債務整理は，和解的整理を定めた1984年3

　　1999）632頁［羽田忠義］。
（174）　2005年5月26日上院提出の財政委員会報告。http://www.senat.fr.rap/a04-355/a04-355_mono.html. を参照。
（175）　Martineau-Bourgniaud, Le spectre de la cessation des paiements dans le projet de loi de sauvegarde des entreprises, D. 2005, Chron. p. 1358.

月1日法が開始したものではなく，中世以来の倒産処理の実務の積み重ねの中で形成されてきたものであり，アンシャン・レジーム期にすでに返済猶予・債務減免契約（contrat d'atermoiement et de remise）の形態として存在してきた。14世紀の定期市の慣行として，債務者と債権者の返済猶予契約の存在認められている。一方，債務減免については異論があったところ，デュプイは，商事王令の起草者であるサヴァリが債務者の求めに対して債権者が2，3年の返済猶予を行った場合，仮に債務者が延長された返済期限までに死亡すれば，債権を回収する機会を失いかねないとして，債権者が減免の応じるようになったことを紹介している[176]。すでに14世紀のシャンパーニュ地方の定期市での債権者・債務者の関係において，返済猶予と債務減免の契約が存在したのである[177]。

第2節 契約上の手続における裁判所の認可

わが国の私的整理では，裁判所の監督はなく，債権者と債務者の自由に任されている。このために債権者と債務者の合意内容の履行があいまいになりやすい。一方，フランスの契約上の手続では，債権者と債務者の和解的な整理を裁判所が認可（homologation）し，これを公告することによって，合意内容の実効性が図られている。フランス倒産処理手続での裁判所の認可制度は，伝統がある。たとえば，1937年に成立した「不運かつ善良な債務者に猶予を認める1937年8月25日デクレ・ロワ[178]」においても，債権者と債務者の和解的債務整理に対する裁判所の認可の制度が定められている。

---

(176) Dupouy, *Le droit des faillites en France avant le code de commerce*, L.G.D.J., 1960, p. 152.

(177) Dupouy, *Le droit des faillites en France avant le code de commerce*, L.G.D.J., 1960, p. 40.

(178) Décret-Loi du 25 août 1937 tendant à permettre l'octoi de délais aux débiteurs malheureux et de bonne foi.

フランス倒産法

この意味では 2005 年倒産法における倒産予防のための調停手続に裁判所の認可を要するとすることに違和感はないであろう。また，フランス民法上も，1991 年 7 月 9 日の新民事執行法 83 条で，民法典 1244-1 条を追加し，1 項で「債務者の状況と債権者の必要性を考慮して，裁判官は 2 年の範囲内で，債務を繰り延べまたは分割弁済とすることができる」と規定している。これは債務者を救済するために民法により裁判所に与えられた権限であり，現実にもしばしば利用されているところであるが，フランスではこのように債権者・債務者という当事者間の債務整理に裁判所の関与が広く認められているという下地があることは否めない。

当事者間の債務整理に対する裁判所の認可あるいは関与は，近世に遡る歴史があり，近代の産物ではない。

デュプイは，1624 年 4 月 29 日のリヨンの定期市の管理人のオルドナンスで，債権者と債務者の間の支払猶予と債務減免の契約を公証した公証人に 8 日以内に裁判所書記課への提出を求めていたことを述べている[179]。ただし，当時は債権者と債務者の相対の契約であり，裁判所が当事者間の合意に認可を与える和議の制度が設けられたのは 1673 年商事王令においてである。リヨンの定期市の規則はその後，1807 年商法典破産編に継承されていくものであり，ここに倒産予防のための調停による債務整理を裁判所が確認または認可するという現在の倒産予防手続の原型を見ることができる。1673 年商事王令はルイ 14 世の治下にコルベールの指示で制定されたものであり，国家の形成と権力の集中の結果とも考えられる。これは支払いを停止した債務者が，債権者と相対で債務の返済猶予，財産の一部譲渡または債務免除を交渉し，債権者債務者が合意をすると，和議契約を締結し，その効力の発生要件として裁判所が認可したというものである。

---

(179) Dupouy, *Le droit des faillites en France avant le code de commerce*, L.G.D.J., 1960, p. 53.

第3章　契約上の手続から裁判上の手続へ

　1673年商事王令は，債権者・債務者間の契約による返済猶予と債務減免について，債権者集会での決議とその有効性について初めて規定を設けた。すなわち，同令11章6条は債権者の決議は単に頭数ではなく，債権総額の四分の三以上を要するとし，返済猶予・債務減免を決議する債権者集会に先立って，第1回の債権者集会で選任されたサンディックが債権者に債務者の資産負債状況に関する情報を提供することとされていた。債権者集会は，公証人，弁護士事務所または裁判所において催され，債権者が契約の署名した後に裁判所が認可することとされた。いわゆるコンコルダ（concordat），和議の手続である(180)。

　和議は，1807年商法典破産編に採用されたが，ここでは破産手続を開始した債務者について，破産を最後に逃れる手段として和議が位置づけられている。これは旧破産法における強制和議と同様であり，それまでの債権者・債務者の和解的債務整理を裁判所が後見的に認可するという形式から，国家が倒産に積極介入し，債権者・債務者の当事者自治を侵奪する結果となっている。1984年法は和解的整理手続を導入したが，これは国家の介入というよりも債権者と債務者の自律を回復するものであり，この意味では1984年法は契約上の倒産処理手続についてターニング・ポイントとなったということができる。その後，特別受任者の制度が設けられ，当事者のイニシアティブで倒産処理が行われ，これを裁判所が認可するという和議本来の姿に戻ったということができる。

---

(180)　デュプイは，返済猶予・債務減免契約の認可の管轄権について，商事裁判所と普通裁判所間で争いがあり，結局普通裁判所の管轄とされた旨を記している（Dupouy, *Le droit des faillites en France avant le code de commerce*, L.G.D.J., 1960, p. 156）。

フランス倒産法

第3節　サンディックから法定受任者へ

　次に，わが国の破産手続における中心的機関である破産管財人の原初的形態であるサンディックについて検討する。サンディックは，元来債権者の中から選任されるものであり，サンディックの由来も債務整理手続における債権者と債務者の契約上の倒産処理の存在を裏づけるものである。

　すでにローマ共和政時代に，弁済不能の債務者についてその財産を一括で売却する「財産売却」（venditio bonorum）の手続が存在したが，当該債務者の債権者は一団を構成し，その中から，債務者の財産を管理する者（magister）が選任された。さらに帝政末期には，弁済不能の債務者の財産を個別に売却する「財産分売」（distractiones）の手続がとられたが，債務者の財産は全債権者の共有として，政務官によって任命された管理人（curator）が管理することとされた[181]。ローマ期の倒産処理は中世にいたって再生しており，デュプイによれば，リヨンの定期市では，弁済できない商人に対する執行規則を徹底し，後に1673年商事王令に体系化される倒産手続が実行された[182]。ローマ期の財産分売型の手続である。ここでは，債務を返済できない誠実な債務者は，裁判所に会計書類を提出し，書類の適正を宣誓し，次に，裁判所が債権者を招集する。債権者は債務者の財産と倒産の状況を確認する代表者を選任する。債務者の財産が確認され，封印が貼付されると，倒産者の財産は債権者の管理下におかれ，債権者はその債権の共通担保である債務者の財産を

---

(181)　イレール（塙浩訳）「フランス破産法通史」塙浩『フランス民事訴訟法史』（信山社，1992）825頁，Hilaire, *La faillite, Intoroduction hisotoric au droit commercial*, Puf, 1986, p. 307, ルノー（拙訳）「フランス倒産法の歴史」広法27巻3号160頁。

(182)　Dupouy, *Le droit des faillites en France avant le code de commerce*, L.G.D.J., 1960, p. 44 et s.

管理し，債務者の債権の回収に努めることになるが，債権者の中から2ないし3人の代表者を選出し，代表者は裁判所に選出結果を届け出ることとされていた。

また，フランス中世の債務整理では，倒産者に対して，債権者は二つの契約関係に入った。団体契約（contrat de réunion）と管理契約（contrat de direction）であり，この結果，債権者団（masse）が形成され(183)，債権者間での按分の配当が行われる基盤となったのである。団体契約という概念は，1807年商法典破産編に継承されている（同法527条）。この二つは概念的には二種類であるが，現実には単体の契約であった。デュプイは，1716年5月11日の団体契約を紹介し(184)，債権者が「同体となり，唯一の同じ手続を遂行する」目的で組成され，代理人を選任し，管理契約を締結したと説明している。この代理人がサンディックであって，債権者の中から互選された(185)。デュプイは「団体・管理契約は，倒産者または詐欺破産者の債権者の間の，共通の利益のために，集合体となり，代表者または管理人を選任し，債権者の名において，行為，配慮，倒産に必要な追求を行うのに必要な権限を与える合意である」とするローランの説明を引用している。サンディックに選任されるものは，おおむね最大の債権者かつ名声のある者であった。サンディックは

---

(183) ルノー（拙訳）「フランス倒産法の歴史」広法27巻3号134頁。

(184) Dupouy, *Le droit des faillites en France avant le code de commerce*, L.G.D.J., 1960, p. 171.

(185) リトレ辞典によると，syndicは「一体（un corps）または債権者の集合（réunion）の利益を守るために選任されたもの」を意味するとされており，また歴史家のピレンヌは「あらゆるところで，手工業ギルドは公的権威を身につけた長（ドワイヤン，サンヂク，フィンダー vindres等）をもっている」と述べている（ピレンヌ（佐々木克己訳）『ヨーロッパの歴史』（創文社，1991）329頁）。当初は債権者の中から選任されていたが，次第に有償でこれを引き受ける一団が形成された。1955年5月20日デクレォワ番号55-603で，サンディックに法的資格が与えられ，現在の司法補助職としての特定受任者（mandataire judiciaire）という専門職に変化・発展してきたものである。なお，サンディックの語源については，1455年にcinditzという表現が見られる。

単に債権者の代理人ではなく、その名において債務者に対する訴訟を提起することができた。

1807年商法典破産編は、支払を停止した債務者は、3日以内に商事裁判所に届けなければならないとし（同法440条）、商事裁判所は破産状態にあることを承知したとき、または破産の届出があったとき、あるいは債権者の申立てがあったときは、債務者の財産への封印の貼付を命じることとした（同法449条）。裁判所は、暫定的措置として、債権者の中から主任官の監督の下で一時的な管理を行う代理人（agens）を選任し（同法456条）、債務者が会計書類を提出したところで、債権者集会を催して、臨時サンディック（syndic provisoire）の候補を選出し、裁判所が選任した（同法480条）。条文は、「債権者は主任官に選任されるべき臨時サンディックのリストを3通、提示し、商事裁判所はこのリストに基づき選任する」と規定するのみで、臨時サンディックが債権者の中から選任されるとは書かれていないが、サンディックという専門職が成立していたわけではなく、債権者の中から選任されたものと推測される。臨時サンディックが選任されると、代理人の任務は終了し（同法481条）、臨時サンディックが倒産者の財産の管理を行うこととされた（同法482条）。臨時サンディックは、倒産債務者の財産確認を行い（同法486条）、債権届けに基づいて債権調査を行うことが規定されていた（同法503条）。債権が確定した債権者はあらためて招集され、この場で和議が成立しなければ、債権者間で団体（union）組成契約が結ばれ、確定サンディック（syndic défintif）が選任されることとされていた（同法527条）。すなわち、フランス倒産手続上、破産管財人の機能は債権者の代表によって担われてきたということができる。このようなサンディックの機能は、時代が下ってこれを専門とする者によって担われるようになり、現在の司法補助職としての法定受任者（mandataire judiciaire）に継承されている。

1955年フランス倒産法は、清算手続についてはサンディックを、

裁判上の整理手続については裁判上の整理管理人を選任した。1967年倒産法も基本的構造は同様であり，財の清算と裁判上の整理のいずれについても，サンディックを選任した（同法9条）。

1967年倒産法まで，サンディックが法定管理人と法定代理人の両方の機能を兼ねていた[186]。サンディックは債権者団を代表する機関であり（同法13条1項），また，債務者の財産管理処分行為を監督する機関であり（同法14条1項），二重の機能を担っていた。

この時点までは，わが国の破産法における破産管財人と同様に，1人の者に債務者の利害，債権者の利害が集中していた。しかしながら，管理人が債務者と債権者の両方の機関として行動することの問題点が取り上げられ，1985年倒産法ではサンディックの機能を法定代理人（administrateur）と債権者代表（représentant de créanciers）に分化させることとした。債権者代表は，その名称にかかわらず，破産債権者の中から選任されるのではなく，いわゆる司法補助職である法定受任者のなかから裁判所が個別に選任するものであり，一種の独占職種である。

法定管理人，債権者代表は一定の学歴を要し，試験を経て，登録を要する専門職である。法定管理人と債権者代表を改称した法定代理人は，現在フランス全国で460人ときわめて少なく，今後の拡充が計画されている[187]。法定管理人，法定代理人の報酬は法定され

---

(186) 基本的に破綻した債務者はその財産を放棄し，債権者の処分に委ねることによってしか刑事的な制裁を免れることはできなかった。この段階では，債務者の利害などは考える余地はないので，法定管理人という存在は不要であったかも知れない。

(187) Vincent et al., *La justice et ses institutions*, 4e éd., Dalloz, 1996, p. 589. 現在は，商法典第8編第1部に規定されている。法定管理人・代理人全国評議会のガル・ヘン会長によれば，2006年には，新たな資格要件が開始され，大学教育4年プラス大学院相当2年の学歴を経て，研修過程に入るための試験を受験し（倒産法，労働法，経済学，会計学など），3年の研修を終了して，最終試験に合格して，資格を得るとのことである。欧州連合加盟国民に開かれた試験であり，毎年の試験合格者は100名程度とのことであった。受験者数は現状予想できないが，300，400名程度

ているが，比較的高額の水準となっている(188)。なお，2005年改正案の当初の案では「債権者代表」を「法定代理人」に全面的に改称することとしていたが，現実に公表されている改正後の条文では，債権者代表と法定代理人の名称が混在したままとなっている。1985年法での債権者代表は，債権者の中から代表として選任されるのではなく，法定受任者として登録された者の中から裁判所が選任することになっていたので，債権者代表という呼称自体が実態を映していないきらいがあったためであるが，2005年倒産法では債権者代表という用語が依然として法文に残っている。その理由は判然としない。

 わが国新破産法は，破産手続の機関として破産管財人，保全管理命令が行われた場合の保全管理人を定め，旧破産法にあった監査委員を廃止し，債権者委員会の制度を設けた。旧破産法の下でも，破

と見込んでいるようであった。
(188) 「商事に関する法定管理人と清算人の料金に関する1985年12月27日デクレ番号85-1390」を改正する「事業の更生・清算の法定管理人，法定代理人に関する規定に関する2004年6月10日デクレ番号2004-518」は，法定管理人，法定代理人（債権者代表），清算人の報酬をユーロ・ベースに改正している。これらの期間の報酬は作業ごとに設けられており，たとえば，法定管理人による事業の管理に対する報酬は，対象の事業の売上高によって決定され，売上高0から15万ユーロまでの部分について2％，15万から45万ユーロの部分について1％，45万から150万ユーロまでの部分は0.65％，150万から450万ユーロまでの部分は0.5％，450万ユーロを越える部分は0.35％と規定されている。法定代理人（債権者代表）の報酬は，作業ごとに決められており，債権調査では40から150ユーロの債権1件について30ユーロ，150ユーロを超える債権1件について50ユーロ，労働債権の調査については，被用者1名について120ユーロとされている。清算人については，債務者の資産の換価代金により，0から1万5000ユーロまでの部分について7％，1万5000から5万ユーロまでの部分は6％，5万から15万ユーロまでの部分は4％，15万から30万ユーロまでの部分は2％，30万ユーロを越える部分は1％とされている。たとえば，売上高が5億円（350万ユーロ）の事業の場合法定代理人の報酬は，2万3475ユーロ（約330万円）となる。また，総資産10億円（700万ユーロ）の事業が清算により，換価代金1億円（70万ユーロ）を得た場合，清算人の報酬は1万4150ユーロ（約200万円）となる。これ以外にも作業に応じた報酬規定がある。

産管財人の地位は外部者との実体的法律関係の中で現実に問題となり，破産管財人が行った行為の効力の問題，管財人は破産財団にとって第三者かどうかという観点から破産管財人の法的性質については議論があったところであり，倒産手続における権利主体を破産債務者，債権者として破産管財人をその代理人であるとする代理説，破産財団または破産者と破産債権者によって構成される破産団体に法主体性を認め，管財人をその代表であるとする代表説，管財人は財団所属財産を管理換価して清算手続を行うために，自己の名において職務を行使する権能を国家から委託された者（職務としての破産法上の権能の行使）であるとする職務説などが主張されたが，現在は管財人に破産財団の管理機構としての性質とその担当者という二つの側面を認め，管理機構に性質の面で管財人に独立の法主体性を与えるとする管理機構人格説が通説となっている。このほかに新たに法定信託説も主張されている。このような学説の対立は，破産手続が破産管財人に集中されていることから生じているためであるが，フランス倒産法では利害が必ずしも合致しない債務者の監督と債権者の共通の利益の代表の二つの機能を分化することによって対応が図られている。

第4章　フランス倒産処理手続に特有の制度

第1節　商事裁判所の広範な権限

　上記の手続の説明から明らかなように，フランスの倒産処理手続では商事裁判所の果たす役割が極めて大きい。フランスの商事裁判所制度は，1563年のシャルル9世の勅令（edit）により，時の宰相ミシェル・ド・ロピタルによってパリに設けられたことをもって嚆矢とする。1699年に定期市についての裁判管轄は廃止されるが，商事裁判所は王国全土に広がり，革命期の混乱のさなかにも生き残り，現在にいたっている[189]。

　現行の裁判機構法典（Code de l'organisation judiciaire）によれば，商事裁判官は管轄地域において選挙により選出され（同法L413-1条1項），選挙母体は各地の商工会議所メンバー（商法典L713-6条）と商事裁判官であるとされ，商事裁判所の職務は無償とされており（裁判機構法典L412-15条），一種の名誉職ということができる。

　商事裁判所は，単に債務者の申立てを受けて事後的に倒産処理に乗り出すばかりでなく，あらかじめ倒産を予防し，あるいは窮境にある債務者について事情を聴取する機能も有している。このような商事裁判所の積極介入は，一つには，フランス特有のエタティズムともいうべく，商事裁判所があたかも商人の後見役のような位置を

---

[189]　革命派は，アンシャン・レジームの裁判所のうち，商事裁判所だけを残した。商事裁判官は，現在も民間から選任される。ド・ロピタルはオーベルニュに生まれ，イタリア・パドヴァに学び，そのまま教授となり，その後パリ会計検査院の初代院長となり，さらに宗教対立の中，カトリーヌ・ド・メディチの指示によりカトリックとプロテスタントの融和を図った。

フランス倒産法

占めていることが背景としてあろうが，もう一つ見逃してはならない点は，一部地域を除いて倒産事件の管轄は商事裁判所であり，裁判官は商人の間の互選で選任されたベテランの実業家であり，商事に関する豊富な知識を有していることである。商事裁判所の広範な権限を支える原理として，もとより商人という素人にありがちな手続の適正の確保などの点での不十分さがあるとしても，倒産事件はことの正否というよりも，経済への影響が判断基準であることは否めない分野であり，債権者平等の原則を守る限りにおいては，機動性と融通性を優先するべきであるという判断があろう。フランスの倒産事件は個人破産を含んでおらず，この点でわが国の破産事件数に比較してきわめて多いといわざるを得ないが，このような多数の事件の処理を可能としているのは，法定管理人，法定代理人という専門職の存在と多数の商事裁判所の存在であろう[190]。

2005年倒産法に基づいて，裁判所が倒産処理手続外で関与する個所を挙げれば以下のとおりである。

・会計書類未提出の会社に対する提出指示（改正後商法典 L611-2条）
・特別受任者の選任と権限付与（同 L611-3条）
・和解的整理のための調停人の選任（同 L611-4条）
・和解的整理のための調停案の認可（同 L611-8条）

---

[190] 高木教授は，倒産法制に関する改正検討事項が公表された時点で，再建型の倒産処理手続の開始にあたって，裁判所の監督の下における債権手続中の再度の倒産という事態を回避するために，裁判所が法定の開始原因があるだけでは足りず，積極的に再建の見込みがあることを求めていたことについて，「地域の財界で指導的な人望のある実業家が選任されるフランスの商事裁判官のような制度を導入するならば格別，過去の事実の有無を証拠に基づき慎重に判断することを本務とする日本の職業裁判官に，裁判所のなかにいながら的確で動的な経営判断を求めるのは無理を強いるものであり，それが求められるときは当然ながら必要以上に慎重になりがちである」と記している（高木新二郎『新倒産法制の課題と将来』（商事法務，2002）12頁）。

第4章 フランス倒産処理手続に特有の制度

第2節　事業倒産主義と事業・債務者の峻別

　1967年倒産法は「支払の停止を確認する裁判所は，債務者の財産の裁判上の整理または同人の財の清算を宣告する」（同法6条）と定めた。フランスの倒産手続は伝統的に，債権者への配当を目的とする包括執行の側面と不履行債務者に対する制裁としての資格喪失の側面の二面性を持っている。前者は執行手続であり，後者は制裁的な手続であるが，1967年倒産法は「これを分け，原則として債務者に対する制裁を債権者に対する配当から独立」させることとしたものである[191]。このため，1967年倒産法は，フランス倒産法上初めて債務者（débiteur）と事業（entreprise）を分けたものと評価されているが[192]，これは，1967年倒産法が，裁判上の整理手続，財の清算手続のほかに，会社経営者本人に対する制裁として個人破産の手続を設けたことにも明らかである。したがって倒産手続の対象は，債務者本人ではなく，債務者が行う事業であるが，現実には清算の場合には債務者の財産が換価処分され，実態としては債務者と事業の区分はいうほど明らかではない。この点について，ギュヨン教授は「債務者が自然人の場合も，現行の倒産法は事業（entreprises）の運命と債務者（debiteur）の運命を区別している。普通，裁判上の更生は事業を対象とし，事業にのみ適用される。しかしながら事業には固有の財産（patrimoine）がないから，非職業的なものも含め，債務者の資産（biens）が包括手続に服すのである」[193]と説明している。事業の倒産処理にあたって，債権者への配当を行うには配当の原資として財産が必要となるが，財産は事業に帰属す

---

(191)　ルノー（拙訳）「フランス倒産法の歴史」広法27巻3号141頁。
(192)　2005年2月11日国民議会提出の法務委員会報告。http://www.assemblee-nationale.fr/12/rapports/r2095.asp 参照。
(193)　Guyon, *Droit des affaires*, T. 2, 9e éd., Economica, 2003, p. 413.

123

るものではなく、債務者という法人格のある主体に帰属するので、倒産した事業の処理に当たって、事業主体である債務者の財産を利用するのである。

1985年倒産法を再編した改正前の商法典第6編はdifficulté des entreprisesと題している。ここで、entreprisesは企業ではなく、企業が行う事業を意味し、商法典第6編は「事業の窮境」であり、倒産手続の対象は企業ではなく、事業であるということになる。この点は、同国倒産法が法人組織をとっていない個人営業の商人（commerçant）も含むことからも明らかである。個人営業の商人であっても、その倒産はdifficulté des entreprisesである。1985年倒産法は「裁判上の更生手続は、L620-2条に規定する者で、処分可能な積極財産で弁済期の到来した債務に対処しえない全ての事業（entreprise）について開始される」（改正前商法典L621-1条）と規定しており、裁判上の更生・清算手続の対象は事業そのものである。債務者本人に有責な事由があれば、別に設けられた個人破産の宣告を受けることになるのである。

2005年倒産法は、新たに事業救済手続として裁判上の更生・清算以外の事業の継続の可能性をさぐる手続を導入したが、改正前商法典L621-1条に相当する条文を設けていない。しかしながら、手続名は、事業の救済（sauvegarde des entreprises）であって、債務者の救済ではなく、事業救済手続の対象には、個人営業の商人も含まれることから、entreprisesは従来どおり「事業」であって、企業ではないと理解され、今回の改正法においても、従来同様、事業と債務者の峻別が維持されている。

わが国では倒産法が事業を対象とするのか、事業主体を対象とするのか必ずしも明らかではない。たとえば新破産法1条は「支払不能又は債務超過にある債務者の財産等の清算に関する手続を定めること等により、債権者その他の利害関係人の利害及び債務者と債権者との間の権利関係を適切に調整し、もって債務者の財産等の適正

かつ公平な清算を図るとともに，債務者について経済生活の再生の機会の確保を図ることを目的とする」とし，民事再生法1条は「経済的に窮境にある債務者について，その債権者の多数の同意を得，かつ，裁判所の認可を受けた再生計画を定めること等により，当該債務者とその債権者との間の民事上の権利関係を適切に調整し，もって当該債務者の事業又は経済生活の再生を図ることを目的とする」と規定する。倒産手続の対象は債務者のようであるが，その目的は債務者の事業であり，経済生活という人間の行為を対象としているようでもある。

第3節　商人破産主義と適用対象の拡大

フランスにおいて倒産手続を体系的に成文化したのは，1673年の商事王令であり，同王令は商事に関するものであるが，為替手形，会社規定は商人のみでなく，非商人にも適用され，倒産手続の規定も同様とされていた。同王令の下では，破産手続が開始されると，債権者は債務者の財産を封印し，棚卸を行ない，債務者は「資産負債証明書」を債権者に提出しなければならなかった[194]。デュプイは，北フランス・ヴァランシエンヌの商人であり，役人でもあったニコメドの1776年刊行の文献から「人々は，倒産や詐欺倒産が不運，浪費，無知，無能力から，負債を支払えないという，だれにでも共通に起こることを忘れて，倒産とは商人に固有の不名誉と考えている。商売をしていれば，していない者よりも倒産の危険にさらされるのはたしかであるが，また，倒産から生じる不名誉は商人だけのものと信ずるのも愚かなことである。支払うことのできるもの以上を払わねばならないとすれば，だれでも裏切る可能性がある。これは経験が示すところである。したがって，倒産と詐欺倒産につ

---

(194) ルノー（拙訳）「フランス倒産法の歴史」広法27巻3号153頁。

いて，法律は単に商人ばかりでなく，債務を過剰に負い，商業を乱す者に支払の停止，譲渡の恩典，または債権者に対して減免の要請を認めているのである」という一節を引いている[195]。加藤博士も「路易（ルイ）14 世の右 Ordonannce は未だ商人破産の主義を取らず非商人にも破産法を適用するの主義たりしなり」としている[196]。すなわち，1807 年商法典破産編以前には，フランスでも一般破産主義をとっていたのである。

しかし，1807 年商法典破産編は「支払いを停止した商人（commerçant）はすべて倒産の状態にある」（同法 437 条）と規定し，倒産手続を商人のみに適用するものとし，破産事件の管轄権を商事裁判所に与えた。商人ではない一般の債務者は，商法上の倒産手続を適用されず，民法典の家資分散手続によることとされた[197]。ギュヨン教授は，フランス倒産法における商人破産主義について，私法における民法と商法の分離が一つの原因であるとし，さらに商人と異なり，一般に債権者の少ない個人について，商人と同じ倒産手続を設けることは手続を無益に複雑にし，コスト高にするものであり，現に商人破産主義を取っていないイギリス，ドイツでも小破産または簡易な破産制度が設けられていることを指摘している[198]。

---

(195) Dupouy, *Le droit des faillites en France avant le code de commerce*, L.G.D.J., 1960, p. 80.

(196) 加藤正治「破産法の沿革」『破産法研究［第 5 版］』（有斐閣・厳松堂，1924）65 頁。ただし，現実には信用を受けることができるのは商人がほとんどであった。ルノー（拙訳）「フランス倒産法の歴史」広法 27 巻 3 号 153 頁，イレール（塙浩訳）「フランス破産法通史」『フランス民事訴訟法史』（信山社，1992）832 頁，スラムキェヴィチ（塙浩訳）「アンシャン・レジーム期のフランス破産法」同 868 頁。

(197) 家資分散手続では，民事執行法により強制執行の方法により，債権者間で配当することになる（加藤正治「破産法の沿革」『破産法研究［第 5 版］』（有斐閣・厳松堂，1924）69 頁）。加藤博士は「特に破産手続に依らず普通の強制執行に依りても略ほ破産と同一なる満足を得らる」ので「特に破産手続の必要を感ぜざるなり」としている（同 69 頁）。

(198) Guyon, *Droit des affaires*, T. 2, 9e éd., Economica, 2003, p. 18）。商人破産主義はこのほか，ベルギー，スペイン，ギリシャ，イタリアに見られる。

1955年法においても「支払を停止した商人はすべて，倒産と裁判上の整理手続の開始のため，15日以内に，主たる商業施設の存する地を管轄する商事裁判所の書記課に届けなければならない」(同法1条1項) として，従来の商人破産主義を維持したが，1967年倒産法は非商人の民法上の法人 (personne morale de droit privé) に適用を拡大し，1985年には職人・手工業者 (artisans)，1988年には農業経営者 (agriculteurs) にも適用されるに到った。漸次倒産手続の対象が拡大されてきたところであり，2005年改正では，弁護士，会計士，公証人などいわゆる専門職者 (professions liberales) にも拡大されることとなった。

第4節 倒産処理の多様化

わが国では倒産5法 (商法上の会社整理手続の廃止後は倒産4法) といわれるように，倒産処理手続が複数の法律に規定され，債務者または債権者 (更生手続ではさらに株主) は，法的整理手続に入る場合，これら複数の倒産処理手続の中から手続を選択し，裁判所に申し立てることになる。これに対して，イギリス，アメリカ，また和議を廃止したドイツ，最近の韓国の改正法，およびフランスでは，倒産処理手続が単一の法律に総合されている。単一立法の倒産法制でも，倒産手続が並立し，申立ての当事者がそのいずれかを選択する場合と申立て当事者はとりあえず倒産の事実を申し立て，裁判所がその後いずれかの倒産手続を決定する法制がある。

わが国では倒産法が複数で，倒産処理手続も複数となっている点について，ドイツでの単一法化など外国の立法例を参考に，批判があった。また，政府の基本方針としても，倒産手続の一元化が検討された経緯がある。経済戦略会議の答申では，「事業者の再挑戦を可能とするとともに，経営資源の再利用を図る観点に立って，倒産関連の法制を，より柔軟で迅速な対応ができるものに抜本的に改め

る」,「現在の仕組みは,再建型と清算型に二分して処理されることになっているが,これをより柔軟な処理が可能となるよう改正し,同一手続きの中で,自力再建,スポンサーによる再建,営業譲渡の実施による半分再建・半分清算の処理,清算等多様な手続きの処理を可能とする制度を構築する」として,倒産法制一本化を想定していたようである。同会議の答申は,閣議決定事項とはされていないので,政府を拘束するものではない。しかし,倒産法制全体の見直しの中では,民事再生法が先行して制定された結果,従来の複数の法律,複数の手続が維持された[199]。

従来のフランス倒産手続は,事業の更生を優先させる法制をとってきた。すなわち,1985年倒産法は,当初「裁判上の更生手続は,事業の保護,事業と雇用の維持および債務の履行を可能にするために定められる」(1985年倒産法1条1項),「裁判上の更生は,観察期間の後に裁判によって確定された計画に従って確保される。計画は,事業の継続またはその譲渡を定める。その解決策のいずれも可能でないと思われる場合は,裁判上の清算が開始される」(同2項)と規定し,原則として倒産手続開始申立てがあった場合には,観察期間(période d'observation)を設定し,その間に事業を継続するか,営業を譲渡するか,清算するか,という三つのいずれかを選択することとしていた。清算であれ,再建であれ,倒産手続への入り口は一本だったのである[200]。その後,1994年6月10日法による改正

---

(199) わが国の倒産法制の見直しは,中小企業の再建型倒産手続であった旧和議法の問題を優先したために,倒産法制の一本化は行われなかったが,山本教授は「日本が複数手続を維持したことは大いなる見識」であり,一本化は「再建に支障を来すおそれが大きい」として,複線的な倒産法制を評価している(「研究会・新破産法の基本構造と実務(1)」ジュリ1284号79頁[山本和彦発言])。後述のように,従来倒産法制を一本化していたフランスでは,更生・清算いずれについても「支払の停止」を手続開始原因としていたために,現実には更生手続に入ったほとんどの債務者が清算に終わったとされていることから,倒産手続の一本化は,開始原因の一本化を招くという点で,事業再生について問題があるといえよう。

(200) 木川博士によれば,ドイツにおいても「一つの統一的な倒産手続を構築」し

第4章 フランス倒産処理手続に特有の制度

で1985年倒産法1条に「事業がすべての活動を停止しているとき，または更生が明らかに不可能なときは，観察期間を開始することなく，裁判上の清算が宣告される」（改正前商法典L620-1条3項）として，法律は単一ながら，手続が部分的にではあるが複数化された。そして，2005年の改正では，裁判上の更生・清算手続とは別に，事業救済手続が新設されている。裁判上の更生・清算手続と事業救済手続の開始原因は異なるので，倒産手続が複線化し，単一法律の形式を維持しながら，入り口が本格的に複線化されたものということができる(201)。

第5節 手続開始原因としての支払停止と遡及

第1款 支払停止概念の発展

わが国の新破産法は，すべての債務者に共通する手続開始原因として支払不能（同法15条1項）を設け，債務者が法人である場合に債務超過（同法16条1項）を規定し，さらに支払停止は支払不能を推定させると規定している（同法15条2項）。民事再生法は「債務者に破産手続開始の原因となる事実の生ずるおそれがあるとき」，「債務者が事業の継続に著しい支障を来すことなく弁済期にある債務を弁済することができないとき」に手続開始を申し立てることが

たとされている（木川裕一郎『ドイツ倒産法研究序説』（成文堂，1999）62頁。三上教授は従前，破産回避のために和議手続を優先させていたが，債務者に更生の意思がない場合に和議を優先させることが時間の浪費になり，権利者の地位が不安定になったことなどを挙げ，問題の解決のために「互いに有機的関連性を有する統一的な倒産制度の樹立が必要」であったとしている（三上威彦『ドイツ倒産法改正の軌跡』（成文堂，1995）70頁。わが国の破産法の施行に伴う関係法律の整備等に関する法律（整備法）によって，破産手続と再生手続，更生手続の間の移行の制度が整備されたことは，ドイツの手続相互間の有機的関連の考え方と同様であろう。

(201) Martineau-Bourgniaud, Le spectre de la cessation des paiements dans le projet de loi de sauvegarde des entreprises, *D.* 2005, p. 1356.

できるとし（同法21条），会社更生法17条1項も同様の規定をおいている。

フランスの倒産処理手続では，伝統的に「支払停止」を手続開始原因としている。13世紀に発展したシャンパーニュの定期市に遅れて，百年戦争後，リヨンの定期市が1419年2月9日のオルドナンスによって設けられたが，ここでは，「債務者が何日間か現れず，必要がある者がコンタクトすることができず，あるいは店舗での商売が停止されたことが明らかであるならば，王国検事は倒産状態にあると宣告する」と定めていた[202]。リヨンの定期市の慣習は1673年商事王令に継承されていくが，同王令第11章1条も「破産または詐欺破産は，債務者が退いた日（se retirer），またはその財産に封印が貼付された日に開始されたものとみなす」と規定していた[203]。デュプイは「退いた」の意味を「債権者が身体拘束を行使することを恐れて，身体あるいは財産を執行措置から守るために，債務者は逃げ出す（prendre la fuite）ことを選ぶ」[204]と説明しており，債務者の失踪と理解されるが，債務者が失踪することは，債務者が積極財産で期日の到来した債務に対処できない状態を推定させるものであり，「失踪がなんらかの旅行または病気によるのであれば，あるいは商売のため，または自ら引き込まれたなんらかの詐欺破産のために，商売上の必要に応えるものを置かずに不在にしたが，この場合に，当該商人がすぐに戻り，債権者を満足させるならば，当該商人を倒産状態にあると見ることはできない」というジュスの

---

[202] Dupouy, *Le droit des faillites en France avant le code de commerce*, L.G.D.J., 1960, p. 45.

[203] ルノー博士によれば，1673年発行のジュスの「1673年3月商事王令コンメンタール」では「銀行家，小売人などが債権者に支払いを行うことができない場合を倒産という」と記していた（ルノー（拙訳）「フランス倒産法の歴史」広法27巻3号153頁）。

[204] Dupouy, *Le droit des faillites en France avant le code de commerce*, L.G.D.J., 1960, p. 90.

一節を引用している(205)。1807年商法典破産編441条後段は「支払停止の時期は，債務者の退き（retrait），店舗の閉鎖，または商事債務の履行または支払の拒絶を証する行為によって決定される」と規定していたので，依然として退くこと，または身を隠すことが支払停止を意味した。

また，1807年商法典破産編は，「支払いを停止した商人はすべて倒産の状態にある」（同法437条），「倒産者は，支払停止から3日以内に，商事裁判所書記課に届けなければならない。支払を停止した日はこの3日に含まれる」（同法440条）と規定した。このように伝統的に手続開始原因は支払停止（cessation des paiements）である。1955年倒産法も「支払を停止した商人」（同法1条1項）と規定した。1967年倒産法も「支払を停止したすべての商人，商人でないものも含めて，すべての民事会社」（同法1条）と規定した(206)。

わが国では，明治破産法が「商を為すに当り支払を停止したる者は自己もしくは債権者の申立に因りまたは職権に依り裁判所の決定を以て破産者として宣告せらる」（同法978条1項）として，支払停止を手続開始原因とした。ロエスレルの商法草案では，1034条に当たるが，ロエスレルは，支払停止とは「即ち負債者其商業取引上より生じたる義務の履行を拒むこと」であり，「支払を停止したるや其商業上の信用既に失し続いて其商業を営むこと能はず」と説明し(207)，さらに1877年ドイツ倒産法94条が債務者の支払不能を開始原因としたことについて，「支払無能力の事実は細密に貸方借方の調査を為したる後にあらざれば明らかならず。而して此調査や倒

---

(205) Dupouy, *Le droit des faillites en France avant le code de commerce*, L.G.D.J., 1960, p. 91.
(206) 加藤博士は「元来支払停止の観念は商人破産主義の下に発達し商人破産主義を採る国に在りては何れも支払停止を以て破産原因とす」，「蓋し破産原因として支払不能は支払停止よりも鄭重なる要件」と述べている（加藤正治「支払停止の意義」『破産法研究［第5版］』（有斐閣・厳松堂，1924）166頁）。
(207) ロエスレル氏寄稿『商法草案上巻』復刻版（新青出版，1995）824頁。

産申渡の前には施行すること能はざるなり」として，支払不能という会計上の客観的な状況を原因とするのではなく，もっぱら債務者の主観的な支払停止を基準とする旨を述べている。その後，旧破産法が制定されるに当たって，支払不能を開始原因とする方向に改められた。わが国では，加藤博士が当時の判例を分析し，「支払停止とは債務者が一般に金銭債務の支払を為すこと能はずして其旨を表示したる行為をいう」とし，「支払停止は債務者の行為」，すなわち意思の決定に基づいて外部に表示する行為，すなわち主観的行為であって，債務者の状態を言うものではないとした[208]。現在，伊藤教授は「支払停止とは，支払能力の欠乏のために弁済期が到来した債務を一般的，かつ，継続的に弁済することができない旨を外部に表示する債務者の行為をいう」としている[209]。

一方，フランスでは，1967年倒産法までは支払停止の定義はなく，支払停止概念について議論があった。西澤教授は，つとにフランスにおける支払停止の「意味内容は——一時期を除いて——法文上の定義によって明確にされたことはなく，専ら判例・学説による解釈に委ねられてきた」[210]と指摘し，「支払停止の法的概念から経済的概念への変容」，すなわち商事債務の支払を現実に停止させることを必要とする立場から，債務者の財産状況を全体として判断の基

---

(208) 加藤正治「支払停止の意義」『破産法研究 [第5版]』（有斐閣・厳松堂，1924) 161頁。加藤博士は，明治36年5月26日大審院決定，明治44年12月12日大審院決定の2件の判例の趣旨は「債務者の客観的財産上の状態如何を問わずまた債務者の主観的意思の決定如何を問わず苟も正当なる理由なくして弁済期に弁済を為さざる事実あれば之を以て支払停止とするもののごとし」であるが，「過失怠慢等に因り弁済期に弁済を為さざる場合は世間に其の例頗る多」しと述べている。西澤教授も，「支払不能」が債務者の客観的状態であるのに対して，「支払停止」は「支払不能であることを示す債務者の主観的行為」であるとしている（西澤宗英「フランス法における『支払停止』概念の『形成』と『変容』——『支払停止』理論の一側面」民訴25号163頁）。

(209) 伊藤眞『破産法 [第4版]』（有斐閣，2005) 73頁。

(210) 西澤宗英「フランス法における『支払停止』概念の『形成』と『変容』——『支払停止』理論の一側面」民訴25巻162頁。

礎とした上で「救うべくもなく危機に瀕していること」が必要であり，それで足りるとする立場に変化し，支払不能または債務超過に近い内容に変化したと分析している[211]。西澤教授の論文は，1985年倒産法制定以前のフランス判例・学説を対象とされており，ここではその後の展開を踏まえて，支払停止概念の変化を見ていきたい。

すでに破毀院 1964 年 2 月 10 日商事部判決[212]は，1955 年倒産法の下での裁判上の整理手続で，1958 年 10 月 10 日とされた支払停止日を，債務者の設定した抵当権を否認するために，管理人が 1955 年 1 月 1 日に遡及させることを求めた事件で，支払停止は「絶望的な状態にあること (se trouve dans une situation désespérée)」であるとして，支払停止日の遡及の申立てを棄却し，支払停止は債務者の主観的な行為というよりも，一定の状態であることとした。次に，破毀院 1978 年 2 月 14 日商事部判決[213]は，原判決が「債務者がその処分可能資産によって期日の到来した債務に対処することができるか否か (si le defendeur était en mesure de faire face à son passif exigible avec son actif disponible)」という点を調査することなく倒産手続開始を決定したとして，原判決を破毀した。さらに，破毀院 1979 年 7 月 2 日商事部判決[214]は，「支払期日の到来した債務に対処できる処分可能資産がない (pas d'un actif disponible permettant de faire face au passif exigible)」として倒産手続を開始した原判決を支持し，上告を棄却した。また，破毀院 1980 年 1 月 16 日商事部判決[215]は，フォン・ド・コメルスの買収代金の支払を行わなかった債務者について，売り手側が支払いを督促しておらず，原判決は「債務者がそ

---

(211) 西澤宗英「フランス法における『支払停止』の概念の『形成』と『変容』」民訴 25 巻 163 頁。
(212) Cass. Com., 10 février 1964, *RTD com.* 1964. 827, obs. Houin.
(213) Cass. Com., 14 février 1978, *Bulletin des arrêt de chambres civiles IV*, n° 66, *D.* 1978, inf. rapide p. 443 obs. Honorat.
(214) Cass. Com., 2 juillet 1979, *Bulletin des arrêt de chambres civiles IV*, n° 218.
(215) *Juris classeur périodique* G 1980, IV, p. 123.

の処分可能資産で期日の到来した債務に対処できる状態にあったかどうか（était en mesure de faire face à son passif exigible avec son actif disponible)」を調べることなく，倒産手続を開始したとして，原判決を破毀・移送した。ここで，支払停止について，処分可能資産と期日の到来した債務との対比という会計的な基準が提示されたのである。1807年商法典破産編では，退くことまたは身を隠すことや商事債務の支払を拒絶する行為をもって支払停止日が決定されたので，債務者の行為という現在のわが国の概念と類似していたが，現代の支払停止の概念は，債務者の主観的行為ではなく，債務と資産が見合うか否かという客観的な会計上の状態を意味するようになったのである[216]。

こうした判例の展開を踏まえ，1985年倒産法は「裁判上の更生手続は，処分可能な積極財産で弁済期の到来した債務に対処しえない事業について開始される」（改正前商法典 L621-1条1項）と定め，支払停止を債務と資産の不均衡な状態であることを法文上も明らかにした。さらに，破毀院1993年4月27日商事部判決[217]は「支払停止は支払の拒絶とは異なる（la cessation des paiements est distinct du refus de paiement)」としている。

前述したとおり，わが国では，支払停止とは「弁済能力の欠乏のために弁済期が到来した債務を一般的，かつ，継続的に弁済することができない旨を外部に表示する債務者の行為」[218]として主観的

---

(216) 以上の判例の推移は，Calvo, La notion de cessation des paiements dans le procédures collectives, *Petites affiches*, 7 septembre 1999, n° 178, p. 4 と Courtier, La notion de cessation des paiements:passif exigible ou exigé, *Revue de jurisprudence cpmmerciale*, 2001-7/8, p. 212 を参考にした。

(217) Cass. Com., 27 avril 1993, *Bull. civ.* IV, n° 154, Cass. Com., 25 février 1997, *D.* 1997, IR 127.

(218) 伊藤眞『破産法［全訂第3版補訂版］』（有斐閣，2001）66頁。また，斎藤秀夫＝麻上正信＝林屋礼二編『注解破産法［第3編］下巻』（青林書院，1999）119頁［谷合克行］同旨。大阪高裁平成元年5月31日判決（金法1232号30頁）は「破産法にいわゆる支払停止とは，債務者が弁済能力を欠くため，即時に弁済すべき債

第4章　フランス倒産処理手続に特有の制度

行為であることとしているが，フランス判例が形成し，1985年倒産法が法制化した支払停止概念は，債務者の主観的行為ではなく，債務者の財務的な状況であり，わが国の支払停止概念と異なることに注意が必要である。

ここまででフランス倒産法上の支払停止は，債務者の主観的意思の表明ではなく，客観的な状態であることになったが，次に，「弁済期の到来した債務」の定義が問題となった。1985年倒産法によれば，支払停止は「処分可能な積極財産で弁済期の到来した債務に対処しえない」ことであるが，期日が到来し（exigible），かつ，現に債権者が債務者に支払を請求した（exigé）ことを要するのか，それとも期日が到来すれば（exigible），債権者の請求がなくても支払停止となるのかが問題となったのである。exigible et exigé なのか，単なる exigible なのかという問題である。

破毀院1997年6月17日商事部判決[219]は，この問題を正面から取り上げている。同判決は不動産の贈与があった後，贈与者について裁判上の更生手続が開始され，当該不動産贈与を否認するために支払停止日の遡及が決定されたことについて，贈与を受けた者が第三者異議の訴えを起こした事件に関する判決であるが，原告は「支払停止の状態は，支払いを請求された債務に対処できないことによって特徴づけられるが，贈与者は現に支払いを請求されていなかった」と主張したのに対し，破毀院は「倒産債務者は，なんら処分可能財産を持っておらず，支払期日の到来した債務は130万フランに達し，債務者の銀行口座は貸越となっており，経営する会社のために行った保証債務の支払期日も到来し」ているので，「債務者に支払期日の到来した債務に対処しうるだけの信用の用意がないこ

　　務を一般的かつ継続的に弁済することができない旨を明示的又は黙示的に外部に表明する債務者の行為であつて，債務者が単に仮差押を受けたからといつて，右にいわゆる支払停止があつたとはいい難い」としている。

(219)　Cass. Com., 17 juin 1997, *Bull. civ.* IV, n° 193.

とは明らかである」として，請求を棄却した控訴院判決を支持し上告を棄却した。この判決では，支払停止には，期日の到来（exigible）のみであって，支払いの請求（exigé）は不要であることになる。しかし，この判決には批判が集まった。たとえば，同年の破毀院年報は，同判決が1902年判決の信用の用意の法理[220]に逆戻りするもので，支払停止の要件を現に請求されていない債務に拡大するものであると批判していた。こうした批判は，1997年6月17日判決の法理によると，倒産手続開始原因が緩くなり，倒産件数が増加することが懸念されたためと考えられる。また，倒産者の債権者の中には，債務者に支払を猶予する者もおり，1997年6月17日判決は債権者間の平等を損なうとの批判もあった。

このような批判を受けて，破毀院1997年11月12日商事部判決[221]は，支払停止には債務の弁済期日が到来し，現に支払いが請求された（exigible et exigé）ことを要するとした。事件は，破綻した株式会社について，いったん裁判所が1988年10月5日を支払停止日とした後，法定清算人の申立てにより，支払停止日を1988年5月1日に遡及させ，同時に当該債務者の取締役会会長に100万フランの債務填補を命じたために，当該取締役会会長が支払停止日の遡及と債務填補の両方に対して異議を申し立てたものである。原告の取締役会会長は，「支払停止は，債務者が処分可能な財産で，弁済期日が到来し，支払いを請求された債務に対処できない」ことであり，期日が到来した債務は1万5000フラン強に過ぎず，原審は，債権者が現に支払いを請求したか否か検討していないと主張した。

---

[220] 破毀院1902年12月27日民事部判決は，「その支払不能を可能なかぎり完全な状態で信用によって補い，当該信用によって取引継続に必要な資源を見出す債務者は，支払停止状態にない」として，信用の用意（reserve de crédit）があれば支払停止ではないとした。

[221] 本判決は，フランス政府による法令，判例検索サービスであるレジフランスのサイトから入手した。http://www.legifrance.gouv.fr/WAspad/RechercheSimpleCass.jsp を参照。

第4章　フランス倒産処理手続に特有の制度

破毀院は，支払期日の到来した租税債権が現に納付を請求するのは1988年11月であるとして，現に請求があったことを要件とした。次に，破毀院1998年4月28日商事部判決[222]は，「債権者が債務者に信用を供与するのは自由であるから，支払停止の状態を判断する際に考慮すべき負債は，期日が到来し，支払いを請求した負債である（passif exigible et exigé）」として，支払停止を認定する際の債務の要件と債権者の支払猶予の自由を明らかにした。この判決により，支払停止概念の議論が決着した。すなわち，1985年倒産法では，単に「期日が到来した」(exigible)債務に対処できないと規定しているが，現実には「期日が到来し，請求された」(exigible et exigé) 債務であることを要するのである。この結果，返済期日が到来したが，債権者が債務者との関係に配慮して，支払いを請求しなかった場合には，他の債権者が先んじて債務者に支払いを求め，満足を得てしまい，その後債務者が倒産状態に陥って，債務者に支払猶予を認めた債権者が債権の回収に当たって不利になるという事態を生じ，債権者は従来，債務者に対する善意から支払の猶予を認めていたのに，支払猶予を認めることに躊躇するようになったといわれている。

「期日が到来し」かつ「請求された」債務という二重の要件を課すことは，債務者が懲罰的な色彩の濃い倒産手続開始の回避を望み，裁判所がそのような債務者の要望に流された面が否めない。支払停止の判例変更は，倒産件数の増加を抑制する効果があることは確かであるが，その一方で，倒産手続開始の申立てをぎりぎりまで遅らせ，債務者がもはや再生不可能な状態になってから倒産手続開始を申し立てるという結果を引き起こす。倒産は，債務者にとって過剰債務の整理というプラスの側面と制裁というマイナスが並存する手続であり，そのいずれを強調するかによって揺れがあるが，1998年判決は倒産件数の増加を懸念するあまり，再生の側面を見失った

---

[222]　Cass. Com., 28 avril 1998, *RJDA* 1998, no. 8-9, no. 1000, *D.* Affaires 1998, n° 131 p. 1487, Defrenois 1998, art. 36.850, note. P. Le Cannu.

ということができる。

2005年倒産法改正では，支払停止という伝統的概念を維持しつつ，支払を停止していないが，窮境にある債務者について，その申立てによる事業救済手続を新設することによって再生の側面への対応が図られることとなった。ただし，支払停止の定義は，従来どおり「処分可能資産で弁済期の到来した債務に対処しえない」(改正後商法典L631-1) というのみであり，支払請求の要否は明らかになっておらず，裁判官の認定に頼ることは従来と同様である。これは倒産処理手続が個々の事業の事情を考慮せざるを得ないことからやむをえないものとも思われる。

第2款　支払停止日の遡及と否認

窮境に陥った債務者は，債権者全体の利益を損なう行為（詐害行為）や一部の債権者のみに返済しまたは担保を提供するといった行為（偏頗行為）を行うことがあり，わが国の破産法は破産管財人に否認権を認め，危機時期に到った債務者の詐害行為，偏頗行為を個々に訴えにより効力を無くすこととしている。

これに対してフランス倒産法は，倒産手続の開始日以前の一定期間（疑わしき期間，période suspect）の行為について債務者の詐害を推定する方法をとっている。この点については，すでに昭和3年の論文で井上博士が中世イタリアの債権者救済制度に起源を求め，「債務者の倒産は其の暴露の日に於て突発したのでなく，之に先つ時期に於て既に実質的倒産に陥って居たのであるから，その時期に遡って破産同様の扱いを為すべきだとの考え」がリヨンの慣習法によってフランスに移植され，フランスにおいて「伊太利法の破産遡及に依る否認法が全国的に行われた」とされているとおり[223]，フランス倒産法の伝統的な処理である。

---
(223) 井上直三郎「詐害行為に対する救済制度の変遷」論叢20巻4号835頁，6号1182頁。引用は6号1189頁と1196頁。

第4章　フランス倒産処理手続に特有の制度

　1807年商法典破産編は、「債務者により倒産手続開始の10日前に行われた商事に関する行為，債務は詐害的と推定される。これらは相手方に詐害があれば，無効である」（同法445条）と規定した。わが国明治破産法も「支払停止後又は支払停止前10日内に破産者が其の財産中より無償の利益を或る人に与ふる権利行為殊に贈与，無償にて若くは不相当の報酬を以て義務を負担する契約，期限に至らざる債務の支払，期限に至りたる債務の変体支払及び従来負担したる債務の為め新に供する担保は財団に対しては当然無効とす」（同法990条）と規定した。ロエスレルは，支払停止の時日は「倒産の法律上の効力が此時を以て始まり其効力甚だ重大なるが故に之に就て危疑あるべからず。殊に負債者の義務を引き受る処置は此時より一切無効に属す」とした[(224)]。

　すでに、1955年倒産法では、一律に倒産手続開始前の10日間の行為を対象とするのではなく、「初回期日において，主任官の報告があれば，それにより，裁判所は，支払の停止を認めるならば，当該日を決定し，破産または裁判上の整理を宣告し，裁判官のうちから主任官を選任する」（同法8条1項）として、支払停止日を債務者の行為の有効無効の基準日として、支払停止日を操作することによって否認の効果を生じさせることとした。1967年倒産法は、「支払停止を認める裁判所は債務者の財団（patrimoine）の裁判上の整理または同人の財の清算を宣告する。裁判所は仮に支払停止日を定める」と規定していた（同法6条1項）。1967年法までは支払停止日を定めるとするのみで、遡及の限度を設けていない。

　これに対して1985年倒産法は、「裁判所は，支払停止があればその日を定める。この決定がなければ，支払停止はそれを証する決定の日に生じたものとする。支払停止日は1回または複数回遡及することができるが，開始決定から18ヶ月以上遡ることはできない」

---

(224)　ロエスレル氏寄稿『商法草案上巻』復刻版（新青出版，1995）839頁。

とし（改正前商法典 L621-7条1項），2005年倒産法も「裁判所は，支払停止日を決定する」，「支払停止日は，支払停止を確認する決定の日から18ヶ月を超えない範囲で，一度または数度遡らせることができる」（改正後商法典 L631-8条）と規定している。

なお，1955年倒産法では，開始決定（宣告）前の保全処分については規定がなく，手続開始決定があった場合に，自動的に個別の手続を停止する効果があるとされていた点がわが国破産法の保全処分と異なっている。これは，その後の倒産法でも同様である。フランス倒産法上，支払停止日の遡及が認められるために，申立て後，開始決定までの保全処分の必要がなかったためと思われる。

第6節　債権者団概念の廃止

1673年商事王令では，破綻した債務者の債権者は団体の組成（union）と管理（direction）という二つの契約に基づいて債権者団を構成し，破産者の財産の清算を債権者の代表者であるサンディックに委ねることとしていた。倒産手続は包括執行であり，伝統的に債権者は団体を構成するとされてきた[225]。破産債務者の財産を売却して得られた代金は，先取特権債権者，抵当権債権者の優先順位にしたがって配当され，最後に一般債権者に平等に配分され，債権者団が組成されない場合には，債権者が個別に執行するのであり，包括執行である倒産手続と個別執行との違いは，債権者団が組成されるか否かであった。同王令の9章4条は，「債権者を詐害する動産・不動産の運送，譲渡，売却，贈与は無効である。当該動産・不動産は団体に帰属する」と定めていた。

このような債権者団の構造は従来のフランス倒産法の特徴であった。

---

(225)　ルノー（拙訳）「フランス倒産法の歴史」広法27巻3号134頁。

第4章 フランス倒産処理手続に特有の制度

　1955年法は「倒産または法的整理開始決定は，債権者団（masse）を構成する個々の債権者の追及を禁ずる」（同法38条1項）と規定し，「裁判所によって支払の停止時期と決定された時期以降またはこの時期に先立つ15日以内に債務者によってなされた次の行為は，債権者団に対抗できない」として，無償での動産・不動産の譲渡，期日未到来の債務に対する現金，輸送，販売，相殺による支払および期日未到来の債務に対する現金による支払，契約による，または法定の抵当権を挙げていた（同法41条）。さらに，「破産決定，あるいは裁判上の整理の場合には和議の拒絶または債務者側議案を提案しないという事実は，債権者を団体（union）の状態に構成する」（同法150条）と定めていた。

　1967年法も「裁判上の整理と財の清算の決定は，債権者を管理人によって代表される団体（masse）に構成する。管理人はその名においてのみ行為し，契約することができる」（同法13条1項），財の清算手続が終了すると「団体（union）は解散し，債権者はその訴権を個別に行使することができる」（同法90条）と定めていた。すなわち，債権者は債権者団を構成するものとされ，個別の執行を禁じられたのである。

　ところが，1985年倒産法は，従来のサンディックを廃止し，管理人と債権者代表を選任することとしたため，債権者の利害はすべて債権者代表に集約されることとなり，伝統的な債権者団の概念（masse）は廃止されることとなった[226]。

　債権者団の概念の廃止については，破毀院1993年3月16日商事部判決がある[227]。

---

(226) 2005年倒産法には，masseの語が使われている（改正法92条，商法典L626-29）が，これは社債権者をいい，同1項は「社債権者（obligataires）がいるときは，債務者または法定管財人は計画案を（債権者）委員会に提示後15日以内に，社債権者団の代表をまねき，示さなければならない」と規定する。

(227) 本判決も，レジフランスから入手した。http://www.legifrance.gouv.fr/WAspad/RechercheSimpleCass.jsp を参照。

これは、裁判上の更生手続に入り、その後清算手続に入ったトランスエネルジー社の債権者代表（裁判上の更生手続の間）であり、清算人（清算手続の間）であるデュポン氏が同社のある財産の換価処分の申立てをした事件である。当該財産については、エレクトロ・バイユ社が同社と賃貸借契約を結んでいたが、これを登記していなかった。エレクトロ・バイユ社は「清算人はいずれの債権者の名において売却の申立てを行ったのか明らかにしていない」として当該申立ての却下を求めた。破毀院は、「債権者はもはや法人格を与えられた債権者団（masse）を構成せず、債権者代表および清算人が債権者の利益のために行為する権限を有する」としてエレクトロ・バイユ社の上告を棄却した。

債権者団概念は廃止されたが、同時に従来1967年倒産法までは1人または2人とされた監査委員は、1985年倒産法では1人ないし5人とされ、かつ担保債権者と一般債権者それぞれのクラスから選任される（改正前商法典L621 13条1項）。これは、2005年倒産法も踏襲している（改正後商法典L621-10条1項）。

第7節　資産の混同

わが国の新破産法は、親子会社のように複数の債務者が経済的に密接な関係にある場合、同一の裁判所に破産事件を係属させることによって、円滑で効率的な処理を図ることを目的に管轄の特例を設けている（新破産法5条3項、4項）。管轄裁判所を一本化するものであるが、債務者の法人格は異なるために、手続はそれぞれ別個に行われる。

これに対して、フランス倒産法に親子会社間等の「資産混同」（confusion de patrimoine）の法理がある。1955年倒産法は、法人の債務に連帯保証する理事に対する手続の拡張（同法9条）、法人を隠れ蓑に自己の利益を図る者への倒産手続の開始（同法10条）を定

めていたが，資産の混同については特段の規定がなかった。この事情はその後の倒産法でも同様であるが，判例によって「資産の混同」の法理が形成されてきた。こうした判例を受けて，2005年倒産法はこの法理を成文化し，「開始された（事業救済，裁判上の更生または清算）手続は，債務者の財産または虚偽的性格の法人の財産との資産の混同の場合に，他の1または複数の人格に拡張される。この場合，当初の手続を開始した裁判所が管轄権を有する」（改正後商法典 L621-2条2項）と定めている。

フランス法にも法人格を否認する「法人格の欠如」（absence de personnalité morale）[228]の法理がある。法人格の欠如は，グループ会社間で独立性が認められない子会社などに適用されるものであり，「資産の混同」の法理とは適用場所が異なる。すなわち，資産の混同は，倒産した会社が他のグループ会社からの資金面などにおける独立性は認められるが，とくに債権者を詐害（fraude）する目的で倒産会社からグループの他社に資産が譲渡されていた事実が認定されるような場合に用いられる法理であり，倒産会社と当該グループ会社の資産を混同して債権者への弁済に充当する手続がとられる[229]。破毀院は，手続の単一性を基準としているが，明確とはいいがたい[230]。

---

(228) フランス商法典 L233-1条は「会社が他の会社の資本金の過半を所有する場合，本章の適用に当たって，後者を前者の子会社とみなす」と規定し，企業グループの存在を認めているが，グループ会社が名目上の会社であって，独立性が認められない場合，「法人格の欠缺」とされる。具体例としては，CA Aix-en-Provence, 12 février 1993, Sté Alberta Navigation Ltd c/ Sté West of England Protecting Club et a.: *Bull. Inf.* C. cass. 1993, n° 785; *Bull. Joly* 1993, 1115 を参照。

(229) わが国では「資産の混同」は「企業グループにおける複数の会社の業務が密接に関連し」「ある会社型の会社の資産や設備を利用し」，「帳簿の不完備等によって個別の財産の帰属先が明らかでないために，それぞれの会社に対する引当となる財産が特定できない」状態をいう（斉藤真紀「子会社の管理と親会社の責任(1)」論叢149巻（2001）1号8頁）。概念が若干異なる。

(230) Cass. Com., 16 juin 2004, *D.* 2004, Jur. 1973, obs. Lienhard.

フランス倒産法

　フランス倒産手続における資産の混同については近時の例として下記がある。

○パリ控訴院 2004 年 9 月 7 日判決[231]
〈事案の概要〉

　事件は，ジャン・シャルル・コルベ氏が発行済み株式の 99.99% を有するホルコ社が倒産した航空会社エール・リベルテ・アー・オー・エム社の営業と資産を買収して設けた新会社エール・リブ社に係るものであり，エール・リブ社も買収後，たちまち営業が立ち行かなくなり，倒産手続に入り，ホルコ社とエール・リブ社の資産混同が問題となった事件である。

　2001 年 6 月 19 日，クルテイユ商事裁判所は，スイス航空の子会社であったフランスの航空会社エール・リベルテ・アー・オー・エムのグループ 6 社について裁判上の更生手続開始を決定し，リベールとバロニーの 2 氏を管財人に，ペレグルーニとセギの 2 氏を債権者代表に選任した。同裁判所は，同年 7 月 12 日，グループのうちエール・リベルテ・アー・オー・エム，エール・リベルテ，ティーエー・テイ・ヨウロピアン・エアララインズの 3 社について資産の混同を命じた。さらに同月 27 日，裁判所はグループ 6 社をホルコ社に営業譲渡する旨を決定した。ホルコ社はコルベ氏が株式の 99.99% を有していた。

　同年 8 月 1 日，同裁判所は株主スイス航空とホルコ社の営業譲渡契約を認可した。同契約では，スイス航空はホルコ社に 12 億 5000 万フランの資金提供を行う，グループのエール・ミネルブの発行済み未使用航空券 2 億フラン相当についてはスイス航空が負担する旨

---

[231] CA Paris 7 sept. 2004, Pellegrini c/ Sté Holco, *D.* 2004, Jur. 2500, note Lienhard. なお，この事件は社会的な問題となり，2003 年 6 月にはホルコ社のコルベ社長を召喚し，国民議会において討議されている。討議内容については，http://assemblee-nationale.fr/12/rap-enq/r/0906-t2-2.asp などを参照。

が取り決められていた。さらに同年9月13日には，ホルコ社は譲受目的の新設会社による営業の譲受を行うことができる旨が追加された。

 2001年12月19日と21日，グループの裁判上の更生手続の管理人であるリベールとバロニー氏はホルコ社グループへの航空事業，航空機8機を譲渡し，同時にフランス政府はスイス航空の資金提供が行われるまでの間，エール・リベルテ・アー・オー・エム，エール・リベルテが譲渡後に解消したエール・リブ社に1650万フランの緊急融資を実行し，その後さらに3050万フランに増額された。翌年1月31日にはツールの不動産をエール・リブ社に譲渡した。

 営業を譲り受けたエール・リブ社も業態は改善せず，2002年1月9日，裁判所はラフォン氏をエール・リブ社の特別受任者（mandataire ad hoc）に選任し，同年11月14日には和解的整理の手続の開始を決定し，ラフォン氏をそのまま調停人（conciliateur）に任命したが，所期の目的ははたせなかった。2003年2月13日，エール・リブ社は支払を停止したため，裁判所は同月17日にエール・リブ社の即時清算手続開始を決定し，ペレグリーニ，セギの2氏を清算人に選任し，スチルボア氏，商工業雇用連合（Unedic），国庫特別債権一般公庫（Trésorerie générale des créances spéciales du trésor）が監査委員に選任された。

 同年6月17日，清算人2氏は裁判所に，ホルコ社の法人としての形骸性（fictivité）を理由に，エール・リブ社とホルコ社の資産の混同とホルコ社への倒産手続の拡張を申し立てたが，2003年12月9日クルテイユ商事裁判所はこの申立てを棄却した。

 これに対して，清算人と共和国検事局が控訴した。清算人は，ホルコ社はグループ会社を操作していると主張した。すなわち，スイス航空から受取る予定の資金全額はエール・リブ社に入っていない，ツールなどの不動産はホルコ社に留保されている，飛行機は別のホルコ社のグループ会社所有となっていることを挙げ，エール・リブ

社は資産がない状態に置かれており，同社はホルコ社に対して自律性がないとし，さらにホルコ社とエール・リブ社間には異常な資金の流れ（flux financier anormal）があるとした。また，ホルコ社がエール・リブ社に対する債権1億205万ユーロを放棄していることを両社間の資産の混同の主張の重要な理由とした。共和国検事局は，グループ会社の存在自体は航空事業の場合には通例であるが，ホルコ社には財務上の独立性がないなどとして清算人の主張を支持し，監査委員3社もそれぞれ清算人の主張を支持した。

一方，ホルコ社は監査委員にこのような主張の権限はないとし，また，ホルコ社は持株会社であって，形骸ではなく，清算人が債務填補責任訴訟ではなく，資産の混同の訴えを提起したことは不当であるとし，2001年9月11日以降，航空収入が激減したことがエール・リブの経営破綻の原因であると主張した。

〈判旨〉

パリ控訴院は，エール・リブ社は2,700人を雇用し，過去8ヶ月間の総収入が3億7252万ユーロに及び，現に存在すること，ホルコ社はツールなどの不動産についてエール・リブ社から賃借権を得ており，スイス航空との認可済みの譲渡契約の当事者であること，鑑定人ヌセンボーム氏がホルコ社の財務を監査しており，同社はグループ各社に現に出資し，スイス航空からの資金を配分していること，以上のことから，ホルコ社は形骸ではないとし，ホルコ社によるエール・リブ社に対する債権放棄は将来の業況改善の際の返済を前提としているとして，控訴を棄却した。

○破毀院2005年4月19日商事部判決[232]
〈事案の概要〉

メタルーロップ・ノール社は裁判上の更生手続の観察期間を経過

---

(232) Cass. Com., 19 avril 2005, *D.* 2005, juris. p. 1225, note Lienhard.

第4章 フランス倒産処理手続に特有の制度

し，2003年3月10日，ベテュヌ大審裁判所[233]は同社の清算を決定した。同社は，フランス北西部ノイエル・グドーに亜鉛と鉛の加工工場を有していたが，同工場は第一次大戦前に操業し，環境汚染問題を引き起こしていた。

マルタン，テーテンの二人の清算人は同社に対する倒産手続を，同社の発行済み株式の99％を所有する親会社メタルーロップ社およびメタルーロップ・コメルシアル社に拡張することと資産の混同を申し立てたが，ベテュヌ大審裁判所は子会社には自律性があり，形骸ではないとして，申立てを棄却したため，両清算人と共和国検事局が控訴した。

清算人は，メタルーロップ・ノール社の裁判上の更生手続の主任官が任命した鑑定人デュポンシェル氏の2003年1月26日付けおよび2月27日，3月4日追加の報告によると，同社は工場の汚染リスクを負わせることを目的として設立されており，その形骸性は明らかであり，またグループにおける10万ユーロを超える新規投資はメタルーロップ社の判断で行われたと主張した。

ドゥエー控訴院2003年10月2日判決[234]は，「経営手段の共有や個々の会社の利益をグループの利益に劣後させることは，このような経済的一体としてあるべき組織の限度を超えてはならなず，コントロール下にある会社はその自律性に必須の機能を保持しなければならない」とし，鑑定人を任命して，メタルーロップ・ノール社と親会社間の関係の調査を指示し，鑑定人の報告に基づいて，同控訴院は2004年12月16日判決[235]において，メタルーロップ社とメタルーロップ・ノール社の関係は異常であるとして，両社の資産の混

---

[233] ベテュヌはパ・ド・カレ県の都市であり，アルザス州・モーゼル県ではないので，普通裁判所である大審裁判所が倒産事件を担当している理由は不詳。

[234] CA Douai 2 oct. 2003, Procureur général c/ Sté Metaleurop, *D.* 2003, Jur. 2573, note Lienhard.

[235] CA Douai 16 déc. 2004, Theetten c/ Sté Metaleurop, *D.* 2005, Jur. 2573, note Lienhard.

フランス倒産法

同を認めた。このためメタルーロップ社側が上告した。
〈判旨〉
　破毀院は「原判決がメタルーロップ社による為替リスク・ヘッジ管理によって相当の利益が失われ，またこのヘッジは2001年4月の協定によるものでしかない」，「メタルーロップ・ノール社はメタルーロップ社の二人の従業員のコストを負担しているが，その意思決定の自律性はきわめて限定されていた」などとして資産の混同を認めたが，「グループ内における資金為替管理協定，人材派遣，親会社の融資は資産の混同を構成する異常な資金関係を言うには不適当である」として，原判決を取り消した。

　この事件の原判決は，異常な資金関係を認定して資産の混同を認めたが，破毀院はこれでは十分ではないとしたものである。本来資産の混同は会社の虚偽性を前提としており，原判決は虚偽性を裏づける資金関係の異常に傾きすぎ，これを破毀院が押し戻したものといえよう。本判決を論評するリエンハールは，「資産の混同は例外的であり，支払を停止した債務者の債権者の集団的利益を損なうような濫用を制裁するもの」としているとおりである。また，ルカ教授は，資産の混同だけが親会社の責任を問う手段ではなく，民事責任の手段による責任追及も考えられるとしている[236]。

第8節　金融機関による詐害的支援の法理の制限

　2005年改正に当たって，銀行界からは「詐害的支援」(soutien abusif) の法理の廃止が求められていた[237]。この法理も法律に規

---

(236) Lucas, Redressement et liquidation judiciaire, *D.* 2005, Panorama, p. 2014.
(237) 2005年2月26日付けフィガロ紙は今回の倒産法改正に当たって，金融機関側から詐害的支援の責任の限度を設ける方向で財務省に申し入れていることを報じている。

第4章 フランス倒産処理手続に特有の制度

定はなく，判例が形成したものである。これは，清算すべき企業に対して金融機関が融資を継続して，あたかも当該企業が健全であるかのような外観（apparence）を作りだすことで，第三者に予断を与え，第三者が当該債務者に対して新たに信用を供与した場合に，金融機関の責任を問う法理である。

この法理を破毀院が初めて採用したのは破毀院1976年1月7日商事部判決である。

〈事案の概要〉

親のエミール所有の自動車販売店の経営に当たっていたジャン・ラロシュは，1967年に父エミールとともに倒産を宣告され，その管理人に選任されたマルタン氏は債権者団の一社であるバンク・ナショナル・ド・パリ（以下BNP）に当該倒産の責任があるとして，倒産債務者の負債全額に相当する損害賠償の請求の訴えを提起した。ラロシュ親子は顧客に自動車ローンを提供し，BNPに口座を有していない顧客も手形の支払銀行としてBNPを指定していた（domiciliation）。ラロシュ親子は一種の融通手形を振り出して，資金調達を繰り返していた。手形は支払期日前にラロシュ親子が買い戻し，BNPはラロシュ親子の口座を引き落として決済していたが，ジャン・ラロシュが事故で死亡し，この操作が不可能となった。

原判決（ボルドー控訴院1972年6月7日判決）は，管理人の訴えを認容したため，BNPは管理人の訴えは全債権者の利益のために行使されるべきであるが，BNPも一般破産債権者の一社であり，管理人は債権者の一人に対する訴えを提起することができないとして上告した。

〈判旨〉

破毀院は，「原因取引がなく，架空の支払人に対する為替手形を振り出し，銀行から売り手としての融資を享受し，銀行は手形を裏書していたが，そのほとんどはBNPを支払銀行としていた」と認

149

定し,ボルドー控訴院の判決を支持し,上告を棄却した。

また,破毀院1997年7月2日民事第二部判決は,住宅ローンを提供していた金融機関に対して,当該住宅の管理を行っていた会社が,同金融機関は物件の競売により債権を回収したが,管理費が未払いであることを理由に賠償を請求した事件で,破綻した債務者に対して融資を継続した金融機関は,債務者が危殆状況にあることを他の債権者に対して隠蔽するものであったとして,管理人に金融機関に対する損害賠償請求権を認めた[238]。一方,2003年11月19日に破毀院商事部は,下記の二つの詐害的支援に関する事件について判決を言い渡している。これらの判決では破毀院の詐害的支援の認定に慎重な姿勢を見てとることができる。

①バック・グループ事件
〈事案の概要〉

1991年6月16日と同年7月30日にバック金融会社とグループ5社は,裁判上の更生手続開始の決定を受けた。このうち,5社は更生計画が認可され,バック金融会社ほか1社は清算を宣告された。倒産手続において選任された債権者代表は,クレディ・リヨネ,ソシエテ・ジェネラルなど銀行8行に対して,詐害的支援を理由に損害賠償請求の訴えを提起した。ディジョン控訴院の2000年7月18日判決は,「銀行の詐害的支援が包括執行手続の下にあるバック・グループの人工的な延命の直接の原因であり,同支援はグループ各社の債務を生じ,これがなければ各社は支払停止に陥っていたのであり,債権者に誤った安心感(sentiment de confiance)を生じさせた健全性の外観(apparence de solvabilité)を維持することで,これらの銀行は資産不足を深刻化させた」として,被告銀行側が損害は

---

[238] Cass. Civ. II, 2 juillet 1997, *Bull.* no. 212, no. 95-10-377, *D.* 1998, p. 231

誤った支援によって生じた債務の不足に限定すべきであると主張したことを排し，各銀行に連帯して倒産した債務者の債務填補を命じる判決を言い渡した。これに対して被告の各銀行が上告したものである。
〈判旨〉
　破毀院は民法典1382条[239]に基づいて，原判決が各銀行に支払いを命じた部分を取り消した。

②ホテル・シルビア事件
〈事案の概要〉
　1990年に信用不動産金庫（CFC）は，ホテル・シルビアの持分買収を企画したX社に融資を実行し，経営者夫妻個人による保証とホテルの商権（fond de commerce）上に設定された質権により担保されていた。1997年に融資の主たる債務者である会社が支払停止に陥り，裁判上の更生手続に入ったため，CFCは連帯保証人に保証債務の履行を求めたが，連帯保証人は詐害的支援を主張した。パリ控訴院2000年10月27日判決は，請求を認容したため，連帯保証人が上告した。
〈判旨〉
　破毀院は，連帯保証人が主たる債務者である会社の取締役であったこと，債権者であるCFCは融資を実行した際には，当該会社が回復不能な状態にあることを承知していなかったこと，などを挙げ，CFCには連帯保証人が主張するような詐害的支援はなかったとして，原判決を支持し，上告を棄却した。

　破綻したあるいは破綻のおそれのある会社に対しては，債権者の信用が収縮せざるをえない。しかし，当該の会社が再生するために

---

(239) 民法典1382条は「いかなる者にせよ，他者に損害を生じさせたものはそれを回復する義務を負う」と規定する。

は資金の枯渇は避けなければらず，金融機関の融資は会社の再生には不可欠である。わが国民事再生法では，手続開始の申立て後，裁判所による弁済禁止の保全処分が命じられるので，出金は抑えられ，入金が継続すれば資金繰りが回ることになるが，一時的な資金不足に陥ることがある。このため，再生債務者の資金調達について何らかの手当てが必要とされていたところ，民事再生法120条は申立て後開始決定前であっても，裁判所の許可または監督委員の承認があれば共益債権とすることができるとし，さらに，民事再生法119条は，開始決定後，裁判所の許可や監督委員の同意を要する行為として指定されない限り，開始決定後の通常の取引によって発生した債権は裁判所の許可や監督委員の承認を得なくても自動的に共益債権となるとした。共益債権とは再生手続に必要で，債権者全体に有益な経費であり，一般債権に比較して優先的な弁済が認められる。

　フランスの金融機関による詐害的支援の法理は，このようなDIPファイナンスに対する障害となっていた。このため2005年の改正では，倒産予防のための調停手続でのDIPファイナンスに法的根拠を設けた（改正後商法典L611-11条）。さらに，「債権者は，詐欺，債務者の経営に当たっての過度な干渉，または参加の見合いとしての保証がその参加に不均衡な場合を除き，参加による損害について責任を負うことはない」（改正後商法典L650-1条1項）と規定して，新たに信用を供与した者，とくに金融機関について詐害的でない限りは，詐害的支援の法理を適用しないことを明らかにした。これは金融機関の要求を実現したものである。当初の改正法案では，DIPファイナンスにかかわるL611-11条に「（DIPファイナンスの供与に応じた）者は，詐欺または明らかな濫用的態度がなければ，認可された合意により供与した事実から生じる損害について責任を問われない」と規定していたが，国民議会での審議中に文言は，倒産予防のための調停手続だけではなく，すべてに適用されるものとされた。

第9節 懲罰的性格

2003年3月,フランス経団連 (MEDEF) は,「失敗に際しての制裁の緩和措置による起業活性化——包括手続における制裁改正案」(240)と題する提言書を発表した。ここで経団連は,「企業精神を開拓するということは,失敗があること,ミスをする権利を認めることである」とし,倒産手続の改正にかかわらず,役員の債務填補責任,役員の個人破産および詐欺破産罪等依然としてフランス倒産法に懲罰的性格(241)が濃いことを批判している。倒産した場合の経営者の企業経営禁止の制裁は,民事責任とはいえ,経営者にとっては深刻な結果をもたらしているとし,また商事裁判所によって制裁がまちまちであることも問題であるとした。この観点から,経団連は,誠実だが不運であった経営者と悪意のあった経営者の峻別,債務填補責任訴訟の抑制,ミスの重大性に応じた制裁,経済生活に適した制裁といった提言を行った。

こうした提言を受けて改正法案が上程され,2005年2月15日国民議会に提出された経済財政委員会意見書は,「事業の窮境の期間は,もはや恥辱 (infamie) ではない」(242)と述べているが,これは倒産を恥辱であるとする伝統的な見方が根強いことの裏返しである。上院の経済委員会が2005年5月11日に提出した改正法案に対する報告(243)でも,「抑圧的視点から経済的視点へ」という項目を設け,

---

(240) MEDEF,《Encourager l'initiative économique grâce à une politique raisonée de la sanction en cas d'échec: la réforme des sanctions dans les procédures collectives》, mars 2003.
(241) なお,フランスの倒産処理手続では,検事局の関与が特徴的であり,倒産法の懲罰的または刑事制裁的な側面をうかがわせるが,倒産処理以外の他の裁判における検事局の関与との比較を要する問題であり,検事局の関与を廃止することが懲罰性を和らげることになるのか,現時点では確言できない。
(242) 2005年2月15日国民議会に提出された財政経済委員会意見書。http://www.assemblee-nationale.fr/12/rapports/r2099.asp を参照。

フランス倒産法

フランス倒産法の懲罰的性格を問題視し，債務者に対する人身執行である身体拘束（contrainte par corps）が廃止されたのはようやく1867年7月22日のことであるとして，懲罰的性格の緩和の必要性を説いている。

わが国明治破産法草案の時点（明治17年，1884年）でフランス1807年商法破産編は成立以来すでに80年近くを経過し，当時の最近の外国の立法例として1869年イギリス法，1877年ドイツ法などがあったにもかかわらず，明治破産法の起草者ロエスレルが商法典破産編をモデルに採用したのも，その懲罰的性格を評価したからである。ロエルレルは「諸国法律の新たなるもの即ち1869年の英国法律，1877年の独逸法律および1867年の北米合衆国法律に於ては倒産の法律上の性質をして大に寛弱ならしめ以て倒産者の為めに図れり」「然れども是公然の徳義に戻り，経済上の利益と屈強なる司法原則とに背馳するものにして支払不能力をして容易ならしむるは軽忽詐欺の倒産を誘起する等取引上の徳義を紊るに至るを以て之を忽諸に付すべからず」「英国及び独逸に於ては新倒産の発行以来其有害なる結果あるを鳴らし倒産者に対して其法律を厳にせんことを望む故に本案（わが国商法草案）は右の新法律に依らず厳正にして論理上其の当を得たる旧法を採る」[244]と記している[245]。

つとに，加藤博士は「仏国に於ける破産規定は最初は債務者が債権者を詐害する意思を以て弁済を為さざる者に対して刑罰を科す今日所謂詐欺破産（banqueroutiers frauduleux）の規定を以て発達せり」とフランス倒産法を説明している[246]。このような懲罰的性格

---

(243) 2005年5月11日上院に提出された経済委員会報告。http://www.senat.fr/rap/a04-337/a04-337_mono.html を参照。

(244) ロエスレル氏寄稿『商法草案上巻』復刻版（新青出版，1995）824頁。

(245) 桜井教授は，明治破産法が「わが国の従来からすれば近代的立法であったかも知れないが，その当時の諸外国の破産法（とくにドイツ，イギリス，アメリカ），ないしは破産制度の近代化という点からみるならば古きものであった」としている（桜井孝一「破産制度の近代化と外国法の影響」比較法学2巻2号107頁）。

は，破産と詐欺破産が区別されてからも依然として残っている。

　もとより，倒産法は懲膺の制度であった[247]。債務を返済しない債務者は拘禁され，これを免れるためには財産を放棄（abandon）せざるをえなかった。また，倒産者には宗教的な懲罰が加えられ，フランスで倒産者に対する破門（excommunication）が廃止されたのは1539年である[248]。その他の国でも倒産者に対しては，一罰百戒の意味で制裁が加えられ，たとえば，15世紀のスペインでは，指の太さの鉄の指輪の着用を義務付けられ，16世紀のオランダでは，破産者は三日間毎日11時半から12時半まで役所の階段に下着姿で立たねばならず，17世紀のスコットランドでは，破産者は茶色と黄色の縞模様の帽子とストッキングを着て，破産宣告の後10時から12時までこの服装で広場に立たなければならなかった[249]。フランスでは，詐欺的な倒産者は緑の頭巾（bonnet）をかぶらなければならず，見世物にされ，1629年までこの制裁は続いた。身体に対する執行が廃止されたあとも，1673年商事王令は，債務整理を得た債務者について，都市の市長，助役，普通裁判官，商事裁判官などの公職への就任を認めていなかった。

　2005年倒産法では，役員の債務填補責任の証明責任の転換など制裁の緩和が図られている。また，倒産予防のための調停手続を整

---

(246) 加藤正治「破産法の沿革」『破産法研究［第5版］』（有斐閣・厳松堂，1924）63頁。さらに1807年の証法典中の破産法については「那翁（ナポレオン）は其商法典を編纂するに当たり従来の諸弊を除去する考にて随て債務者に対して厳格なる規定を設くるに至れり」「破産の宣告と共に債務者を必ず常に拘禁することとせり」と説明している（同67頁）。

(247) ルノー博士は，紀元前5世紀のローマ初期の12表法（Lex duodecim tabularum）にすでに被縛とテベレ対岸への債務者の売却の規定があることを紹介している（ルノー（拙訳）「フランス倒産法の歴史」広法27巻3号160頁）。

(248) Dupouy, *Le droit des faillites en France avant le code de commerce*, L.G.D. J., 1960, p. 9.

(249) Riesenfeld, The evolution of Modern Bankruptcy Law, 31 *Minn. L. Rev.* 401, 441 (1947).

備し,倒産状態,すなわち支払停止に陥っていない債務者について裁判上の手続としての事業救済手続を設け,これまでの法制にはなかった,手遅れにならないうちに手を打つための制度が設けられているが,これは経団連の提言に応えたものといえよう。倒産法は有限な経済的資源の適正配置を図るための手段である。伝統的にフランス倒産処理では,雇用の維持のために可能な限り,倒産という事態を回避し,いったん倒産した者には制裁を加えるという姿勢であったということができる。しかしながら,2005年改正法の審議の過程で,2005年5月26日に上院に提出された財政委員会の報告書は「事業破綻が招く社会の混乱と資源の浪費に唖然とせざるを得ない。しかし,一方では,シュンペーターがいうように,資本主義は『創造的破壊の過程』である。したがって,資本主義の発展とは事業の消長,すなわち雇用の創設と消滅であると理解しなければならない」と述べている[250]。「資源の浪費」,あるいは「雇用の消滅」という視点は従来のフランス倒産法にはあまりみられなかったものである。社会全体としての経済の発展に,事業の消滅は当然という意識が一般化すれば,いたずらに倒産を嫌って,手遅れになるという従来のフランスの倒産パターンが変わってこよう。2005年倒産法は事業の再生のための法的手当てを施しているが,その成否は,むしろ根強い伝統的な倒産観をどこまで払拭できるかにかかっているように思われる[251]。

---

[250] 2005年5月26日上院提出の財政委員会報告。http://www.senat.fr.rap/a04-355/a04-355_mono.html. を参照。

[251] 2005年2月11日国民議会に提出された公聴会報告では,心理的な問題として事業主に根強い「見てみぬふり」を克服することが重要としている。http://www.assemblee-nationale.fr/12/rap-info/i2094.asp を参照。

第5章　わが国倒産法へのインプリケーション

第1節　フランスの倒産処理の環境

　フランス倒産法は，対象を拡大しているが，基本的には商人などの経済的な事業を対象とし，消費者についての債務整理手続は別に設けられている。個人消費者を含まないにもかかわらず，フランスの倒産処理件数は，年間約4万から5万件である[252]。わが国の破産事件のうち個人破産を除く新受件数は1万件以下であり，わが国の民間信用調査会社のデータによっても法人倒産件数は1万件台である。また，フランスの経済規模はわが国の約半分[253]である。フランスの事業倒産件数をわが国の会社倒産件数統計と比較すると，社会的な影響がフランスでは極めて大きいことが分かる。

　また，個人の多重債務問題は，フランスでも深刻である。2003年4月28日に，当時のボーロー都市郊外再生大臣はプレスに向けて，フランス国内で約150万世帯が過剰な債務を抱え，年間に14万件の個人債務整理手続がとられていると述べている[254]。1996年の個人債務整理件数は約7万件であったから，7年で倍増したことになる[255]。フランス総人口はわが国の約半分であるから，単位人口

---

[252] フランス法務省発表の司法統計。http://www.justice.gouv.fr/publicat/Rdrejudi.pdf を参照。
[253] 2004年のGDPは，わが国が4兆6664億ドル，フランスが2兆467億ドル（いずれも current prices and exchange rate ベース）となっている。http://www.oecd.org/dataoecd/48/4/33727936.pdf を参照。
[254] フランス雇用・社会・住宅問題省のサイト。http://www.ville.gouv.fr/infos/actualite/ppresse.html を参照。破綻予備軍は65万に達するとしている。
[255] 2005年4月28日付けル・モンド紙は2004年中に各地の過剰債務委員会に申し立てられた個人債務整理案件は18万8145件で，前年比13.7％増加したことを報

表5：わが国とフランスの倒産件数 （単位：件数）

暦年	フランス(注1)倒産件数	日本(注2)会社倒産件数	日本(注3)破産新受け件数	
			個人	個人以外
1966	8,000	6,187		
1973	9,000	8,202		
1975	16,156	12,606		
1985	26,425	18,812	14,896	2,026
1990	46,995	6,468	12,478	998
1993	68,006	14,564	43,816	2,400
1994	63,199	14,061	40,614	2,547
1995	59,503	15,108	43,649	2,838
1996	64,894	14,834	56,802	3,489
1997	61,068	16,464	71,683	4,349
1998	54,543	18,988	105,468	5,599
1999	48,527	15,352	123,915	4,573
2000	43,572	18,769	139,590	6,268
2001	42,036	19,164	160,741	8,070
2002	42,897	19,087	214,966	9,471
2003	47,936	16,255	242,849	8,951
2004	48,664	13,679	211,860	8,401

注1：2005年5月11日上院提出の経済委員会報告が引用したStaf Eulerの倒産統計
注2：東京商工リサーチによる倒産件数推移（ただし、同社の会社の倒産の定義は、銀行取引停止処分、破産法、民事再生法、会社更生法および商法上の会社整理と特別清算の手続およびその他をいうとしている）
注3：司法統計による

じ，消費者団体が個人債務者の返済能力を考慮せずに融資を実行する金融機関側の姿勢を批判していること，金融機関側は，個人の支払不能率はイギリスの6％，アメリカの5％に対して，フランスでは2％に過ぎず，消費者団体の批判はあたらないと反論していることを述べている。

第5章　わが国倒産法へのインプリケーション

当たりでみると，フランスの個人の債務整理手続件数はわが国の個人破産にほぼ匹敵する。

フランスの倒産件数が極めて多い背景として，まず，上記のわが国の民間信用情報機関の法人倒産件数が負債額 1000 万円以上と比較的下限が大きく，この負債限度を下回る事件が含まれていないことがあると思われる。わが国では，企業倒産のうち，法的整理の割合は 30％程度であるといわれており[256]，フランスにおける倒産処理がわが国でいう私的整理の方式ではなく，債権者と債務者の契約による債務整理であっても，裁判所の監督の下で行われているために，倒産件数が統計上大きくなることは否めない。しかしながら，フランスの裁判所がこれだけ多数の事業の倒産事件を扱っていることも事実である。

このような多数の事業倒産事件の処理を可能にしている背景として前述したように次の二つを挙げることができよう。

第一に，原則として倒産事件ごとに選任される手続の機関が法定管理人，法定代理人という専門化集団であることを挙げることができる。法定管理人，法定代理人は現在全国で合計 460 人と少なく，四分の一が法定管理人，残りが法定代理人である。法定管理人・法定代理人全国協議会のガル・エン会長によれば，前者で常時 60 から 80 の事件，後者で 200 の事件を抱えているとのことであるが，いずれも事務所にアシスタントを 7，8 人抱え，機能的に事務を行っているとのことである。

第二には，倒産事件の原則的な管轄裁判所である商事裁判所の数が全国に 200 カ所以上に及ぶことであり，商事裁判所が当事者に近い存在であることがあろう。商事裁判所は会社の財務情報を入手し，破綻以前の段階で後見人的な立場から，経済活動全体の安定に配慮している。商事裁判所とビジネスが近接しているということができ

---

[256]　園尾隆司「東京地裁における破産事件の実情と課題」金法 1644 号 9 頁。

フランス倒産法

る。上述したように，事前警報制度などにより，商事裁判所は管轄区域の事業の状況について積極的な関与をする機会があり，この点はわが国の倒産事件における裁判所の役割が申立てを受けてから開始することと大きく異なっている。筆者の経験では，業態が芳しくない会社の従業員がいわゆる事前警報を発動した際に，経営者との会談が行われた後，すぐに商事裁判所に出向こうとした例がある。商事裁判官が商工会議所単位で選出されるという事情から，会社経営者にとってその存在が比較的身近なものであることは理解できるが，従業員にとってもけっして遠い存在ではないようである。

第2節　共有される倒産法理

　わが国の倒産法制の見直しがバブル経済崩壊後の企業や家計の破綻の増加という社会問題を背景としていること，また，平成15年度の年次経済財政報告が金融と企業の再構築と過剰債務企業の事業再生をとりあげ，債務整理の必要性を分析していること，以上のことから明らかなように，倒産法制は単に個々の債権者・債務者間の権利関係の調整であるばかりでなく，社会経済政策の側面をきわめて強く持っている。外国の倒産法は当該国固有の政策に沿って行われており，わが国の倒産法制にそのまま参考になるものではないが，一方，経済のグローバル化に伴って，経済活動，景気の動向は先進国間では同時並行的に推移することも経験上否定できない。

　フランス国民議会での倒産法改正案の審議において，改正法案の報告者は最近各国で倒産法の改正が相次いでいるとしている。2005年2月11日の国民議会法務委員会の報告は，本改正案のみならず，破綻懸念企業の処理について全般的に報告するものであるが[257]，最近各国で行われた倒産法の改正あるいは現在進められている改正

---

(257)　2005年2月11日国民議会に提出された公聴会報告。http://www.assemblee-nationale.fr/12/rap-info/i2094.asp を参照。

第5章　わが国倒産法へのインプリケーション

は，主として早い段階で交渉によって（de l'anticipation et de la négociation）解決する方向に進んでいるとしている。フランスも含めて1990年代以降，各国で倒産法が改正されているが，同国倒産法改正に当たってもわが国を含めた各国の事情が参照されている。2005年5月26日に上院に提出された財政委員会報告は「事業の破綻が，2005年は5万件の大台に近づいているが，これはわが国の経済構造の安定性，あるいは社会的安定性への脅威ということができる。この現象に対して，立法者の役割はこうした問題の犠牲者を守る一方で，経済活動の再起を促し，経済体系の刷新を果たすことにある」と述べ，同時に「市場と生産活動のグローバリゼーションという流れの中で，本倒産法案は，アングロ・サクソンなどの多数の外国の包括執行手続に近接させることで，改善しようとするものである」，「過去10年間に複数の外国で包括執行手続を改正しているが，窮境にある事業の処理原則にハーモナイゼーションが見られ」，「事業活動と雇用の救済が最優先となっている」と述べている[258]。本法案の起案から審議の過程まで，常に外国の倒産法制の動きが強く意識された。後掲の表は2005年2月11日に国民議会に提出された法務委員会の報告書に挿入されたものである[259]。

イギリスでは，すでに1986年倒産法（Insolvency Act 1986）で事業救済のための処理手続として，任意的整理（company voluntary arrangement）が導入されていた。さらに，2002年企業法（Enterprise Act）と2004年（改正）倒産規則（Insolvency (Amendment) Rules

---

[258]　2005年5月26日上院提出の財政委員会報告。http://www.senat.fr.rap/a04-355/a04-355_mono.html. を参照。同報告は，2000年5月29日欧州連合支払不能手続規則の成立，2004年6月採択の国連国際商取引法委員会（UNCITRAL）による支払不能法立法指針（Guide législatif du droit de l'insolvabilité）を挙げているが，前者は主として国際管轄に関するもので，後者はあくまでも指針にとどまるとして，各国の倒産処理のハーモナイゼーションは自然発生的現象であるとしている。

[259]　2005年2月11日国民議会提出の法務委員会報告。http://www.assemblee-nationale.fr/12/rapports/r2095.asp 参照。

表6：フランス倒産法改正時参照された各国倒産法

国名	現状	法的整理の開始原因
アメリカ		債務者または債権者の理由のある誠実な申立て
イングランド・ウェールズ	改正案準備中	支払不能
ドイツ	1999年法	現にまたは予測される支払停止または明らかに支払不能の企業
オランダ	改正中	支払停止
ベルギー	1998年1月1日新法施行	支払停止
イタリア	アルカイックな法律の改正準備中	支払不能
スペイン	2004年9月1日新法施行	支払不能または支払不能の切迫
ポーランド	2003年2月28日新法成立	支払不能
デンマーク		支払停止
日本		手続によっては支払不能、支払停止のおそれ

2004）による倒産法制の改正では，一種の担保権実現手段であるreceivership[260]の実行の可能性を限定し，administration[261]とliquidation[262]の手続がある倒産処理については，裁判所の監督の下で破綻した，または破綻のおそれのある企業の再生を目的とするものとされ，裁判所の関与を減らすことによって効率的な企業の再生を図っている[263]。管理人（administrator）はゴーイング・コンサー

---

[260] receivershipは，担保債権者による担保権の実行として起用され，厳密には倒産手続ではない。

[261] administrationは，その期間中裁判所または管理人の許可なく，債権者による担保権の行使，個別の手続の実効を停止させる効果を持ち，広範な権限を有する管理人が再生計画を策定することとされている。

[262] liquidationには，裁判上の清算（winding-up by the court）と任意の清算（voluntary winding-up）がある。

[263] 条文については，http://www.legislation.hmso.gov.uk/acts/acts2002/20040--r.htm#248を参照。

第5章 わが国倒産法へのインプリケーション

ンとしての企業の維持存続に努めつつ,債権者の利益を最大限尊重し,再建が不可能な場合にも配当の極大化に努めるように求められている。改正法は企業の救済とともに起業意識の促進を目的としている[264]。

スペインでは2003年6月に新倒産法が成立し,2004年9月1日から施行されている。従来の倒産手続は1882年,1885年商法典および1881年民事訴訟法であり,制定後すでに1世紀を経過していた。従来の倒産法は,債権者への配当を目的とする債務者の清算が主体であったが,改正法は債権者との和議(concurso de acreedores)による企業の再編と清算の選択の可能性を設けている。

また,ドイツでは一足早く,1994年に倒産法が改正され,従来の和議手続に替わる「倒産処理計画」手続を導入し,倒産手続を一本化し,同時に倒産処理計画の枠組みの中で事業活動の継続を促すために倒産を緩和している[265]。すでに改正法は1999年1月1日から施行されている[266]。

倒産法は,債権調査,債務者の財産の換価などの手続規定と債権者・債務者の権利関係の調整に関する実体法の統合された法分野であるが,更生計画の決議機関としての債権者委員会の制度などの手続規定やDIPファイナンスといった手続開始後に関係者の承知の上で生じた新たな債権の優先権などの補完的規定については,コン

---

[264] http://www4.worldbank.org/legal/legps/Papers/SegalEnterprise.pdf を参照。

[265] 2005年2月11日国民議会提出の法務委員会報告は,ドイツの倒産法改正をアメリカ連邦倒産法の強い影響受けているとしている。http://www.assemblee-nationale.fr/12/rapports/r2095.asp 参照。

[266] ドイツにおける倒産法改正の議論等については,三上威彦編著『ドイツ倒産法改正の軌跡』(成文堂,1995),木川裕一郎『ドイツ倒産法研究序説』(成文堂,1999)を参照。ドイツ倒産法1条は「倒産手続は,債務者の財産の換価及び配当をおこない,又は倒産処理計画において特に企業の存続のために[本法とは]異なる規制を定めることにより,債務者の債権者に対して共同の満足を与えることを目的とする。誠実な債務者には,その者の残債務を免除する機会が与えられる」と規定する(訳は,木川裕一郎『ドイツ倒産法研究序説』(成文堂,1999)269頁による)。

ヴァージェンスが可能であろう。しかし、一方で倒産手続の機関という手続的な問題であっても、たとえば、法定代理人、法定管理人といった制度は、その前身としてサンディックが存在し、サンディックの起源は債権者の中の代表者であったという歴史的な経緯を有している。フランス倒産法ではこうした歴史的経緯に制約された概念、制度が多いようである。たとえば、商人破産主義、支払停止概念、商事裁判所管轄などが外国倒産法の影響によって、容易に変更されるとは考えにくい。また、倒産法はそれだけ抵抗力のある法分野であるともいうことができる。倒産法は本質的に社会政策的立法であり[267]、経済政策との整合性を強く要求する分野であり、安易な外国法、外国制度の導入は政策の不安定化を招きかねない。この意味で、2005年フランス倒産法のもたらした改正には限界はあるものの、評価することはできよう。

第3節　残された課題

2005年改正で、ようやくフランスにわが国の民事再生法型の事

---

[267] 加藤博士は、破産法を破産者に対する取締法規、処分法であると同時に、債権者または社会の観点から観察することの重要性を説き（加藤正治『破産法研究第1巻』（有斐閣、厳松堂、1912）108頁）、松岡博士は、破産の本質は、債務者の財産の不足から生じる損失を総債権者に分担させることにあり、社会政策に基づくものであるとし（松岡義正『破産法要論上』（厳松堂、1929）1頁）、さらに齋藤博士は、破産制度は、総債権者に債務者の総財産より衡平なる平等的満足を得させ、その損失を平等に分担せしめるという社会政策上の要求に合致したものであるとし（齋藤常三郎『破産法・和議法大要』（岩波書店、1937）2頁）、破産法、和議法は「債権者を保護し且債務者を救済するを其本来の目的とすると共に、之に因り、可成信用制度の萎靡若くは一般経済界の不振を惹起せしめざるか、若くは、其萎靡及び不振を出来る丈け少くするを目的とするのである、従て一種の社会的立法であり、経済法に属する」としている（同「破産法の改正」『破産法及和議法研究』（弘文堂、1933）1頁）。フランス法は、債務者の一般財産は、特定の担保を持たない一般債権者の共通担保と理解するが（民法典2093条）、松岡博士は破産の効力はこのような債権の効力ではなく、社会政策であると説明している。現代では、さらに倒産法制は単に社会政策にとどまらず、経済政策としての性質を強めている。

業再建のための倒産処理手続が設けられた点は評価することができる。また，倒産予防制度を法文上明確化し，従来の不安定性を補強した点も評価することができよう。

ただし，多くの点で依然として問題を抱えている。上院に提出された財政委員会報告も「本改正法案はフランス経済の現下の問題すべてに答えているわけではない」としているとおりである[268]。

細かな点から指摘すれば，第一に倒産予防のための制度と倒産処理のための事業救済手続とのねじれである。支払停止という倒産状態に陥った事業が倒産予防手続をとることができ，一方倒産状態にない事業が倒産処理手続をとるという状態はいかにも奇妙である。これは，また新たに鳴り物入りで設けられた事業救済手続がどこまで活用されるかという問題にかかわる。これまでしばしば倒産法の改正は，改正時点では時代に適合したものとして提案されながら，現実には，更生手続に入る事業の9割が清算に終わっているという状況があり，今回の改正も同じ轍を踏まないとも限らない。

第二に，事業救済手続における債権者委員会の構成である。フランス倒産法では，担保債権者に別除権が認められず，債権者が比較的弱い立場にあることを考慮しても，債権者委員会が，金融機関債権者の委員会と商取引債権者の委員会の二つから構成されるというのは，フランス国外の者にとっては理解しがたい。フランスにはわが国を含めた外国金融機関が支店の形態で進出しているが，各国の金融機関にとっては担保債権者委員会と一般債権者委員会の方がなじみやすいであろう。欧州連合国際倒産規則では，主たる利益の中心の所在地によって，外国の子会社の倒産手続についても親会社の所在地国の裁判所が主手続を管轄することになり，フランスではすでにデイジーテック事件[269]，ローバー事件[270]で倒産したフラン

---

(268) 2005年5月26日上院提出の財政委員会報告。http://www.senat.fr.rap/a04-355/a04-355_mono.html. を参照。

(269) CA Versailles (24e ch.) 4 septembre 2003, Klempka c/ ISA Daisytek, *D.* 2003,

フランス倒産法

ス現地法人の倒産処理手続の主手続をイギリスの裁判所に認める判決が出ているが，債権者委員会の構成がフランス固有であった場合に，問題が生じかねない。

また，根幹の問題としては，フランス倒産法の改正が政権に左右されていることである。これは倒産が雇用に直結しているためである。フランス倒産法の機能不全が指摘されるが，一つにはこのような政権によるブレが影響しているのではないかと思われる。1985年倒産法は当時の社会党ファビウス内閣時代の産物である。その後1993年3月の選挙で野党右派が勝利した。第二期目を迎えていた社会党ミッテラン大統領の下，共和国連合のバラデュールを首班とする保守派内閣が組閣され，1986年3月から1988年5月まで続いたミッテラン＝シラクの第一次保革共存に続く第二次保革共存が成立した。

すでに第一次保革共存時代に，1981年以来の社会党政権下の政策に対する見直しが行われ，モーロワ社会党政権下で実行された大企業・銀行の国有化の揺り戻しである民営化が進められ，バンク・パリバ，バンク・スエズ，ソシエテ・ジェネラル，クレディ・コメルシアル・ド・フランスなどの大銀行，サン・ゴバン，マトラなどの大企業が民営化されたが，第二次保革共存内閣の下でも，民営化が進められるとともに，社会党政権時代に雇用の維持・保護に傾きすぎた倒産法についても債権者と経営者の利益確保の観点から，一部の改正が行われた。すなわち，金融機関による手続開始後の債務者へ融資債権の優先性の確保である。

1994年の一部改正から数年を経た2003年に再び倒産法の改正が求められるにいたった。今回の改正の動きも政権の交代と無関係ではない。すなわち，ミッテランの後，1995年に共和国連合のシラクが大統領に就任したが，1997年4月に行われた選挙で右派が敗

---

comment. P. 2352, note J.-L. Vallens.

(270) TC Nanterre 19 mai 2005, *D.* 2005, Jur. p. 1789, note Damman.

北し，社会党のジョスパンを首班とする社会党内閣が組閣された。前2回とは逆の，右派の大統領の下に社会党内閣という第3次保革共存内閣であるが，ジョスパン政権は2002年5月に終焉を迎え，2002年5月には再び右派のラファラン内閣が成立し，保革共存政権というねじれ現象は解消された。ここで再び，経営者側から倒産法の改正，とりわけ倒産に伴う制裁的措置の緩和を求める意見が出されたことが今回の改正の背景である。同時に，1985年倒産法が企業の更生を目指しながら現実にはほとんどの場合，清算にいたっているという現実を踏まえて，倒産手続開始原因の緩和，すなわち支払停止要件の見直しが求められたのである。

　このようにフランス倒産法には強い政治性がうかがえるが，これは倒産法が社会経済政策の側面があることによる必然ということもできよう。わが国の倒産法制には政治性は希薄であるが，表面に現れる政治性の背後に雇用の維持か，債権者の保護か，企業経営者の活力促進か，といった政策的な判断があることはフランスと同様であろう。

事業救済に関する2005年7月27日法律番号2005-845による改正後の商法典第6部「窮境にある事業」(仮訳)

凡　例：

(1) これは正式の翻訳ではなく，仮の訳である。
(2) 用語の内包する意味が完全に一致するとは限らないため，和訳に当たって，必ずしも破産法などわが国の法律の用語をそのまま使用していない。

第1編　事業の窮境の予防と調停手続

L610-1：各県において本編の定める手続の管轄権を与えられる一ないし複数の裁判所，およびその裁判所が自己に帰属する権限を行使する管轄地域は，コンセイユ・デタのデクレが定める。

第1章　公認予防協会と調停手続

L611-1：商事と会社の登記，手工業者名簿に登録されたすべての者および私法上の法人は，各州における国家の代表の命令により公認される予防協会に加盟することができる。
この協会は，会員に，コンフィデンシャルな方法で，会員が定期的に提供することを約した経済的，会計的，資金的情報の分析を行う。
協会が窮境の兆候に気づいたときは，協会は事業主にその旨を通知

し，専門家の関与を勧める。

国家の代表の注意の下，担当行政機関は，公認予防協会に協力する。フランス銀行の担当部署も，協定の条項に従い，会員の事業の資金状態についてのアドバイスを求められる。公認予防協会は地方公共団体の援助を受けることができる。

公認予防協会は，金融機関・保険会社等と会員の利益となる協定を結ぶことができる。

L611-2：
Ⅰ：証書，書類，手続から，商事会社，経済利益団体または個人的，商事的，職人的事業が経営の継続を危うくする窮境を知ったときは，その経営者は，状況の改善の手段を検討するため，裁判所に呼び出される。

この面談に続き，または経営者が呼出しに応じなければ，裁判所は，法律上または規則上の反対の規定にかかわらず，監査役，個々の従業員またはその代表，公的行政機関，社会保険局および銀行リスク・支払事故集中センターから，債務者の経済・資金状況について正確な知識を得られる情報を得ることができる。

Ⅱ：商事会社の経営者が，適用の条文の定める期間内に年次計算書類を提出しないときは，裁判所は，アストラント（罰金強制）の可能性の下，当該経営者に遅滞なく提出するよう命じることができる。この命令がコンセイユ・デタのデクレの定める期間内に守らなければ，裁判所は，Ⅰの第2項の規定を適用することができる。

L611-3：商事裁判所または大審裁判所は，事業の代表者の請求により，裁判所がその任務を定める特別受任者を選任することができる。

L611-4：商事的，または職人的事業を営む者で，明らかな，また

は予想される，法的・経済的・資金的な窮境にあり，45日以上の支払停止の状態にない者に認められる，商事裁判所における調停手続を設ける。

L611-5：調停手続は，同じ条件に従い，私法上の法人と法令上の資格を要する，またはその資格が保護される自由職を含む独立職を営む者に適用される。本条の適用について，大審裁判所は管轄権があり，商事裁判所に与えられたと同じ権限を与えられる。
調停手続は，農事法典L351-1条からL351-7条に定められた手続を認められた農業経営者に適用されない。

L611-6：裁判所は，経済的，労働関係および資金的な状況，資金調達の必要性および，場合によっては，その手段を開示する債務者の請求により係属する。
L611-2条Ⅰの第2項により与えられた権限のほか，裁判所はその選択により専門家に債務者の経営的，労働関係と資金的な状況について報告の作成を命じ，法律上または規則上の反対の規定にかかわらず，銀行と金融機関から債務者の経済的，資金的状況について正確な知識を得られる情報を得ることができる。
調停手続は，裁判所によって開始され，裁判所は4ヶ月を超えないが，調停人の請求によって，相当の理由を付した決定により1ヶ月延長することができる期間の任期で，調停人を選任する。債務者と債権者は選任される調停人を裁判所に推薦することができる。債務者は裁判所によって選任される調停人を提案することができる。この期間の満了時に，調停人の任務と手続は，終了する。
調停手続開始の決定については，上訴することができない。この決定は検事局に通知される。債務者が法令上の資格を要する，またはその資格が保護される自由職を含む独立職を営むときは，この決定は職業団体，または，場合によって担当当局にも通知される。

債務者は，コンセイユ・デタのデクレの定める条件および期間に従い，調停人を忌避することができる。

L611-7：調停人は，債務者と主たる債権者，および場合によって，経常的な契約相手方と，事業の窮境を終了させるための和解的合意の締結を促進することを任務とする。また，調停人は，事業の救済，経済活動の遂行，雇用の維持に関係した提案を提示することができる。

調停人は，このために債務者からすべての有益な情報を入手することができる。裁判所は，その所有する情報，場合によってL611-6条第2項にいう専門家の結論を調停人に通知する。

財務行政機関，社会保険局，労働法典L351-3条以下にいう失業保険制度運営機関および社会保険法典第9編の規定する機関は，本法典L626-6条の定める条件に従い，債務の減免に応じることができる。

調停人は，その任務の進展状況を裁判所に報告し，債務者の注意・配慮について有益な事項について意見を述べる。

手続の進行中，債務者が債権者の一人によって追及されたならば，本手続を開始した裁判所は，債務者の請求により，また調停人の教示を受けて，民法典1244-1条から1244-3条を適用することができる。

合意に達することが不可能な場合，調停人は遅滞なく裁判所に報告を提出する。裁判所は調停人の任務を終了させる。その決定は債務者に通知される。

L611-8：
Ⅰ：裁判所は，当事者の共同の請求により，合意を確認し，これに執行力を付与する。裁判所は，合意の締結の時点で債務者は支払停止状態になかった旨，または合意の締結がその状態を終了させた旨

を証する債務者の誓約付きの宣言書を見て，決定する。合意を確認する決定は公表されず，上訴することはできない。これは調停手続を終了させる。
Ⅱ：ただし，債務者の請求により，下記の条件が具備されるならば，裁判所は得られた合意を認可する。
1) 債務者が支払停止状態にないこと，または締結された合意がそれを終了させたこと
2) 合意の内容が事業の活動の継続を保障するものであること
3) 民法典1244-1条から1244-3条の適用を妨げることなく，合意が署名しなかった債権者の利益を損なっていないこと

L611-9：裁判所は，債務者，合意した債権者，企業委員会代表，またはそれがなければ地域従業員代表，調停人および検事局を評議部で審尋し，または適式に呼び出した後に，認可を決定する。債務者が法令上資格を要する，またはその資格が保護される自由職を営む者の職業団体，または場合によって担当当局は裁判所により，同じ条件に従い，審尋され，または呼び出される。
裁判所は聴取が有益と思われるその他すべての者を審尋することができる。

L611-10：和解の認可は調停手続を終了させる。
債務者が計算書類の法的監査を受けるときは，認可された合意は，監査役に伝達される。認可の裁判は書記課に提出され，すべての関係者は閲覧することができ，公告の対象となる。公告から10日間，第三者異議をうけることがある。認可を拒絶する決定は，公表の対象ではない。これは控訴の対象となる。
認可された合意は，その遂行期間中，すべての裁判上の行為，債権の支払いを受けるための動産および不動産に対する個別執行を停止させる。同じ期間，合意に記載された債権者の権利にかかわる消滅

時効または解除は中断する。共同債務者，個人保証を行った者，または独立保証を行う保証人である自然人は，認可された合意の規定を援用することができる。

認可された合意は，通貨金融法典 L131-73 条に従い，調停手続の開始以前に振り出された小切手の拒絶の時点で生じた小切手振出の禁止を解除する。

認可された合意の一方の当事者の請求により，裁判所は，この合意による義務の不履行を確認するならば，合意の解除と合意された支払猶予の失効を宣告する。

L611-11：救済，その後の裁判上の更生または清算手続の開始の場合，L611-8 条Ⅱにいう認可された整理案において，事業の活動の遂行を確保する観点から，債務者に新たな資金を供与する者は，この供与額について，L622-17 条Ⅱと L641-13 条Ⅱの順位に従い，調停手続開始前に生じたすべての債権に優先して，支払われる。同じ条件に従い，認可された整理案において，事業の活動の遂行を確保する観点から，財またはサービスの納入者は，調停手続開始前に生じたすべての債権に優先して，財またはサービスの対価を支払われる。

この規定は，増資の枠内で債務者の株主または社員が供与した資金には適用されない。

整理案に署名した債権者は，調停手続の開始前の供与の名義で，この規定を直接または間接に享受することはできない。

L611-12：救済，裁判上の更生または裁判上の清算手続の開始は，L611-8 条を適用して確認または認可された合意を終了させる。この場合，債権者は，L611-11 条の規定を妨げることなく，受領した金額を差し引いたうえで債権と担保の全額を回復する。

L611-13：特別受任者，または調停人の任務は，過去24ヶ月間に，当該債務者，当該債務者のすべての債権者，またはL233-16条にいう債務者をコントロールする者またはコントロールされる者から，同一の債務者または同一の債権者のための特別受任，和解的整理の任務または実現された調停の報酬である場合を除き，いかなる名目であれ，報酬または支払いを直接的または間接的に受領した者によって行われてはならない。選任された者は，受諾に当たり，この禁止に反しないことを誓約しなければならない。

特別受任者または調停人の任務は，商事裁判官または商事裁判官退官後5年以内の者に委ねることはできない。

L611-14：債務者の合意を得て，裁判所は，選任に当たって，任務の実行に必要なディリジャンスに応じて，特別受任者，調停人，または場合によって専門家の報酬条件を決定する。報酬は任務の後，裁判所のオルドナンスによって決める。

この決定に対する上訴は，コンセイユ・デタのデクレの定める期間内に，控訴院に提起される。

L611-15：調停手続または特別受任に呼び出される者，または任務上，それを知ることのできる者は，守秘義務を負う。

第2章　経済活動を行う非商人の私法上の法人

L612-1：経済活動を行う非商人の私法上の法人で，被用者数，税を控除した売上額または貸借対照表の資本または総資産のうち，二つがコンセイユ・デタのデクレが定める限度を超える者は，毎年，貸借対照表，損益計算書と付属書類を作成しなければらない。書類の作成要領はデクレが定める。

この法人は，少なくとも1名の監査役と1名の補欠を選任しなけれ

ばならない。

商事の形態をとらない農業組合,農業共同利益会社については,登録された監査役を選任しないときは,この義務は農事法典L527-1条の規定に従って公認された機関のサービスに依存することによって果たされる。この規定の適用条件は,コンセイユ・デタのデクレが定める。

L242-8条の制裁は,本条第1項にいう法人の経営者であって,毎年,貸借対照表,損益計算書,付属書類を作成しない者に適用される。

第1項にいう限度に達しない場合も,経済活動を行う非商人の私法上の法人は,第2項にいう条件に従い,1名の監査役と1名の補欠を選任することができる。この場合,監査役と補欠は,第1項を適用し選任された場合と同じ義務を負い,同じ民事・刑事責任を負担し,同じ権限を有する。

L612-2：経済活動を行う非商人の私法上の法人で,被用者数,税を控除した売上額または貸借対照表の資本または総資産のいずれかがコンセイユ・デタのデクレが定める限度を超える者は,流動資産,簿外資産,支払期日到来債務の状況と損益予想,資金表,資金計画表を作成しなければならない。

これらの書類の作成頻度,猶予期間,要領はデクレが定める。

これらの書類は,経営機関が作成する法人の報告書において分析される。これらの書類と報告は,監査役,企業委員会,またはそれがなければ地域従業員代表および,監督機関があればそれに同時に通知される。

前項の規定に反する場合,または前項の規定にいう報告において与えられた情報がその遵守を求めるならば,監査役は経営機関または幹部に通知する書面報告の中でこの旨を指摘する。この報告は,企業委員会,またはそれがなければ地域従業員代表に通知される。経

営機関の次回の会議にこの報告は提示される。

L612-3：L612-1条とL612-4条にいう法人の監査役が，その任務の遂行において，法人の運営の継続を危うくする事実を知ったときは，コンセイユ・デタのデクレの定める条件に従い，法人の経営者に通知する。

コンセイユ・デタのデクレが定める期間内に回答がない場合，または回答が運営の継続を保障できない場合，監査役は書面により，指摘された事実について法人の決議機構に議題として提出するように経営者に求め，その写しを大審裁判所に送付する。監査役はこの会議に召集される。決議機構の決議は，企業委員会，またはそれがなければ地域従業員代表と大審裁判所に通知される。

この規定が遵守されない場合，または決議にかかわらず，監査役が運営の継続が危ういと判断する場合，コンセイユ・デタのデクレの定める条件と期間に従い，株主総会が招集される。監査役は，総会に提出される特別報告を作成する。この報告は企業委員会，またはそれがなければ地域従業員代表に通知される。

株主総会に続いて，決議された決定は運営の継続を保障しないと監査役が確認するならば，監査役は裁判所にその処置を通知し，結果を通知する。

本条の規定は，調停または救済手続がL611-6条とL620-1条を適用して，経営者によって行われるときは適用されない。

L612-4：2000年4月12日法第1条の意味で行政当局から，または商工業公的機関から，デクレの定める限度を越える金額の補助金を毎年，受けているすべての団体は，デクレの定める手段により，貸借対照表，損益計算書，付属書類を作成しなければらない。この団体は，コンセイユ・デタのデクレの定める条件に従い，年次会計書類と監査役報告の公告を保障しなければならない。

これらの団体は，少なくとも1名の監査役と1名の補欠を選任しなければならない。

L612-5：経済活動を行う非商人の私法上の法人，またはL612-4条にいう団体の法的代表，または監査役がいる場合，監査役は，決議機構，または決議機構がない場合には，構成員への通知書類に添付して，直接にまたは仲介者を通じて，法人とその理事または法人の受任者の役割を担う者との間で締結された契約について報告する。当該法人と無限責任社員，経営者，取締役，執行役員，董事会構成員または10％以上の株式を有する株主が，同時に取締役を務め，または当該法人の法人受任者の職にある会社との間に締結された契約についても同様とする。

決議機構はこの報告について決議する。

コンセイユ・デタのデクレは，報告の作成条件を定める。

承認されなかった契約であっても，効果を生ずる。この契約から生じた，法人を害する結果は，独立して，または場合によって連帯して，取締役または法人受任者の職にある者によって負担される。

本条の規定は，その目的または資金的意義において，当事者のいずれにとっても重大でない通常の条件で結ばれた契約には適用しない。

第2編　事業救済

L620-1：L620-2条にいう債務者で，支払の停止にいたるおそれがあり，克服できない窮境にある者の請求により開始する事業救済の手続を設ける。この手続は経済活動の継続，雇用の維持と債務の履行のために事業の再建を促すことを目的とする。

救済手続は，観察期間および，場合によってL626-29条とL626-30条の規定に従って構成される二つの債権者委員会に続いて，裁判に

よって定める計画を作成する。

L620-2：救済手続は、すべての商人、手工業者名簿に登録されたすべての者、すべての農業経営者、その他法令上の資格を要する、またはその資格が保護される自由職を含む独立職を営む者および私法上の法人に適用される。

本手続の計画の実行が終了せず、または清算手続が終了していなければ、この手続または裁判上の更生または裁判上の清算手続に従う者に対して、救済手続は開始されない。

第1章　手続開始決定

L621-1：裁判所は、債務者、企業委員会代表、またはそれがなければ地域従業員代表を評議部で審尋し、または適式に呼び出した後に、手続の開始を決定する。裁判所は、審尋することが有益なその他の者を審尋することができる。

さらに、債務者が法令上資格を要する、またはその資格が保護される自由職を営むとき、裁判所は、同様の条件に従い、職業団体、または場合によって担当当局を審尋し、または適式に呼び出した後に、決定する。

裁判所は、決定する前に、裁判官の一人に事業の資金的、経済的、労働関係の情報の収集を委ねることができる。この裁判官は、L623-2条の規定を適用することができる。裁判官は、その選択により、専門家の補佐を受けることができる。

過去18ヶ月以内に、特別受任または調停手続を受けた債務者に対する救済手続の開始は、検事局の同席の下で審理されなければならない。

この場合，L611-15条の規定にかかわらず、裁判所は職権で、または検事局による請求により、特別受任または調停に関する資料・証

書を入手することができる。

L621-2：管轄裁判所は，債務者が商人または手工業者名簿に登録されている者の場合は，商事裁判所である。それ以外の場合は大審裁判所である。

開始された手続は，債務者の財産または虚偽の性格の法人の財産との混同の場合，一ないし複数の他の者に拡張される。これは当初の手続を開始した裁判所が管轄する。

L621-3：決定は，最長6ヶ月の観察期間を開始し，管理人，債務者または検事局の請求により，相当の理由を付した決定により1回延長することができる。観察期間は，さらにコンセイユ・デタのデクレの定める期間，裁判所の理由を付した決定により，検事局の請求により例外的に延長することができる。

農業経営であるときは，裁判所は観察期間を農業の年次作業，固有の慣習に応じて延長することができる。

L621-4：開始決定において，裁判所は，L621-9条に機能が規定された主任官を選任する。必要な場合，裁判所は複数選任することができる。

裁判所は，企業委員会，またはそれがなければ地域従業員代表に，事業の被用者の中から代表の選任を求める。企業委員会と地域従業員代表がない場合，被用者は代表者を選び，代表者が本章の規定により，その者に与えられる機能を果たす。被用者の代表者の選任または選出方法は，コンセイユ・デタのデクレが定める。被用者の代表が選任または選出されない場合，不在の議事録が事業主により作成される。

同じ開始決定において，裁判所が一ないし複数の専門家を選任し，その任務を定めることを妨げることなく，裁判所は，その機能をそ

れぞれL622-20条とL622-1条が規定する，法定代理人と法定管理人の二名の法定受任者を選任する。裁判所は，検事局の請求により，複数の法定代理人，法定管理人を選任することができる。L621-1条第4項にいう場合，検事局は，当該債務者の特別受任または調停手続において，特別受任者または調停人として選任されていた者を忌避することができる。

ただし，裁判所は，被用者数と税を控除した売上高がコンセイユ・デタのデクレの定める限度に達しない者について手続が開始されるとき，法定管理人を選任しなくてよい。この場合，本編7章の規定が適用される。計画の決定まで，裁判所は，債務者，法定代理人または検事局の請求により，法定管理人を選任することができる。

L622-6条にいう財産確認と値決めを行うため，裁判所は法定競売吏，執行吏，公証人または宣誓した商品仲立人を選任する。

L621-5：事業主の，または法人については経営者の親または四親等までの親族は，この規定が被用者の代表の選任を妨げる場合を除き，L621-4条のいずれの機関にも選任されない。

L621-6：被用者の代表とその選任に加わった被用者は，選挙法典L6条の罰則を受けない。被用者の代表は，18歳以上とする。
被用者の代表の選任にかかわる異議は，最終の審理裁判所の管轄である。

L621-7：裁判所は，職権で，または主任官の提案により，あるいは検事局の請求により，管理人，専門家，法定代理人を解任することができる。

裁判所は，同じ条件に従い，すでに選任された者に，一ないし複数の管理人または法定代理人を加えることができる。管理人，法定代理人または監査委員に選任された債権者は，この旨を裁判所に申し

立てるように主任官に求めることができる。

債務者が法令上資格を要する，またはその資格が保護される自由職を営むとき，職業団体または場合によって担当当局は，この旨を裁判所に申し立てるように検事局に求めることができる。

債務者は，主任官に管理人または専門家の交替を裁判所に申し立てるように求めることができる。同じ条件に従い，債権者は，法定受任者の交替を求めることができる。

企業委員会，またはそれがなければ地域従業員代表，それがなければ事業の被用者のみが被用者の代表者の交替を行うことができる。

L621-8：管理人と債権者代表は，手続の進行について主任官と検事局に報告する。これらはいつでも手続に関係のあるすべての証書・書類を求めることができる。

検事局は，法律上または規則上の反対の規定にかかわらず，主任官の請求により，または職権で，保有している情報で，手続に有意なものを提供する。

L621-9：主任官は，手続の迅速な進行と関係者の利益の保護を監督する。

技師の選任が必要なときは，L621-4条にいう裁判所の一ないし複数の専門家を選任する権限を妨げることなく，主任官のみがその手続をとることができ，その任務を主任官が定める。技師の報酬条件は，コンセイユ・デタのデクレが定める。

L621-10：主任官は，要求する債権者の中から，1ないし5人の監査委員を選任する。複数の監査委員を選任するときは，そのうち少なくとも1名は担保債権者，他の1名は一般債権者から選任する。事業主の，または，法人については経営者の親または四親等までの親族，債務者法人の資本の全額または一部を直接または間接に保有

する者，または資本の全額または一部が債務者法人に所有されている者は，監査委員には選任されず，または監査委員として選任される法人の代表者になることはできない。

債務者が法令上資格を要する，またはその資格が保護される自由職を営むとき，職業団体または場合によって担当当局は自動的に監査委員となる。この場合，主任官は，4名を超える監査委員を選任できない。

監査委員の責任は，重過失がある場合のみ問われる。監査委員は，被用者の一人または検事によって代表することができる。監査委員に選任された債権者は，検事局の請求により，裁判所によって解任されることがある。

L621-11：監査委員は，法定代理人の任務の遂行にあたって法定受任者を，主任官の事業管理の監督の任務の遂行にあたって主任官を，補佐する。監査委員は，管理人と法定代理人に提出されたすべての書類を閲覧することができる。監査委員は，守秘義務を負う。監査委員は，無報酬である。

L621-12：手続の開始後，債務者が開始決定の時点ですでに支払停止の状態にあったことが明らかであれば，裁判所はこの旨を確認し，L631-8条第2項にいう条件に従い，支払停止日を定める。裁判所は，救済手続を裁判上の更生手続に移行する。必要があれば，残存の観察期間を延長することができる。

裁判所は，管理人と法定代理人または検事局の請求により，係属する。また，裁判所は職権で係属することができる。裁判所は，債務者を審尋し，または適式に呼び出した後に宣告する。

第2章　観察期間中の事業

L622-1：
Ⅰ：事業の管理は，その経営者が行う。
Ⅱ：裁判所が，L621-4条を適用して，一ないし複数の管理人を選任したときは，裁判所は管理人全員にまたは別々に，債務者の経営を監督し，または経営行為のすべてまたはその一部を支援する任務を与える。
Ⅲ：その任務において，管理人は事業主の負う法律上および契約上の義務を負う。
Ⅳ：いつでも裁判所は，管理人，法定代理人または検事局の請求により，管理人の任務を変更することができる。
Ⅴ：管理人は，債務者が小切手に関する法を統合した1935年10月30日デクレ65-2条，68条第3項にいう禁止の対象であるならば，債務者名義の銀行口座または郵便口座をその署名で操作することができる。

L622-2：債務者の監査役は，管理人の選任以降，債務者名義の銀行口座または郵便口座の操作に関する情報の通知について，法定管理人の監査役の求めに対して，守秘義務をもって対抗することはできない。

L622-3：債務者は，その財産について管理処分権を有し，管理人の任務に含まれない権利と訴権を引き続き行使する。
さらに，L622-7条とL622-11条の規定の留保の下，債務者の行う経常的な経営行為は，善意の第三者に対して有効である。

L622-4：管理人は，就任したときから，債務者に対する事業の権

利の保全と生産能力の維持に必要な行為を事業主が行うように求め，または場合によっては，自ら行わねばならない。

管理人は，事業主が設定または更改を怠った事業の名義の抵当権，質権，動産質または先取特権の登記を行うことができる。

L622-5：開始決定後ただちに，第三者である保有者は，検証のため，資料と計算書類を管理人，これがない場合には債権者代表に引き渡さなければならない。

L622-6：開始決定後ただちに，債務者の財産確認，債務者の財産の値決めおよび担保の確認行う。財産確認は，管理人と法定代理人に引き渡され，債務者によって第三者が取り戻す可能性のある財産を付記される。

債務者は，管理人と法定代理人に，債権者，債務金額，進行中の主たる契約のリストを提出する。債務者は，自身が当事者となっている係属中の裁判を通知する。

管理人，または管理人が選任されない場合，法定代理人は，法律上または規則上の反対の規定にかかわらず，公的行政機関，社会保険局，金融機関および銀行リスク・支払事故集中センターから，債務者の財産状況に関する正確な知識を得られる情報を得ることができる。

債務者が法令上資格を要する，またはその資格が保護される自由職を営むとき，財産確認は，職業団体または担当当局の同席の下で行われる。いかなる場合も財産確認は，債務者が服する守秘義務を損なってはならない。

財産確認を行わないことは，取戻権または返還請求権の行使を妨げない。

コンセイユ・デタのデクレが本条の適用条件を定める。

L622-7：手続開始決定は，牽連性のある債権の相殺を除き，開始決定後に生じた債権の支払いを一切禁ずる。開始決定は，また，自然人である債務者の日常生活の必需品に関連した債権と扶養債権を除き，L622-17条Ⅰに掲げられていない，開始決定後に生じた債権の支払いを禁ずる。

主任官は，事業主または管理人に，事業の経常的な運営に関係のない処分，抵当権の設定，示談・和解を許可することができる。

主任官は，質権または法定留置権の消滅が事業活動の遂行に有益であるならば，質権または留置権の目的物について，開始決定に先立つ債権の支払いを許可することができる。

本条の規定に反するすべての行為または支払いは，行為または債権支払いから3年間に関係者または検事局の請求により取り消される。行為が公告対象であるときは，期間は当該日から開始する。

L622-8：特別の先取特権，担保権，抵当権が設定された財の売却の場合，被担保債権相当額は，国立貯蓄供託金庫に払い込まれる。計画の認可の後，担保権者または優先権者が計画に従う場合，担保権者または優先権者は，それらの優先順序に応じて，L626-22条に従って支払われる。

主任官は，財の上に担保権を有する債権者に対する，債権の全額または一部の仮払いを命じることができる。主任官の相当の理由を付した決定がある場合を除き，あるいは国庫または社会保険局ないし相当の機構が介入するときは，この仮払いは金融機関の保証の提出を条件とする。

債務者または管理人は，保証を同等の保証に差し替えることを債権者に求めることができる。合意できない場合，主任官は，差替えを命じることができる。このオルドナンスに対する上訴は控訴院に行われる。

L622-9：事業活動は，L622-10条からL622-16条の留保の下，観察期間中も遂行される。

L622-10：観察期間中いつでも，裁判所は，債務者，管理人，法定代理人，監査委員または検事局の請求により，または職権で，事業活動の一部の停止を命じることができる。
同じ条件に従い，裁判所は，L631-1条の条件を充たすならば，手続を裁判上の更生へ移行し，L640-1条の条件を充たすならば，裁判上の清算を宣告する。
裁判所は，債務者，管理人，法定代理人，監査委員，企業委員会代表，またはそれがなければ地域従業員代表を審尋し，または適式に呼び出し，検事局の意見を徴した後に，決定する。
裁判所が救済手続を裁判上の更生手続に移行するときは，裁判所は，必要があれば，残る観察期間を延長することができる。

L622-11：裁判所が清算を宣告するときは，裁判所は，観察期間とL641-10条の範囲内で管理人の任務を終了させる。

L622-12：手続の開始を正当化する窮境が消滅したときは，裁判所は，債務者の請求により終了させる。L622-10条第3項にいう条件に従い，決定する。

L622-13：管理人のみが債務者の契約相手に契約の履行を要求する権限を有する。管理人に催告したが1ヶ月の間，回答がない場合，契約は解除される。この期間の満了前に，主任官は管理人に短い期間を認め，または2ヶ月を超えない範囲で長い期間を設けることができる。
提供するものが金銭の支払いであるとき，債務者の契約相手方が支払猶予を受諾するときを除き，支払いは現金で行わなければならな

い。保有している将来見込みの書類を見て、管理人は、履行が求められる時に必要な資金の存在を確認する。分割実行または分割弁済の契約であれば、以後の債務の履行に必要な資金を欠くなら、管理人は終了させる。

前項の条件に従った支払いがなく、かつ契約相手方が契約関係の継続に合意しない場合、契約は解除され、検事局、管理人、債権者代表または監査委員は、観察期間の終了の請求をすることができる。

契約相手方は、債務者の開始決定前の契約上の債務の不履行にかかわらず、債務を履行しなければならない。債務者の債務不履行は、債権届けにおいて債権者の利益となる。

管理人が第2項の条件に従い、契約の履行または終了の権限を使わないならば、不履行は損害と利息賠償請求権を生じ、その金額は契約相手方の利益として債務者の負債となる。契約相手方は、損害と利息額が決定されるまで、契約の履行で債務者が超過して支払った額の返還を繰り延べることができる。

法律上または規則上の反対の規定にかかわらず、救済手続の開始の事実のみによっては、契約の不可分性、解除は生じない。

本条の規定は労働契約には適用しない。

L622-14：債務者に賃借権を与え、事業の活動に充てられる不動産賃貸借の解除は、以下の場合に、確認されるか、宣告される。

1） 管理人が、賃貸借を継続しないことを決定し、賃貸借契約を解除するとき。この場合、解除はその申し出の日に効果を生じる。

2） 賃貸人が解除を請求し、または開始決定以後の占有による賃借料と費用の支払いがないことによる賃貸借の解除を確認させるときは、賃貸人は当該決定から3ヶ月の期間内に行わなければならない。

支払うべき金額がこの期間満了前に支払われたならば、解除されない。

すべての反対の条項にかかわらず，観察期間中，事業が賃借した一ないし複数の不動産を使用しないことは，賃貸借の解除を生じない。

L622-15：賃貸借の譲渡の場合，譲渡人に譲受人との連帯を命じる規定はその定めがないものとする。

L622-16：救済手続の場合，賃貸人は開始決定前の最後の2年分の賃料についてのみ先取特権を有する。
賃貸借が解除されたならば，賃貸人はさらに賃貸借の履行と裁判所が認める損害と利息について，当該年の分について先取特権を有する。
賃貸借が解除されなければ，賃貸人は契約の際に渡された保証金があるとき，または開始決定以降に提供された保証金が充分なときは，満了期間の賃料の支払いを請求することはできない。
賃借物件に備えられた動産の経年劣化または明らかな損傷があり，または維持コストが割高であり，あるいはそれを処分することが，保証金があること，または賃貸人に充分な保証があることに問題がないならば，主任官は，債務者，または場合によって管理人に，その売却を認めることができる。

L622-17：
Ⅰ：開始決定後に，手続または観察期間の進行の必要のため，または債務者の活動のためにこの期間中に提供されたものの対価として適正に生じた債権は，その期日に支払われる。
Ⅱ：この債権が期日に支払われないとき，これらの債権は労働法典のL143-10条，L143-11条，L742-6条，L751-15条にいう先取特権によって担保されたものと本法典L611-11条にいう優先権のある債権を除き，優先権と担保の有無にかかわらず，すべての他の債権に優先して支払われる。

Ⅲ：その支払いは次の順序で行なわれる。

1）　労働法典 L143-11-1条から L143-11-3条を適用して前払いされなかった金額の給与債権

2）　裁判費用

3）　融資および L622-13条の規定に従って継続した契約の履行の結果としての債権で，契約相手方が延払いを認めたもの。これらの融資と延払いは，観察期間中の活動の遂行に必要な限度で主任官が認め，公告の対象となる。適正に遂行された契約の解除の場合，補償金と罰金は本条の適用を受けない。

4）　労働法典 L143-11-1条第3号を適用して前払いされた金額

5）　その他の債権は順序に従う。

Ⅳ：不払いの債権は，法定代理人と，管理人が選任されたとき管理人が承知していなければ，これらの機関が計画の履行監督または清算人の機能を停止したとき，観察期間の終了から1年で本条が与える優先権を失う。

L622-18：管理人または債権者代表が受領し，事業の遂行のため，債務者の銀行口座または郵便口座に入金されない金銭は，ただちに国立貯蓄供託金庫に払い込まなければならない。

遅滞した場合，管理人または債権者代表は，払わなかった金額について，法定利率に5ポイントを加算した利率で利息を支払わなければならない。

L622-19：労働法典 L143-11-4条にいう団体によって，同法典 L143-11-1条から L143-11-3条を適用して支払われた金額は，税務当局へ報告される。

L622-20：裁判所により選任された法定代理人は，債権者の名とその包括的利益において行為する唯一の権限を有する。ただし，法定

代理人がいない場合，監査委員に選任されたすべての債権者は，コンセイユ・デタのデクレの定める条件に従い，このために行為する。法定代理人は，手続中いつでも監査委員によってもたらされた指摘事項を主任官と検事局に通知する。

代理人，これがいないとき監査委員に選任された一ないし複数の債権者が提起した訴訟によって回収された金銭は，債務者の財産に入り，事業の継続の場合には，債務の履行に従った方法で充当される。

L622-21：
Ⅰ：開始決定は，その債権がL622-17条Ⅰに掲げられていないすべての債権者による，下記の裁判上の行為を禁じ，停止させる。
1）　債務者に対し金銭の支払いを命じるもの
2）　金銭支払いがないことによる契約の解除
Ⅱ：開始決定は，また，債権者による動産と不動産上のすべての執行を停止させ，禁じる。
Ⅲ：したがって，消滅時効は中断する。

L622-22：L625-3条の規定の留保の下，係属中の裁判は，債権者が債権届けを行うまで，中断する。債権者代表，場合によって管理人，またはL626-25条を適用して選任された計画遂行監督員が届出債権とその金額への異議について適式に呼び出されて，裁判はその時点で債権異議と金額確定について再開される。

L622-23：L622-21条にいう以外の裁判手続，執行手続は，管理人と債権者代表が参加し，またはこれらのイニシアティブにより承継され，観察期間中，債務者に対して係属する。

L622-24：開始決定の公表以降，その債権が開始決定前に生じたすべての債権者は，被用者を除き，債権者代表に債権を届け出る。担

保付債権の債権者，または債務者との契約が公告された債権者は，個別に，または選定住所があればそこに，催告される。これらについて，届出期間は，この通知の日から開始する。

債権届けは，債権者，その被用者またはその代理人によって行われる。

債権届けは，証書によらないものも行うことができる。金額がまだ確定していない債権は，評価額によって行う。国庫と社会保険の債権および労働法典L351-21条にいう機関の債権で，届出の時点では執行名義の対象でないものは，届出金額で暫定的に認められる。いずれにおいても，国庫と社会保険の届出は，租税と届出の日に確定しない他の債権の留保の下，行われる。係属中の裁判上または行政上の手続の留保の下，これらの確定は，時効のために，L624-1条の期間内に行われなければならない。

労働法典L143-11-4条にいう機関は，開始決定の前に生じた債権について，所定の条件に従い，前払いされ，償還された金額について，本条の規定に従う。

L622-17条Ⅰにいう債権以外の，開始決定以降に適正に生じた債権と扶養債権は，本条の規定に従う。期間は，債権の支払期日から開始する。ただし，その債権が継続的給付の契約から生じる債権者は，コンセイユ・デタのデクレの定める条件に従い，支払われるべき金額全額を届け出る。

刑事違反から生じる債権の付帯私訴の届出の期間は，金額を定める確定的決定の日から開始する。

L622-25：届出には，開始決定の日に支払われるべき金額，満期の金額と期日を記す。債権に優先権または担保がある場合には，その旨を記す。

外貨建ての債権のときは，ユーロへの換算は開始決定日の相場による。

執行名義から生じた場合を除き，届出債権は債権者によって真正であるとされなければならない。債権届出上に監査役，またはこれがなければ会計士の認証が主任官によって求められることがある。認証の拒絶には，理由がなければならない。

L622-26：コンセイユ・デタのデクレの定める期間内に届出がない場合，L622-6条2項にいうリストの作成のときに，その不履行が債権者によるものではないこと，または債務者の意図的な脱漏によるものであることが立証され，主任官が債権の失権を解除しない限り，債権者は配当に与ることはできない。この場合，その要求以降の配当に与る。

失権の解除の訴えは，6ヶ月以内に行わなければならない。この期間は，開始決定の公表，または労働法典L143-11-4条にいう機関については，労働債権がこの機関によって保証されている期間の満了から開始する。例外として，期間は，前述の6ヶ月の期間の満了前に債権の存在を知ることのできない立場にある債権者については，1年とする。

L622-27：L625-1条にいう債権以外の債権の全部または一部について争いがあるならば，債権者代表は，説明するように当該債権者に通知する。30日以内に回答がない場合には法定代理人の通知後の異議は禁じられる。

L622-28：期間1年以上の貸付契約，または1年以上の延払いの契約から生じるものでない限り，開始決定は，法定と契約上の利息および遅延利息の発生を停止する。自然人の保証人，共同債務者または独立保証を供した者は，本条の規定を援用することができる。

開始決定は，計画認可または清算宣告の決定まで，自然人である共同債務者または個人保証，独立保証を供した者に対する訴えを停止

する。

保証の受益者である債権者は，保全手続をとることができる。

L622-29：開始決定は，決定日に期日が未到来の債権を現在化しない。これに反する規定はすべて無効である。

L622-30：抵当権，担保，先取特権は，開始決定以降，登記することはできない。証書に確定日付があるか，開始決定前にこの決定が執行可能でない限り，実体的権利の譲渡および成立証書と裁判上の決定についても同様である。

ただし，国庫は，L622-22条の条件に従って届け出られるならば，開始決定日において登記されていない債権とこの日以降に回収される債権について先取特権を有する。

フォン・ド・コメルスの売り手は，第1項の規定にかかわらず，先取特権を登記することができる。

L622-31：救済手続に従う，二ないし複数の共同債務者によって引き受けられ，裏書され，または連帯保証された債務を有する債権者は，それぞれの手続において，その権限の額面額で債権を届け出ることができる。

L622-32：各手続において支払われた金額の総計が，元本と利息合計の債権全額を超えない限り，救済手続に従う共同債務者はいかなる上訴も行うことができない。この場合，この超過額は，債務の順序に従い，他者を保証人とする共同債務者に帰属する。

L622-33：救済手続に従う債務者と他の共同債務者が連帯的に引き受けた債務を有する債権者が，開始決定前に債権について仮配当を受けたならば，当該債権者は仮配当を差し引いた額で債権届けを行

い，残額については，共同債務者または保証人に対して権利を維持する。

一部を支払った共同債務者または保証人は，債務者の弁済として支払った金額について，債権を届け出ることができる。

第3章　経営関係・労働関係・環境調査書の作成

L623-1：管理人は，債務者の協力，および，場合によって一ないし複数の専門家の補佐を得て，事業の経営関係・労働関係調査書を作成する。

経営関係・労働関係調査書では，事業の窮境の原因，深刻さの程度，性質を明らかにする。

事業が環境法典第5部第1編にいう一ないし複数の分類設備を運営している場合，経営関係・労働関係調査書は，コンセイユ・デタのデクレが定める条件に従い，管理人が行う環境評価を含む。

この評価を見て，L622-10条の規定の適用を妨げることなく，管理人は救済計画を提案する。

L623-2：法律上または規則上の反対の規定にかかわらず，主任官は，監査役，会計士，従業員またはその代表，公的行政機関，社会保険局，金融機関および銀行リスク・支払事故集中センターから，債務者の経済的，資金的，労働関係および財産に関する状況について正確な知識を得られる情報を得ることができる。

L623-3：管理人は，主任官からその任務遂行に有意な情報および専門家の情報を受ける。

本法典L611-8条または農事法典L351-6条にいう認可された和解的合意を得た事業について救済手続が開始されたときは，管理人はL611-6条にいう専門家の報告，または場合によって農事法典L351-

3条とL351-6条にいう専門家報告と報告書を受取る。

管理人は，法定代理人と協議し，事業の更生，債務の整理の方法，活動の継続の会社の条件について情報を有する者から聴取する。管理人は債務者に通知し，その意見と提案を受ける。

管理人は，法定代理人と企業委員会，またはそれがなければ地域従業員代表に，作業の進展を通知する。管理人は，受領した情報とオファーを踏まえて，これらの者および債務者と提案すべき方法について協議する。

債務者が法令上の資格を要する，またはその資格が保護される自由職を含む独立職を営む者であるときは，管理人は職業団体または監督機関と協議する。

第4章 債務者の財産の決定

第1節 債権調査と認否

L624-1：裁判所が設定した期間内に，債権者代表は債務者の意見を徴して，届け出られた債権者表とその認否または管轄裁判所への移送の案を作成する。債権者代表は，この一覧を主任官に送る。

債権者代表は，L622-24条の最終の2項を適用して，この期間後に届けられた債権を除き，前記の期間内に作成された債権者表にない届出債権について，報酬を受けることはできない。

L624-2：債権者代表の提案を見て，主任官は，債権の認否を決定し，または裁判の係属を確認し，または異議がその管轄ではないことを確認する。

L624-3：本節を適用した主任官の決定に対する上訴は，債権者，債務者または債権者代表について認められる。

ただし，債権の全額または一部に争いのある債権者で，L622-27条にいう期間内に債権者代表に回答しなかった者は，主任官の決定が債権者代表の提案を確認するものであるときは，主任官の決定に対して上訴することはできない。

第1項にいう上訴の条件と形式は，コンセイユ・デタのデクレが定める。

L624-4：主任官は，本節に規定された場合，債権元本が手続を開始した裁判所の終審としての管轄権を超えないときは，終審として判断する。

第2節　配偶者の権利

L624-5：救済手続に従う債務者の配偶者は，夫婦財産制規則とL624-9条にいう条件に従い，個人財産の構成物件表を作成する。

L624-6：法定代理人または管理人は，債務者の配偶者が取得した財産が債務者の提供した金銭によって取得されたものであることを証明すると，この取得されたものは債務者の資産に含まれるとして，請求することができる。

L624-7：L624-5条を適用して行う回復は，当該財に適法に設定された負債や抵当権の負担において行われる。

L624-8：婚姻の時点で，婚姻時，婚姻中，またはその後，商人，手工業者名簿に記載された者，農業経営者，または独立職を営んでいた者である債務者の配偶者は，救済手続において，婚姻契約または婚姻中に行われた特権を理由とする配偶者の一方から他方に対する訴えを起こすことはできない。一方，債権者は，配偶者の一方から他方への特権を援用することができない。

第3節　動産売主の取戻権

L624-9：動産の取戻権は，手続開始決定の公表後3ヶ月以内に行使しなければならない。
手続開始の日に進行中の契約の目的である財について，期間は解除または契約期限から開始する。

L624-10：財の所有者は，当該財にかかわる契約が公告の対象であるとき，所有権の証明を免除される。この者は，コンセイユ・デタのデクレの定める条件に従い，財の請戻しを求めることができる。

L624-11：民法典2102条第4項にいう動産の売主の先取特権と取戻権および解除請求権は，本法典のL624-12条からL624-18条の規定の範囲でのみ行使することができる。

L624-12：手続開始決定の前に，裁判上の決定，または解除条件の充足によって売買が解除された商品は，全部または一部が現物として残っているならば，取り戻すことができる。
売主によって取戻しまたは解除の訴えが，対価の不払い以外の理由で，開始決定前に提起されたときは，手続の開始決定後に，裁判所の決定によって売買の解除が宣告され，または確認されても，取戻しが認められる。

L624-13：債務者宛に発送された商品は，債務者の店舗または債務者の計算で販売する問屋への引渡しが完了していない限り，取り戻すことができる。
しかしながら，その到着前に，詐欺がなく，商品が請求書または通常の運送証券によって，転売されていたならば，行使することができない。

L624-14：債務者または債務者の計算で行う第三者に引き渡されず，または発送されていない商品は，請け戻すことができる。

L624-15：債務者のポートフォリオにある商業手形，またはその他の未払い証券で，所有者によって取立て，または特定の支払いに充てるために引き渡されたものは，取り戻すことができる。

L624-16：保管のため，または所有者の計算で販売するために債務者に預けられた商品は，現物が存在する限り，取り戻すことができる。

また，対価の全額の支払い時に所有権を移転する条件の所有権留保条項付きで販売された財が，手続の開始の時点で，現物としてあるならば，取り戻すことができる。当事者間で合意した商取引に関する書面に記載されたこの条項は，遅くとも引渡しの時点では，書面として当事者で合意していなければならない。いかなる反対の条項にかかわらず，所有権留保条項は，当事者が書面で，排除または変更しない限り，買主に対抗することができる。

現物の取戻しは，取り戻しても当該財と当該財を組み込んでいる財を損なわないときに，他の動産の財に組み込まれた動産の財についても，同じ条件に従って行うことができる。現物の取戻しは，買主の手中に同じ種類，同じ数量が存在するときは種類物の財にも行うことができる。

いずれの場合にも，主任官の決定で，対価が速やかに支払われるならば，取戻すことはできない。主任官は，また，要求する債権者の同意を得て，決済の猶予を認めることができる。対価の支払いは，この場合，L622-17条Iに掲げられた債権と同様とする。

L624-17：管理人，これがいないとき債務者は，法定代理人の同意を得て，債務者の同意をもって，本節にいう財の取戻しまたは請戻

しの要求に同意する。同意がないとき，または異議あるときは，要求は主任官の前に持ち出され，主任官は，債権者，債務者，法定受任者の意見をもとに，契約について決定する。

L624-18：L624-16条にいう財の対価で，手続開始決定の日に，支払われず，対価が決済されず，債務者と買主の間で相殺されていない財の対価またはその一部は，取り戻すことができる。

第5章　労働契約から生じる債権

第1節　債権調査

L625-1：調査後，債権者代表は，債務者を審尋し，または適式に呼び出して，労働法典 L143-11-7条にいう期間内に，労働契約から生じる債権の一覧表を作成する。債権一覧表は，L625-2条にいう条件に従い，被用者の代表者に引き渡す。主任官の認証を得て，書記課に提出され，コンセイユ・デタのデクレの定める条件に従い，公告の対象となる。

その債権の全部または一部が債権一覧表にない被用者は，前項にいう公告が行われてから2ヶ月以内に労働裁判所に失権の惧れを申し立てることができる。この被用者は，被用者の代表者に労働裁判所での補佐または代理を求めることができる。

債務者，または管理人が管理を行うときは，管理人は，強制参加する。

L625-2：労働契約から生じる債権の一覧表は，調査のため，債権者代表によってL621-4条にいう被用者の代表に引き渡される。債権者代表は，有益な書類，情報を通知しなければならない。困難があるときは，被用者の代表者は管理人に問い合わせ，または場合に

よって，主任官に求める。被用者の代表者は，労働法典 L432-7 条にいう守秘義務を負う。主任官が定める任務の遂行に費やした時間は，労働時間とみなされ，場合によって，雇用者，管理人または清算人が通常の期日に支払う。

L625-3：救済の開始決定の日に，労働裁判所で係属中の裁判は，法定代理人が同席して，または適式に呼び出して，追行する。
債権者代表は，救済手続の開始後 10 日以内に，係属裁判所と裁判の当事者である被用者に通知する。

L625-4：労働法典 L143-11-4 条にいう機関が，なんらかの理由により，労働契約から生じる債権の一覧表に記載された債権の支払いを拒絶するときは，機関は法定代理人に知らせ，法定代理人は，ただちに被用者の代表者と当該被用者に通知する。
当該被用者は，労働裁判所に紛争の解決の訴えを提起することができる。債権者代表，事業主，または管理人が管理を担当するときは管理人が強制参加する。
被用者は，被用者の代表に労働裁判所での補佐または代理を求めることができる。

L625-5：L625-1 条と L625-4 を適用して労働裁判所に提起された争いは，判定部に送られる。

L625-6：主任官が認証した，労働契約から生じる債権の一覧と労働裁判所の審判は，書記課に提出される債権表に記される。すべての関係者は，L625-1 条から L625-4 条にいう者を除き，コンセイユ・デタのデクレの定める条件に従い，異議，第三者異議を述べることができる。

第2節　被用者の先取特権

L625-7：救済手続の開始の場合，以下の労働契約から生じる債権は，保証される。
1）　労働法典L143-10条，L143-11条，L742-6条とL751-15条にいう原因と金額については，これらの条項の先取特権によって生じる債権
2）　民法典2101条第4号と2104条第2号の先取特権によって生じる債権

L625-8：他のすべての債権の存在にかかわらず，管理人が必要な資金を有するならば，労働法典L143-10条，L143-11条，L742-6条とL751-15条にいう先取特権のある債権は，主任官のオルドナンスに基づき，管理人によって，救済手続の開始決定後10日以内に，支払われる。
ただし，これら債権金額の確定前に，管理人は，主任官の許可を得て，処分可能資金の範囲内で，未払いの給与1ヶ月相当分を，労働法典L143-10条にいう上限を超えない範囲で，最終の給与明細票に基づいて被用者に仮払いしなければならない。
処分可能資金がない場合，前2項にいう金額は，資金が入り次第，払わなければならない。

第3節　労働契約から生じた債権の支払保証

L625-9：L625-7条とL625-8条にいう規則を妨げることなく，労働契約または見習い契約から生じる債権は，労働法典L143-10条からL143-11-9条とL143-13-1条にいう条件に従い，保証される。
（引用された労働法典の条文は省略する）

事業救済に関する 2005 年 7 月 27 日法律番号 2005-845 による改正後の商法典第 6 部「窮境にある事業」(仮訳)

第 6 章　救済計画

L626-1：事業について救済の高い可能性があるときは，裁判所はこのために，計画を定め，観察期間を終了させる。

救済計画は，一ないし複数の活動の停止，附合または譲渡を含む。本条を適用した譲渡は，第 4 編第 2 章第 1 節の規定に従う。法定代理人は，これらの規定で清算人に委ねられた任務を遂行する。

L626-2：救済計画案は，事業活動の可能性と方法，市場動向と流動資金調達に応じて，更生の展望を定める。

計画案は，債務の整理方法と，場合によって事業主が履行を保障するために引き受ける保証を定める。

計画案は，雇用の水準と展望，活動の継続のための会社の条件を述べ，理由を述べる。計画案が経済的理由による解雇を予定するときは，すでにとられた手段を述べ，雇用が脅かされる被用者の再就職と補償を容易にするための手段を定める。計画案は，環境評価で調査された作業を考慮する。

計画案は，第三者によって提示された，停止または附合が提案された一ないし複数の活動を示す。計画案は，停止または附合を提案された活動を示す。

第 1 節　計画案

L626-3：計画案が，資本の増減を予定するとき，臨時株主総会，臨時社員総会および，承認が必要なときは，L225-99 条と L228-35-6 条に言う特別総会または，L228-103 条にいう団体一般総会が，コンセイユ・デタのデクレの定める条件に従い，招集される。

計算書類に明らかな損失の事実によって，固有の資本が会社資本の半分を下回るならば，総会はまず，管理人が提案する金額に達する

ように，資本の半分以上の金額まで復元するために招集される。総会は，計画の実施を義務づけられる一ないし複数の者のために，増減資を決議するために招集される。

株主または社員ないし新たな引受人による約定の履行は，裁判所による計画の受諾を条件とする。

同意条項はその定めがないものとする。

L626-4：債務者が法令上資格を要する自由職を営むときを除き，事業の救済が必要とするときは，裁判所は，検事局の請求により，一ないし複数の経営者の解任を計画の認可の条件とする。

このため，同じ条件に従い，裁判所は，法律上または事実上の一ないし複数の経営者が保有する持分，資本証書，資本へのアクセスがある有価証券の譲渡禁止を命じ，それらに附帯する議決権を，裁判所が定める期間，このために選任される裁判上の受任者により行使すると定めることができる。さらに，裁判所は，専門家によって譲渡価格を決めて，株式または持分の譲渡を命じることができる。

本条の適用については，経営者または企業委員会代表，またはそれがなければ地域従業員代表が審尋され，または適式に呼び出される。

L626-5：債務整理の提案は，策定の進行につれて，主任官の監督の下で，管理人によって法定代理人，監査委員，企業委員会代表，またはそれがなければ地域従業員代表に通知される。

法定代理人は，L622-24条に従って債権を届け出た各債権者から，個別にまたは包括的に，提案された猶予と減免について，合意を取り付ける。書面による協議の場合，法定代理人の書簡を受領してから30日以内に回答がないことは受諾とみなされる。これらの規定は，その債権がまだ届け出られていなくても，L622-24条第4項にいう金額について，労働法典L143-11-4条にいう機関に適用される。

L626-6：財務行政機関，社会保険局，労働法典L351-3条以下にいう失業保険制度運営機関および社会保険法典第9編にいう機関は，他の債権者の与えた努力と同様に，市場の通常の条件に従い，同様の条件におかれた民間経済主体が与えると同様の条件で，債務者の債務を全部または一部，免除することができる。

この場合，財務行政機関は，国家と地方公共団体の直接税および債務者によって国家予算に入るその他公課全体を免除することができる。国家と地方公共団体の間接税については，遅延利息，罰金，過料が減免の対象となる。

債務の減免の条件は，コンセイユ・デタのデクレが定める。

第1項にいう債権者は，先取特権，抵当権の順位の譲渡または担保の放棄を決定することができる。

L626-7：法定代理人は，債権者からの回答一覧表を作成する。回答一覧表は，報告の作成のために債務者と管理人に，さらに監査委員に送られる。

L626-8：債務者，企業委員会代表，またはそれがなければ地域従業員代表，監査委員と債権者代表は，経営関係・労働関係を示す報告書と計画案を知らされ，意見を求められる。

この報告は，同時に労働法上の所管当局に送られる。これを議題とする従業員代表との協議日の議事録は，裁判所と前記の行政当局に送られる。

検事局は，報告を通知される。

第2節　計画認可決定

L626-9：債務者，管理人，法定代理人，監査委員，企業委員会代表，またはそれがなければ地域従業員代表を審尋し，または適式に呼び出した後，裁判所は管理人の報告を見て，検事局の意見を徴し

た後に決定する。被用者数，税を控除した売上額がコンセイユ・デタのデクレが定める限度を超える債務者について手続が開始されたときは，審尋には検事局が同席する。

L626-10：計画は，遂行することを約した者を指定し，その者が引き受け，事業の救済に必要な義務を記す。この義務は，活動の将来，維持の方法，事業の資金調達，開始決定以前に生じた債務の支払いであり，遂行の保障のために提供された保証があれば，それを含む。計画を遂行する者は，社員の資格があっても，L626-3条とL626-16条の留保の下，その準備の過程で引き受けた義務以外の負担を負うことはない。

L626-11：計画決定は，その規定をすべての者に対抗することができる。
法人を例外に，共同債務者と個人保証，独立保証を供した自然人はそれを援用することができる。

L626-12：L626-18条の規定の適用を妨げることなく，計画の期間は裁判所が定める。期間は10年を超えることができない。債務者が農業経営者の場合には，15年を越えることができない。

L626-13：裁判所による計画決定は，債務者が通貨金融法典L131-73条に従って，手続開始の決定前に振り出された小切手の拒絶の時点で生じた小切手振出の禁止を解除する。

L626-14：計画決定または修正決定で，裁判所は，事業の継続のために不可欠と評価する財について一定の期間，許可のない譲渡の禁止を決定することができる。譲渡禁止期間は，計画期間を超えることはできない。

一時的譲渡禁止の公告は，コンセイユ・デタのデクレの定める条件に従って，行われる。

第1項の規定に違反するすべての行為は，行為の締結から3年以内に提出される，すべての関係者または検事局の請求によって取り消される。行為が公告に従うときは，期間はその日から開始する。

L626-15：計画は，事業の再編に要する変更を記す。

L626-16：必要があれば，計画決定は，管理人に，コンセイユ・デタのデクレの定める条件に従い，計画に予定された変更を実行するための権限のある総会を招集する権限を与える。

L626-17：社員または株主は，裁判所の定めた期間内に，引受済み資本金の払い込みをしなければならない。即時に払い込む場合は，確定した債権金額で，計画において減免または猶予の形で控除限度まで，相殺することができる。

L626-18：裁判所は，L626-5条とL626-6条にいう条件に従い，債権者が応諾した猶予と減免を確認する。猶予と減免は，必要な場合，裁判所によって縮減することができる。その他の債権者については，裁判所は，期日のある債権については，開始決定前に当事者が明示し，計画案を超える期間の留保の下，共通の支払い猶予を定める。最初の支払いは，1年を超えてはならない。

2年度以降，計画の予定する毎年の金額は，農業経営を除き，確定した債務の5％以下であってはならない。

リース契約については，その期日以前に，レッシーが買取オプションを行使したとき，この期間は終了する。受諾された減免分を控除し，契約による全額が支払われないならば，解除されない。

L626-19：計画で，債権者に，短期ではあるが，債権額を期間に応じて割り引いた支払いの選択肢を与えることができる。
この場合，期間は計画期間を超えてはならない。
債権の減額は，計画に予定された最新の期日の支払いの後に確定する。

L626-20：
Ⅰ：L626-15条とL626-16条の規定にかかわらず，以下の債権は減免または猶予の対象にならない。
1) 労働法典L143-10条，L143-11条，L742-6条とL751-15条にいう先取特権によって保証された債権
2) 民法典2101条第4項と2104条第2項にいう先取特権で保証された労働契約から生じる債権で，労働法典L143-11-4条にいう機関によって前払いされなかった，または劣後の対象にならなかった債権
Ⅱ：評価された債務の5％の限度内で，金額の小さい順に，デクレの定める金額を超えない範囲で，小額債権は減免も猶予もなしに支払われる。この規定は，同一人が保有する債権額が上記パーセンテージの十分の一を超えるとき，または劣後され，あるいは支払いが第三者のためになされるときは適用されない。

L626-21：計画に債権を記載し，債権者が猶予または減免を与えることは，債権の確定を意味しない。
係争中の債権に対する配当は，これらの債権の確定後に支払われる。ただし，紛争の係属裁判所は債権者が暫定的に，全部または一部について，確定前に配当に与ることを定めることができる。
反対規定がない限り，計画が予定する支払いは持参債務である。
裁判所は，計画が定めた配当の支払方法を定める。配当は，計画の遂行監督員の手中に支払われ，その配分を行う。

L626-22：特別の先取特権，担保権，抵当権のある財を売却した場合，被担保債権額に対応する金額の割当分は，国立貯蓄供託金庫の口座に払い込まれ，担保債権者は，労働法典 L143-10 条，L143-11 条，L742-6 条，L751-15 条にいう先取特権で担保された債権の支払いの後に支払われる。

担保債権者は，計画により，期日前の支払いに応じて割り引かれて，配当を担保債権者間の優先順位に従って受取る。

財に先取特権，担保権，抵当権が設定されているならば，必要な場合，同等の特権を与える保証があれば，保証をもって代えることができる。合意できない場合，裁判所はこの代替を命じることができる。

L626-23：資産の一部譲渡の場合，対価は L626-22 条を適用して，事業に支払われる。

L626-24：裁判所は，管理人に，裁判所が決定する計画の実行に必要な行為を行うことを命じることができる。

債権者代表は，債権表の調査と債権の状況の確定に必要な期間，その職にある。

L626-25：裁判所は，計画の遂行を監督する任に当たる監督員として，L626-12 条にいう期間，管理人または法定代理人を選任する。裁判所は，必要な場合，複数の監督員を選任する。

計画決定以前に提起された訴訟で，管理人または法定代理人が当事者となった訴訟は，計画遂行監督員によって，またはこの者が不在となったならば，このために裁判所が定める法定受任者によって，追行される。

計画遂行監督員は，債権者の包括的利益のために訴訟を追行する権限も有する。

計画遂行監督員は，その任務遂行に必要な書類，情報を知ることができる。

計画遂行監督員は，裁判所と検事局に計画の不履行を通知する。計画遂行監督員は，企業委員会，またはそれがなければ地域従業員代表に通知する。

計画遂行監督員が受領した金額は，ただちに国立貯蓄供託金庫に払い込まなければならない。遅滞した場合，計画遂行監督員は，払わなかった金額について法定利率に5ポイントを加算した利率で利息を支払わなければならない。

計画遂行監督員は，裁判所によって，職権で，または検事局の請求により，解任することができる。

L626-26：計画の目標と方法の重要な変更は，債務者の請求により，計画遂行監督員の報告に基づき，裁判所が決定する。

裁判所は，検事局の意見を徴し，債務者，計画遂行監督員，監査委員，企業委員会代表，またはそれがなければ地域従業員代表およびすべての関係者を審尋し，または適式に呼び出した後に，決定する。

L626-27：
Ⅰ：債務者が計画に定められた期間内に，義務を履行しないならば，計画を決定した裁判所は，検事局の意見を踏まえ，その解除を決定する。不履行が債務者による配当の未払いによるときで裁判所が計画の解除を宣告しないときは，計画遂行監督員は，定められたところに従い，回収に当たる。

計画の遂行中に，債務者の支払停止が確認されたときは，計画を定めた裁判所は，検事局の意見を踏まえて，解除を決定し，手続を終了させ，裁判上の清算を宣告する。

計画の解除を宣告する決定は，計画遂行を終了させ，合意された支払猶予を失権させる。

Ⅱ：本条Ⅰの場合，裁判所は債権者，計画遂行監督員または検事局の請求により係属する。また，職権で係属することができる。

Ⅲ：計画の解除と新たな手続の開始または宣告の後，計画に従う債権者は，債権と担保の届出を免除される。計画に記録された債権は，受領済み金額を控除して，確定する。

L626-28：計画に述べられた，または裁判所が決定した義務が守られていることが明らかなときは，裁判所は，計画遂行監督員，債務者またはすべての関係者の請求により，計画遂行の終了を確認する。

第3節　債権者委員会

L626-29：計算書類が監査役により監査され，または会計士により計算書類が作成された債務者で，被用者数または売上高がコンセイユ・デタのデクレの定める限度を超える債務者は，本節の規定に従う。

債務者または管理人の請求により，主任官は，上記の限度以下の事業にもこの適用を認めることができる。

L626-30：金融機関と財またはサービスの主たる納入者は，手続開始決定後30日以内に，法定管理人により二つの債権者委員会に編成される。財またはサービスの主たる納入者は，その債権が提供者の債権総額の5％以上を占めるときは，主たる納入者の委員会の構成員となる。その他の納入者は，管理人の求めにより，構成員になることができる。

債務者は，債務者または管理人の請求によって主任官が1回延長することができるが，これらの委員会の編成後2ヶ月以内に，L626-2条にいう計画案の策定のための提案を，これらの委員会に提出する。

債務者と法定管理人との協議の後，委員会はこの案について，場合

によって修正案について，遅くとも債務者の提案から30日以内に，意向を述べる。決議は，債務者によって示され，その監査役によって監査され，または監査役がいないときは，会計士が作成したところについて，各委員会につき，債権金額の少なくとも三分の二を代表する債権者の過半数の決議による。

委員会によって可決された計画案は，L626-12条の規定とL626-18条第2項，第3項の規定に従わない。地方公共団体と公的機関は，主たる納入者の委員会の構成員になれない。

L626-31：計画案がL626-30条の規定に従って，委員会によって可決されたとき，裁判所はすべての債権者の利益が十分に保護されていることを確認する。この場合，裁判所は，可決された案に従い，本章第2節の方法に従い，計画を定める。その決定は，各委員会によって受諾された提案をそのすべての構成員に適用されるものとする。

L626-26条の規定にかかわらず，第1項を適用して裁判所が決定した計画の目的または手段についての重要な変更は，本節に定められた方法に従って行われる。

L626-32：社債権者がいるときは，法定管理人は，社債権者代表がいれば，提示するために，計画案を委員会に伝達してから15日以内に，社債権者団の代表を招集する。

社債権者団の代表は，次に，15日以内に，この案を議題として社債権者集会を招集する。ただし，社債権者団の代表がない，または不在の場合，これは主任官により適法に確認され，管理人が社債権者集会を招集する。

議題は，社債権の全部または一部の放棄である。

L626-33：L626-30条を適用して設けられた委員会の構成員でない債

権者は，L626-5条からL626-7条の規定に従い，意見を求められる。法定管理人は，このため，これらの規定により法定代理人に与えられた任務を遂行する。

L626-30条を適用して設けられた委員会の構成員でない債権者に関する計画案の内容は，L626-12条とL626-18条からL626-20条の規定に従って決定される。

L626-34：いずれかの委員会が，所定の期間内に計画案について意見を述べず，債務者によって示された提案を拒絶せず，または裁判所がL626-31条を適用して案を決定しないとき，L626-12条とL626-18条からL626-20条の規定に従って決定するために，L626-5条からL626-7条にいう条件に従って，計画を準備するため，手続が再開される。手続は，債務者が所定に期間内に委員会に案を提示しないとき，同様の方法で再開される。

L626-35：コンセイユ・デタのデクレが，本節の適用条件を定める。

第7章　法定管理人がいない場合の特則

L627-1：本章の規定は，L621-4条第4項を適用して，法定管理人が選任されなかったとき，適用される。本編の他の規定は，本章の規定に反しない限り適用される。

L627-2：債務者は，法定代理人の賛成の意見に従い，管理人に開かれた，L622-13条を適用した進行中の契約の遂行の権限を行使する。不賛成の場合，主任官においてすべての関係者から請求により係属する。

L627-3：観察期間の間に，債務者は，場合によって裁判所が選任

する専門家の補佐を得て，計画案を策定する。

債務者は，法定代理人と主任官に，L626-5条にいう負債の整理案を通知し，L623-3条とL626-8条にいう情報通知と協議を行う。

L626-3条を適用するため，臨時株主総会，社員総会，および承認が必要ならば，L225-99条とL228-35-6条にいう特別総会または，L228-103条にいう団体一般総会が，コンセイユ・デタのデクレの定める条件に従って，招集される。主任官は，自己資本の充実のために，総会に提案される増資額を定める。

L627-4：債務者によって計画案が書記課に提出された後，裁判所は主任官の報告を見て決定する。

第3編　裁判上の更生

第1章　裁判上の更生に関する規定

L631-1：L631-2条またはL631-3条にいう債務者で，その処分可能資産で弁済期の到来した負債に対処できず，支払停止の状態にある債務者に開始する裁判上の更生の手続を設ける。

裁判上の更生手続は，事業の活動の遂行，雇用の維持と負債の履行を目的とする。観察期間の後に，場合によって，L626-29条とL626-30条の規定に応じて，二つの債権者委員会の構成に続いて，決定により定められる案を作る。

L631-2：裁判上の更生手続は，すべての商人，手工業者名簿に登録されたすべての者，すべての農業経営者，その他法令上の資格を要する，またはその資格が保護される自由職を含む独立職を営む自

然人および私法上の法人に適用される。

本手続または清算手続に従っている者については，その計画が終了，または清算手続が終了していなければ，新たな裁判上の更生手続は開始されない。

L631-3：裁判上の更生手続は，負債の全部または一部がその活動によるものであるときは，L631-2条にいう者について，その停止後に，開始する。

商人，手工業者名簿に登録された者，農業経営者，その他債務者が法令上の資格を要する，またはその資格が保護される自由職を含む独立職を営む自然人が，支払停止の状態で死亡したときは，裁判所は，死亡した日から1年以内に，いかなる性質の債権であれ，債権者の請求により，または検事局の請求により係属することができる。裁判所は，また，同じ期間，職権で係属することができ，また期間の条件なしに，債務者のすべての相続人により係属することができる。

L631-4：この手続の開始は，債務者が支払停止後遅くとも45日以内に調停手続の開始を申し立てなければ，債務者によって，その間に申し立てられなければならない。

調停手続の不調の場合，調停人の報告書が債務者を支払停止の状態にあるとしたときは，裁判所は職権で，裁判上の更生手続の開始を決定する。

L631-5：進行中の調停手続がないときは，裁判所は，裁判上の更生手続の開始のため，職権で，または検事局の請求により係属する。この同じ留保の下，手続は，債権の性質にかかわらず，債権者の請求によっても係属する。ただし，債務者が職業活動を停止しているときは，この請求は以下の時点から1年以内に行わなければならな

い。
1) 商業登記の抹消。法人であるならば，期間は清算作業の終了の公表に続く抹消から開始する。
2) 手工業者名簿に登録されたすべての者，農業経営者，その他法令上の資格を要する，またはその資格が保護される自由職を含む独立職を営む者ならば，経済活動の停止。
3) 登記を要しない法人ならば，清算の完了の公表。

さらに，商事会社の形態をとらずに農業経営を営む債務者に対しては，手続は，大審裁判所が前もって農事法典L351-2条を適用して提出された調停人の選任の要求を受けたときのみ開始することができる。

L631-6：企業委員会，またはそれがなければ地域従業員代表は，裁判所または検事局に債務者の支払停止に関する事実を通知することができる。

L631-7：L621-1条，L621-2条とL621-3条は，裁判上の更生手続に適用される。

L631-8：裁判所は，支払停止日を決定する。この日の決定がない場合，支払停止は，それを確認する決定の日に起きたものとみなされる。

支払停止日は，支払停止を確認する決定の日から18ヶ月を超えない範囲で，一度または数度遡らせることができる。詐欺がある場合を除き，L611-8条Ⅱを適用した和解的合意を認可した確定的決定以前の日に遡ることはない。

裁判所は，管理人，法定代理人，検事局の請求により係属する。債務者を審尋し，または適式に呼び出した後に決定する。

支払停止日の変更の要求は，開始決定から1年以内に裁判所に提出

する。

L631-9：L621-4条からL621-11条の条文は，裁判上の更生手続に適用される。裁判所は，L621-4条第3項，第4項にいう目的のため，職権で係属することができる。

L631-10：開始決定以降，法律上または事実上の経営者は，報酬の有無にかかわらず，裁判所の定める条件に従わなければ，開始決定の対象である会社の権利を表章する持分，資本証書，資本へのアクセスがある有価証券を譲渡することができない。
資本証書，資本へのアクセスがある有価証券は，管理人が権利者の名義で開設し，会社または金融仲介者が維持する凍結された特別口座に預け入れられる。この口座の移動は，主任官の許可なしに行うことはできない。
管理人は，必要な場合，経営者の持分の譲渡禁止を法人の登記に記載する。

L631-11：主任官は，自然人である債務者の，また法人の経営者によって担われる機能について報酬を定める。
報酬がない場合，前項の者は，自身とその家族のために，その資産から主任官の定める扶助料を得ることができる。

L631-12：本編により与えられた権限のほかに，一ないし複数の管理人の任務は裁判所が定める。
裁判所は，管理人に合同でまたは別々に，経営に関するすべてまたはその一部の行為について債務者を支援し，または自ら事業の管理をすべてまたは一部担うことを命ずる。管理人が，事業のすべての管理を単独で行うとき，およびL621-4条第4項にいう限度に達したときは，裁判所は経営を支援するために一ないし複数の専門家を

選任する。その他の場合も、裁判所は専門家を選任することができる。裁判所は、当該手続が負担するものとして、専門家の報酬を定める。

その任務において、管理人は、債務者の負担する法律上または契約上の義務を遵守しなければならない。

いつでも、裁判所は、管理人、法定代理人、または検事局の請求により、または職権で管理人の任務を変更することができる。

管理人は、債務者が通貨金融法典L131-76条またはL163-6条にいう禁止対象であるならば、その署名により、債務者名義の銀行口座、郵便口座を操作する。

L631-13：手続の開始後直ちに、第三者は、第4編第2章第1節の規定に従って、事業の全体または一部の譲渡による事業の活動の維持にかかわるオファーを、管理人に渡すことができる。

L631-14：

Ⅰ：L622-2条からL622-9条とL622-13条からL622-33条の規定は、裁判上の更生手続に適用される。

Ⅱ：自然人の保証人、共同債務者、独立保証を供した者は、L622-28条の規定を援用することができない。

L631-15：

Ⅰ：開始決定から遅くとも2ヶ月以内に、裁判所は、事業が充分な資金調達能力があるようであれば、観察期間の継続を命じる。ただし、債務者が農業経営であるときは、裁判所は観察期間を農業の年次作業、固有の慣習に応じて延長することができる。

裁判所は、管理人によって、またはそれが選任されなければ、債務者が作成した報告を見て宣告する。

Ⅱ：観察期間中いつでも、裁判所は、債務者、管理人、法定代理人、

監査委員，検事局の請求により，または職権で，活動の一部停止を命じ，またはL640-1条の条件を充たせば，裁判上の清算を宣告する。
裁判所が清算を宣告するときは，裁判所は観察期間を終了し，L641-10条の規定の留保の下で，管理人の任務を終了させる。

L631-16：観察期間中に，債務者が債権者に弁済し，手続に伴う費用と債務を支払うのに充分な金額を有することが明らかになれば，裁判所は手続を終了する。
債務者の請求により，L631-15条Ⅱ第2項にいう条件に従って決定する。

L631-17：観察期間中に経済的理由による解雇が緊急，不可避かつ不可欠な様相を示すときは，管理人は，この解雇を行うことを主任官によって許可される。
主任官への請求に先立って，管理人は，労働法典L321-9条にいう条件に従って，企業委員会，またはそれがなければ地域従業員代表と協議し，同法典L321-8条にいう条件に従い，行政当局に通知する。管理人は，主任官への請求のサポートとして，受領した意見と被用者への補償と再雇用を容易にするための配慮について添付する。

L631-18：
Ⅰ：第2編第3章，第4章，第5章の規定は，裁判上の更生手続に適用される。
Ⅱ：ただし，L624-3条第1項に規定された上訴は，管理人が事業経営に当たるときは，管理人にも認められる。
L625-1条を適用するために，労働裁判所に召喚された法定代理人，これがなければ，原告は，労働法典L143-11-4条にいう機関を労働裁判所に呼び出す。

さらに，L625-3条を適用するために，労働法典L143-11-4条にいう機関は，法定代理人によって，またはこれがなければ，原告被用者によって，裁判上の更生手続開始決定または救済手続を裁判上の更生手続に移行する決定から10日以内に，補助参加する。また，開始決定の日に労働裁判所で係属中の裁判は，管理人が経営に当たるときは，その同席を得て，または適式に呼び出して，追行される。

L631-19：
Ⅰ：第6章第2節の規定は更生計画に適用される。
Ⅱ：計画が経済的理由による解雇を予定するときは，労働法典L321-9条にいう条件に従って，企業委員会，またはそれがなければ地域従業員代表と協議し，同法典L321-8条にいう条件に従って通知された行政当局と協議した後に，裁判所によって決定される。計画は，とくに決定後1ヶ月以内に行われる解雇について詳らかにする。この間に，解雇は，法律，協約または労働包括合意の定める事前通告権を条件に，管理人の単なる通知によって行われる。

L631-20：L626-11条の規定にかかわらず，共同債務者，保証または独立保証を供した者は，計画の規定を援用することはできない。

L631-21：第2編第7章の規定は，更生計画に適用される。
観察期間中，経済活動は債務者により行われ，L631-17条によって管理人に帰属する権限を行使し，L631-19条Ⅱ第2項にいう通知を行う。
法定代理人は，L631-10条第2項，第3項によって管理人に帰属する機能を果たす。

L631-22：管理人の報告を見て，裁判所は，債務者が自らの更生が不可能な状態にあるならば，事業の全部または一部の譲渡を命じる。

L642-2条Ⅰを除き，第4編第2章第1節の規定はこの譲渡に適用される。法定代理人は，清算人に帰属する任務を遂行する。

管理人は，譲渡の実行に必要な行為を行うために任務にとどまる。

第2章　一定の行為の無効

L632-1：

Ⅰ：支払停止日以降の以下の行為は無効である。

1）　動産不動産の無償の譲渡行為

2）　債務者の義務がはなはだしく相手方の義務を上回る契約

3）　方法のいかんを問わず，支払い当日には期限が到来していなかった負債の支払い

4）　現金，商業手形，振込，事業金融促進のための1981年1月2日法律番号81-1にいう譲渡明細または商取引で一般に認められている支払方法以外での期日到来債務の支払い

5）　既判力のある判決がないのに，民法典2075-1条の適用により実行された金銭の供託

6）　過去に契約された債務のための債務者の財に対する契約による抵当権，裁判上の抵当権，配偶者の法定抵当権とすべての担保権

7）　登記，差押え行為が支払停止日以前でない限り，すべての保全処分

8）　本法典L225-177条以下にいうオプションの許可，解除，転売

Ⅱ：裁判所は，さらに，支払停止日前6ヶ月間に行われた本条Ⅰの無償行為を無効にすることができる。

L632-2：支払停止以降に行われた期日到来債務の支払いと同日以降に行われた有償の行為は，債務者とこれを行った者が，債務者の支払停止を承知しているならば，無効とすることができる。

第三取得者に対する通知，帰属差押えまたはすべての配当参加申立

ては，支払停止後に，それを承知して債権者によって引き渡され，または実行されたときは，取り消すことができる。

L632-3：L632-1条とL632-2条の規定は，為替手形，約束手形または小切手の支払いの有効性を損なうものではない。
ただし，管理人または法定代理人は，為替手形の振出人に対して，口座の引落しの場合には請求人に対して，および小切手の受益人と約束手形の最初の裏書人に対して，これらが支払停止を承知していたことを証明することができれば，返却請求の訴えを提起することができる。

L632-4：無効の訴えは，管理人，法定代理人，計画遂行監督員，清算人または検事局によって提起される。これは，債務者の資産を請け戻させる効果を有す。

第4編　裁判上の清算

L640-1：L640-2条にいう債務者で，支払停止の状態にあり，更生が明らかに不可能な債務者に開始する裁判上の清算手続を設ける。裁判上の清算手続は，事業活動を終了させ，または債務者の権利と財を一括してまたは別々に譲渡することにより債務者の財産を換価することを目的とする。

L640-2：裁判上の清算手続は，すべての商人，手工業者名簿に登録されたすべての者，すべての農業経営者，その他法令上の資格を要する，またはその資格が保護される自由職を含む独立職を営む自然人および私法上の法人に適用される。
清算手続が終了していなければ，この手続に従う者に対して，新た

な裁判上の清算手続は開始されない。

L640-3：裁判上の清算手続は，負債の全部または一部がその活動によるものであるときは，L640-2条第1項にいう者についても，その停止後に，開始する。
商人，手工業者名簿に登録された者，農業経営者，その他債務者が法令上の資格を要する，またはその資格が保護される自由職を含む独立職を営む自然人が，支払停止の状態で死亡したときは，裁判所は，死亡した日から1年以内に，いかなる性質の債権であれ，債権者の請求により，または検事局の請求により係属することができる。裁判所は，また，同じ期間，職権で係属することができる。また期間の条件なしに，債務者のすべての相続人により係属することができる。

L640-4：この手続の開始は，支払停止後遅くとも45日以内に調停手続の開始を申し立てなければ，債務者は，その間に申し立てなければならない。
調停手続の不調の場合，裁判所がL631-4条第2項を適用して，L640-1条の条件が充足されていることを確認するならば，裁判所は裁判上の清算手続を開始する。

L640-5：調停手続が進行中でないときは，裁判所は，職権でまたは裁判上の清算手続開始を目的とする検事局の請求により係属する。この同じ留保の下，手続は，債権の性質にかかわらず，債権者の請求によっても開始される。ただし，債務者が職業活動を停止したときは，この請求は次のときから1年以内に行わなければならない。
1） 商業登記の抹消。法人であるならば，期間は清算作業の終了の公表に続く抹消から開始する。
2） 手工業者名簿に登録されたすべての者，農業経営者，その他

法令上の資格を要する，またはその資格が保護される自由職を含む独立職を営む者ならば，経済活動の停止。
3） 登記を要しない法人ならば，清算の完了の公表。
さらに，商事会社の形態をとらずに農業経営を営む債務者に対しては，手続は，大審裁判所が前もって農事法典 L351-2 条を適用して提出された調停人の選任の要求を受けたときのみ開始することができる。

L640-6：企業委員会，またはそれがなければ地域従業員代表は，裁判所または検事局に債務者の支払停止に関する事実を通知することができる。

第1章　裁判上の清算決定

L641-1：
Ⅰ：L621-1 条と L621-2 条は，裁判上の清算手続に適用される。
Ⅱ：裁判上の清算手続開始決定で，裁判所は主任官，また清算人として，登録された法定代理人または L812-2 条Ⅱ第2項に基づいて選ばれた者を選任する。裁判所は，主任官の提案に基づいて，または検事局の請求により，または職権で，清算人の解任または一ないし複数の清算人を追加することができる。債務者または債権者は，主任官にこの目的で裁判所に求めるように要求することができる。債務者が法令上の資格を要する，またはその資格が保護される自由職を含む独立職を営む者であるときは，職業団体または監督機関は第1項にいう目的で検事局に求めることができる。
被用者の代表が L621-4 条第2項にいう条件に従って，選任される。L621-7 条第5項にいう条件に従い，解任される。被用者の代表は，L625-2 条にいう任務を担う。
監査委員が選任され，第2編にいう条件と同じ条件に従い，権限を

事業救済に関する2005年7月27日法律番号2005-845による改正後の商事法典第6部「窮境にある事業」(仮訳)

与えられる。

Ⅲ：裁判上の清算が，救済または裁判上の更生手続の観察期間中に宣告されるときは，裁判所は清算人として法定代理人を選任する。ただし，裁判所は，理由を付した決定によって，管理人，債権者，債務者または検事局の請求により，清算人として，L812-2条にいう条件に従い，他の者を清算人に選任することができる。

裁判所は，本条Ⅱにいう規則に従って，清算人を解任し，または一ないし複数の清算人を追加することができる。

債務者が法令上の資格を要する，またはその資格が保護される自由職を含む独立職を営む者であるときは，職業団体または監督機関は本条Ⅲ第1項にいう目的で検事局に求めることができる。

Ⅳ：支払停止日は，L631-8条にいう条件に従って，決定される。

L641-2：裁判所が観察期間中に裁判上の清算を宣告しない限り，清算人は，選任の月の間に，債務者の状況についての報告を作成する。L621-9条第2項の規定が適用される。

本編第4章にいう簡易な裁判上の清算手続は，債務者の資産が不動産を含まず，手続開始決定に先立つ6ヶ月間の被用者数と税を控除した売上高がコンセイユ・デタのデクレの定める限度以下であれば，適用される。

L641-3：裁判上の清算開始決定は，救済の場合に，L622-7条第1項，第4項，L622-21条，L622-22条，L622-28条，L622-30条にいう効果と同一の効果を有する。

債権者は，L622-24条からL622-27条，L622-31条からL622-33条にいう方法に従って，債権を清算人に届け出る。

L641-4：清算人は，債権調査と同時に清算作業を行う。清算人は，法定代理人の権限である訴訟を提起し，または追行する。

資産の換価額が裁判費用と優先債権に全額充当されることが明らかであれば，法人の場合で，L651-2条とL652-1条に従って，負債の全額または一部を法律上または事実上の会社の経営者に負担させることがない限り，一般債権の調査を行わない。

清算人は，L622-6条，L622-20条，L622-22条，L622-23条，L624-17条，L625-3条，L625-4条とL625-8条によって管理人と法定代理人に与えられた任務を遂行する。

L622-6条にいう財産確認を行うため，裁判所は法定競売吏，執行吏，公証人または宣誓した商品仲立人を選任する。

債務者の資産の値決めは，第4項にいう者によって行われる。

清算決定を適用して，清算人が行う解雇は，労働法典L321-8条とL321-9条の規定に従う。

L641-5：救済または裁判上の更生手続の観察期間中に，裁判上の清算が宣告されるときは，清算人は，場合によって債権調査の完了と債権者の順位の確定と同時に清算作業を行う。清算人は，清算開始決定前に，管理人または法定代理人によって提起された訴えを追行し，法定代理人の権限の訴えを提起することができる。

L641-6：事業主または，法人の場合には経営者の親または4親等を含む親族は，清算人に選任されない。

L641-7：清算人は，少なくとも3ヶ月ごとに，作業の進行を主任官，債務者と検事局に通知する。

L641-8：清算人がその機能の遂行中に受領した金額は，ただちに国立貯蓄供託金庫に払い込まなければならない。遅滞した場合，清算人は，払わなかった金額について法定利率に5ポイントを加算した利率で利息を支払わなければならない。

事業救済に関する 2005 年 7 月 27 日法律番号 2005-845 による改正後の商事法典第 6 部「窮境にある事業」(仮訳)

L641-9：

Ⅰ：裁判上の清算を開始し，または宣告する決定は，その日から裁判上の清算が終了しない限り，債務者は，いかなる名義で獲得した財産についても，その管理権，処分権を失う。その財産に関する権利と訴権は，裁判上の清算の間，清算人によって行われる。

ただし，債務者は，債務者が被害者である犯罪または軽罪の被告人の有罪を証するため，民事の賠償を求めず，公訴の遂行の限りであれば，附帯私訴を行うことができる。

債務者はまた，選任された清算人または管理人の任務に入らない行為を行い，権利と訴権を行使する。

Ⅱ：債務者が法人であるときは，裁判上の清算の宣告時に就任していた会社の経営者は，定款または株主総会に反対の規定がない限り，その地位にとどまる。必要がある場合，関係者，清算人または検事局の請求により，裁判所のオルドナンスによって，その代わりとして，代理人が選任される。

本社は，事業の法的代表，または選任された受任者の住所地とみなされる。

Ⅲ：債務者が自然人のときは，裁判上の清算の間，L640-2 条第 1 項にいう活動を営むことができない。

L641-10：事業の全部または一部の譲渡が検討され，または公益または債権者の利益がそれを求めるならば，コンセイユ・デタのデクレの定める期間を限度に，活動の維持が裁判所によって許可される。期間は，検事局の請求によって，同じ方法で定められる期間，延長される。農業経営であるときは，この期間は農業の年次作業，関係の生産物の固有の慣習に応じて裁判所が決定する。L641-13 条の規定は，この期間に生ずる債権に適用される。

清算人が事業を管理する。清算人は，進行中の契約の履行を求める権限を有し，L622-13 条によって法定管理人に与えられる権限を行

使する。

L631-17条にいう条件に従って，清算人は，解雇を行うことができる。

必要な場合，清算人は，譲渡計画を準備し，その実現に必要な証書に署名し，譲渡の対価を受け取り，配分する。

ただし，被用者数または売上高がコンセイユ・デタのデクレの定める限度を超えるとき，または必要な場合は，裁判所は，事業の管理のために法定管理人を選任する。この場合，前項の規定にかかわらず，管理人は，L622-13条の規定に従う。管理人は，譲渡計画を準備し，その実現に必要な証書に署名し，L631-17条にいう条件に従って，解雇することができる。

管理人が活動継続に必要な資金を有しないときは，管理人は，主任官の許可を得て，清算人に引き渡すように求めることができる。

清算人，または管理人が選任されたとき管理人は，場合によって，L622-4条とL624-6条によって管理人と法定代理人に与えられる機能を果たす。

L641-11：主任官は，L621-9条，L623-2条，L631-11条，L622-13条第1項とL622-16条第4項によって与えられる権限を行使する。

検事局の保有する情報は，L621-8条第2項にいう規則に従って，主任官に通知される。

清算人と，管理人が選任されたとき管理人は，主任官からその任務の遂行に有益なすべての情報を受け取る。

L641-12：裁判上の清算は，事業用の不動産賃貸借の解除をもたらさない。

清算人または管理人は，賃貸借を継続し，または賃貸人との間で締結された契約に定められた条件に従って，契約に含まれる権利義務を譲渡することができる。賃貸借の譲渡の場合は，L 622-15 条の

規定が適用される。

清算人または管理人が，賃貸借を継続しないことを決定するならば，賃貸借は，単なる要求によって解除される。解除は，この要求日に効果を生じる。

賃貸人は，裁判上の清算決定以前の原因により，または，裁判上の清算が救済または裁判上の更生手続の後に宣告されたときは，先行する手続以前の原因により，裁判上の解除を要求し，または賃貸借権の解除を確認させることができる。賃貸人は，すでに行っていなければ，裁判上の清算決定の公表の3ヶ月以内に訴えを提起しなければならない。

賃貸人は，L622-14条第3項から第5項にいう条件に従って，裁判上の清算決定以降の占用に伴う賃貸料と費用の支払いがないことを理由に，裁判上の解除を要求し，または賃貸借権の解除を確認させることができる。

賃貸人の先取特権はL622-16条による。

L641-13：

Ⅰ：裁判上の清算を開始するまたは宣告する決定の後，または，後者の場合，先行する救済または裁判上の更生手続の開始決定の後，手続の進行の必要上，または従前の観察期間の必要上，あるいは債務者に提供されたもののために，これらの決定以降の職業活動のために適法に生じた債権は，その期日に支払われる。

Ⅱ：これらの債権が期日に払われなければ，これらの債権は，労働法典L143-10条，L143-11条，L742-6条，L751-15条の定める先取特権で保証された債権，裁判費用の先取特権で保証された債権，本法典L611-11条にいう先取特権で保証された債権，不動産担保によって保証され，または第5部第2編第5章を適用して回復権を与えられ，または構成する特別の動産担保で保証された債権を除き，他の債権に優先して支払われる。

Ⅱ：その支払いは次の順序で行われる。

1） 労働法典 L143-11-1 条から L143-11-3 条を適用して前払いされなかった金額の給与債権

2） 裁判費用

3） 融資および L622-13 条の規定に従って継続した契約の履行の結果としての債権で，契約相手方が延払いを認めたもの。これらの融資と延払いは，観察期間中の活動の遂行に必要な限度で主任官が認め，公告の対象となる。適正に遂行された契約の解除の場合，補償金と罰金は本条の適用を受けない。

4） 労働法典 L143-11-1 条第3号を適用して前払いされた金額

5） その他の債権は順序に従う。

Ⅳ：不払いの債権は，法定代理人と，管理人が選任されたとき管理人が，または清算人が承知していなければ，清算の開始または宣告する決定の公表から6ヶ月，またはこれがなければ譲渡計画を決定する決定の公表から1年で，本条が与える先取特権を失う。

L641-14：債務者の財産と労働契約から生じる債権の決済に関する第2編第4章，第5章の規定と一定の行為の無効に関する第3編第2章の規定は，裁判上の清算手続に適用される。

ただし，L625-1 条の適用については，労働裁判所に呼び出された清算人，またはこれがないときは，請求人は，労働裁判所に労働法典 L143-11-4 条にいう機関を呼び出す。

本法典の L625-3 条の適用については，労働法典 L143-11-4 条にいう機関は，裁判上の清算開始決定または宣告から10日以内に清算人，またはこれがなければ要求する被用者によって参加させられる。同様に，開始決定の日に労働裁判所に係属中の裁判は，管理人が選任されたとき管理人の同席を得て，または適法に呼び出して，追行する。

L641-15：裁判上の清算手続の間，主任官は，債務者宛ての郵便物の宛先を，清算人，または管理人が選任されたとき管理人にするように命じることができる。

債務者は，あらかじめ通知され，郵便物の開封に同席することができる。ただし，個人的な性質を有する裁判所の呼出しまたは裁判の通知を目的とする郵便物は，速やかに債務者に渡され，または戻さなければならない。

主任官は，コンセイユ・デタのデクレの定める条件に従い，清算人が債務者の受取る電磁的メールへのアクセスを認めることができる。

債務者が，守秘義務に服する職業を営むときは，本条の規定は適用されない。

第2章　資産の換価

第1節　事業の譲渡

L642-1：事業の譲渡は，自立した運営が可能な活動の維持，そこでの雇用の全部または一部の維持および債務の履行を目的とする。

譲渡は，全部または一部とすることができる。一部の場合，譲渡は，一または複数の完全な部門を構成し，活動が自立している運営単位の全体について行われる。

全体が主として農地賃貸借によって構成されているとき，裁判所は，退去する賃借人の補償の権利の留保の下，小作の他の規定にかかわらず，賃借人，その配偶者またはその卑属の一人，または小作人の勧める他の者に与え，これがないときは，L642-2条，L642-4条とL642-5条にいう条件に従って，受領したオファーに基づいて与えることができる。農業開発構造管理に関する規定は適用されない。

ただし，複数のオファーがあったときは，裁判所は，農事法典L331-3条第1号から第4号，第6号から第8号の規定を考慮する。

自然人である債務者が，法令上の資格を要する，またはその資格が保護される自由職を営むときは，譲渡は，有形の要素にのみ及ぶ。ただし，債務者が公務員のときは，清算人は，その後任を法務大臣に提案する債務者の権利を行使することができる。

L642-2：
Ⅰ：裁判所が全部または一部の譲渡が考慮されると評価するとき，裁判所は事業の活動の遂行を認め，買収のオファーが清算人，管理人が選任されたとき管理人に届くべき期間を定める。

ただし，L631-13条を適用して受領したオファーが本条Ⅱの条件を充足し，満足すべきものであるならば，裁判所は，前項を適用しないと決定することができる。

Ⅱ：オファーは書面で下記を示していなければならない。
1）　オファー対象の財，権利，契約の詳細
2）　活動と資金調達の見込み
3）　オファー価格と支払い方法，資本提供者の資格，場合によってはその保証人。オファーが借入れを予定するならば，借入れ条件，特に期間を明示しなければならない。
4）　譲渡実行日
5）　考慮される活動により正当化される雇用の水準と展望
6）　オファーの履行を保障するための保証
7）　譲渡以後の2年間の資産譲渡の見込み
8）　オファー提出者の義務の期間

Ⅲ：債務者が法令上の資格を要する，またはその資格が保護される自由職を営むときは，オファーは，さらに，譲受人の職業上の資格を記載することを要す。

Ⅳ：清算人，または管理人が選任されたとき管理人は，債務者，被用者代表，監査委員に受領したオファーの内容を通知する。書記課に提出し，関係者は閲覧することができる。

オファーは，必要な場合，職業団体，または監督当局に通知される。
Ⅴ：オファーを変更し，L642-1条第1項にいう目的に有利な場合を除き，撤回することはできない。オファーは，計画を決める裁判所の決定まで提出者を拘束する。
計画を決める決定への控訴の場合，譲受人のみがそのオファーに拘束される。

L642-3：債務者，裁判上の清算にある法人の法律上または事実上の経営者，この経営者または自然人債務者の親または2親等までの親族，または手続において監査委員を務めた者は，直接または仲介者経由でオファーを提出することはできない。また，これらの者は，譲渡後5年以内に，清算された財の全部または一部を直接的または間接的に取得してはならず，その財産の中にこれらの財の全部または一部を直接的または間接的に有する会社の持分または株式，および同じ期間，この会社の資本にアクセスすることができる有価証券を取得してはならない。
ただし，農業経営であるときは，裁判所は，この禁止にかかわらず，監査委員を除く，これらの者に譲渡を認めることができる。その他の場合，裁判所は，検事局の請求により，監査委員の意見を求めた後，特に理由を付した決定により，監査委員を除く第1項にいう者に譲渡を認めることができる。
本条に反する行為は，行為の成立から3年以内の関係者または検事局の請求により，取り消される。行為が公告の対象であるときは，期間はこの日から開始する。

L642-4：清算人，または管理人が選任されたとき管理人は，裁判所に，オファーの信頼性およびL642-3条の規定の意味でその作成者の第三者性を示す要素をすべて与える。
また，清算人，または管理人が選任されたとき管理人は，裁判所に，

オファー価格，取立てまたは換価すべき残存資産，活動遂行の期間の借入れ，および，場合によって，債務者の負担する残存債務の債務の履行の条件などの観点から，評価のできる要素を与える。

L642-5：検事局の意見を徴した後，債務者，清算人，管理人が選任されたときは，管理人，企業委員会，またはそれがなければ地域従業員代表，監査委員を審尋し，または適式に呼び出した後，裁判所は，譲渡対象に関る雇用，債権者への支払いをもっともよい条件で，もっとも長期間保障し，履行についてもっとも確かな保証を提供するオファーを選択する。裁判所は，一ないし複数の譲渡計画を定める。

弁論は，手続が，被用者数と税を控除した売上高がコンセイユ・デタのデクレの定める限度を超える自然人，または法人のために開始されたとき，検事局の同席の下で行う。

計画を定める決定は，すべてのものに適用される。

計画が経済的理由による解雇を予定するときは，労働法典L321-9条にいう条件に従って，企業委員会，またはそれがなければ地域従業員代表と，また同法典L321-8条にいう条件に従って通知された行政当局と協議した後でなければ，裁判所によって決定されない。

計画は，とくに決定後1ヶ月以内に行われる解雇について詳らかにする。この間，解雇は，法律，協約または労働包括合意の定める事前通告権を条件に，清算人，または管理人が選任されたとき管理人の単なる通知によって行われる。

L642-6：計画の目標と方法の重要な変更は，譲受人の請求によって，裁判所が決定する。

裁判所は，清算人，管理人が選任されたとき管理人，監査委員，企業委員会代表，またはそれがなければ地域従業員代表およびすべての関係者を審尋し，または適式に呼び出した後，検事局の意見を徴

した後に，決する。
ただし，計画を決める決定において定められたところの譲渡価格は，変更されない。

L642-7：裁判所は，清算人，管理人が選任されたとき管理人に，提出された債務者の契約相手方の意見を見て，活動の維持に必要なリース，賃貸借，財，サービスの納入契約を決定する。
計画を決める決定は，譲渡がL642-13条にいう賃貸借に先立って行われても，契約の譲渡を生ずる。
契約は，反対の条項にかかわらず，手続の開始の日に有効な条件で行われる。
リース契約の譲渡の場合，レッシーは当事者の合意，またはこれがない場合は譲渡の日に裁判所が定める財の価値の限度で，負担する残存額を支払った場合にのみ，買取オプションを行使することができる。

L642-8：裁判所によって決められた計画の遂行にあたって，清算人，または管理人が選任されたとき管理人は，譲渡の実現に必要な証書に署名する。これらの証書の完了まで，譲渡価格の供託または同額の保証があれば，裁判所は，譲受人にその請求によって，譲渡された事業の経営をその責任に委ねることができる。
譲渡がフォン・ド・コメルスを含むときは，競売価格上乗せによる再競売を行わない。

L642-9：譲渡価格が全額支払われない限り，譲受人は，在庫を除き，取得した有体または無体の財を譲渡し，営業財産賃貸借を行うことはできない。
ただし，全部または一部の譲渡，担保の設定，賃貸借または営業財産賃貸借は，企業委員会，これがない場合には従業員代表と事前に

協議した清算人の報告を受けて，裁判所が許可することができる。裁判所は，譲受人が提供した保証を考慮しなければならない。

譲受人の代替は，裁判所によって，譲渡計画の決定の中で，L642-6条の規定の行使を妨げることなく，許可されなければならない。

裁判所に採用されたオファーの作成者は，引き受けた義務の履行について連帯で保証する。

これらの前項の規定に反する行為は，行為の締結から3年以内の関係者または検事局の請求によって，取り消される。行為が公告されるときは，期間はこの日から開始する。

L642-10：裁判所は，譲渡計画に，裁判所が定める期間，譲渡された財の全部または一部について譲渡禁止条項を付すことができる。この条項の公告は，コンセイユ・デタのデクレの定める条件に従って，行われる。

第1項に反する行為は，行為の締結から3年以内の関係者または検事局の請求によって，取り消される。行為が公告されるときは，期間はこの日から開始する。

L642-11：譲受人は，譲渡計画にいう規定の適用について清算人に報告する。

譲受人がその債務を履行しないならば，裁判所は，検事局，清算人，債権者またはすべての関係者の請求によって，または職権で，検事局の意見を徴した後，損害と利息の権利を妨げることなく，計画の解除を宣告することができる。

裁判所は，解除された契約のための行為の解除を宣告することができる。ただし，譲受人によって払われた対価は取得されたままである。

L642-12：譲渡が特別の先取特権，担保権，抵当権の設定された財

について行われるとき，対価の対応分は，裁判所によって，対価の配分と優先権の行使について，各財に割り当てられる。

譲渡対価の支払いは，譲受人に対する当該財の上に設定された債権者の権利の行使を妨げる。

譲渡の中に含まれた財の上に設定された登記の消滅をもたらす対価全額の支払いまで，追求権を有する債権者は，譲受人によって譲渡された財の再譲渡の場合にのみ，行使することができる。

ただし，担保が設定された財のファイナンスを認めるために，事業に対して供与された信用の弁済を保障する特別の動産・不動産担保の負担は，譲受人に移転する。この場合，譲受人は，債権者と合意し，所有権の移動後に，または，営業財産賃貸借の場合には，保証されている財を受けてから後に負担している残額を，債権者の手中に払わなければならない。譲受人と担保債権者の合意により本項の規定に従わないことができる。

L642-13：不動産賃貸借契約などに反対の条項があっても，譲渡計画を決める決定により，裁判所は，雇用と債権者への支払いをもっとも長期間保証する，最もよい条件の取得オファーを提示した者に，営業財産賃貸借の契約締結を認めることができる。

裁判所は，清算人，管理人が選任されたとき管理人，監査委員，企業委員会代表，またはそれがなければ地域従業員代表およびすべての関係者を審尋し，または適式に呼び出した後に，検事局の意見を徴した後，決する。

L642-14：営業財産賃貸借に関するL144-3条，L144-4条とL144-7条の規定は適用されない。

L642-15：営業財産賃貸借の場合，事業は，計画決定後2年以内に現実に譲渡されなければならない。

L642-16：清算人は，その任務に有益な書類，情報を営業財産賃借人に求めることができる。清算人は，営業財産賃貸借の対象に対する侵害および営業財産賃借人の債務の不履行について裁判所に報告する。

裁判所は，職権で，または清算人または検事局の請求により，営業財産賃貸借の解除と計画の解除を命ずることができる。

L642-17：営業財産賃借人が条件に従って，計画に定められた期間内に取得する義務を履行しなければ，裁判所は，職権で，または清算人または検事局の請求により，損害と利息の権利を妨げることなく，営業財産賃貸借の解除と計画の解除を命ずることができる。

ただし，営業財産賃借人がその責任のない原因によって，当初予定された条件に従って取得することができなくなったことを証明するときは，営業財産賃借人は，裁判所に賃貸借契約の期日終了前に，清算人の意見を受けて，L642-15条にいう対価と期限を除き，変更を申し立てることができる。裁判所は，賃貸借契約の期日前に，検事局の意見を徴した後，清算人，管理人が選任されたとき管理人，監査委員，企業委員会代表，またはそれがなければ地域従業員代表およびすべての関係者を審尋し，または適式に呼び出した後に，決定する。

第2節　債務者の資産の譲渡

L642-18：不動産の売却は，不動産差押えに関する形式に従って行われる。ただし，主任官は，審尋し，または適式に呼び出された監査委員，債務者および清算人の意見を徴して後，値決め，売却の主たる条件を定め，公告の方法を決定する。

救済，裁判上の更生または清算手続の開始前にとられた不動産差押えの手続がこの手続のために停止されているときは，清算人は，差押え債権者の権利において，債権者の行った行為について代位され，

債権者の行った行為は不動産の売却を行った清算人の計算において行われたものとみなされる。不動産差押えは，開始決定がそれを停止した段階で，その手続を再開する。

同じ条件に従い，主任官は，財の構成物件，その場所，または受領したオファーがよりよい条件での和解的譲渡を行わせるものならば，主任官が定める対価と条件に従い，相対での売却を認め，またはその許可する対価で和解的競売による売却を認めることができる。和解的競売の場合，常に競売価格上乗せによる再競売によって行われる。

前項を適用して行われる競売は，抵当権を消滅させる。

清算人は，大審裁判所が管轄する異議の留保の下，売却代金を配分し，債権者の順位に従って支払う。

農業経営者の裁判上の清算の場合，裁判所は，債務者の個人的，家族的事情を考慮し，主たる住居の家を退去する期間について猶予を与えることができる。

本条の適用についてはコンセイユ・デタのデクレが定める。

L642-19：主任官は，監査委員の意見を徴した後，債務者を審尋し，または適式に呼び出して，債務者の他の財の一般競売を命じ，または相対での売却を許可することができる。売却が一般競売で行われるときは，場合によって，L322-2条第2項，L322-4条またはL322-7条にいう条件に従って，行われる。

主任官は，和解的売却案が主任官の定めた条件を守っているか検証するため，提示を求めることができる。

L642-20：L642-3条の規定は，L642-18条とL642-19条を適用して行われる資産の譲渡に適用される。この場合，裁判所の権限は主任官が行使する。

L642-21：L631-22条を適用したが，債務者が裁判所から更生計画の決定を得られないときは，本編の規定が適用される。譲渡計画に含まれない財は，本節の条件に従い，譲渡される。

第3節　共通規定

L642-22：事業の譲渡と資産の換価については，事業の規模と売却される資産の性質に応じ，コンセイユ・デタのデクレの定める方法の公告が先行しなければならない。

L642-23：売却または債務者の記録の破棄の前に，清算人は記録の保管に関する監督行政当局に通知する。この当局は記録について優先権を有する。
守秘義務に服する債務者の記録の宛先は，清算人によって，職業団体または当局との合意によって定める。

L642-24：清算人は，主任官の許可を得て，債務者を審尋し，または適式に呼び出して，不動産の権利と訴権に関するものであっても，債権者全体に関わる異議について，妥協し，取引することができる。妥協または取引の対象の対価が未定であり，または裁判所の終審の権限を越えるならば，妥協または取引は裁判所の認可に服する。

L642-25：主任官に許可された清算人は，債務を払って，債務者が担保を設定した財または留置されたものを請け戻すことができる。
請戻しがない場合，清算人は，裁判上の清算決定から6ヶ月以内に，主任官に換価の実行の許可を求める。清算人は，換価の15日前に債権者に許可されたことを通知する。
債権が確定していなくとも，質権債権者は，主任官に，換価の前に，裁判上の移付を求めることができる。債権が全額または一部拒絶されたならば，許可された債権分の留保の下，清算人に財またはその

対価を返還する。

清算人による売却の場合，回復する権利は対価に及ぶ。質権の保全登記は，清算人の注意の下で抹消される。

第3章　債権者決済

L643-1：裁判上の清算開始決定は，期日未到来の債権を現在化する。ただし，裁判所が事業の全部または一部の譲渡が検討できるという理由で活動の継続を許可するときは，期日が到来していない債権は，譲渡を宣告する決定の日に支払うべきものとなる。

債権が裁判上の清算が宣告された地の通貨以外で表示されているときは，決定の日の相場でその地の通貨に換算する。

L643-2：特別の先取特権，担保権，抵当権のある債権者と優先権のある債権について，国庫は，債権届け後すぐに，それが確定していなくても，清算人が裁判上の清算を開始し，または宣告の決定から3ヶ月以内に担保のある財の清算に着手しないならば，個別の追求権を行使することができる。

裁判所が，L642-2条を適用して期間を定めたときは，この財を含むオファーが提示されないならば，債権者はこの期間の終了後に個別の追求権を行使することができる。

不動産の売却の場合，L622-16条第1項，第3項，第5項の規定が適用される。不動産差押え手続が開始決定前にとられているときは，抵当権債権者は個別追及の行使のときに，この決定前に行われた行為，様式を免除される。

L643-3：主任官は，職権で，または清算人ないし債権者の請求により，確定的に認められた債権の割当て分の仮払いを命ずることができる。

仮払いは，受益人によって金融機関の保証が提出されることを条件とする。

仮払いの求めが財務行政機関，社会保険機構，労働法典 L351-3 条以下にいう失業保険制度を運営する機関および社会保険法典第 9 編の規定する機関の優先権のある債権を対象とする場合，前項の保証は不要である。

L643-4：一ないし複数の配当が不動産の対価の配分に先行するならば，確定した先取特権のある，または抵当権のある債権者は，その債権全体に応じて配分に当たって競合する。

不動産の売却後，抵当権のある債権者，先取特権のある債権者の順位の確定後，不動産の対価について，その債権全体に有意な順位に来る債権者は，抵当権弁済順序の金額を，受領した金額を控除して，受領する。

このように控除された金額は，一般債権者の利益となる。

L643-5：不動産対価の配当で一部の支払いを受けた抵当権のある債権者の権利は，不動産の弁済順序の後に，残額の金額に応じて支払われる。弁済順序に応じて計算された配当との関係で以前の配当で受取った配当の超過分は，返却され，一般債権者へ配分される金額に含まれる。

L643-6：不動産の対価で全額を返済されない先取特権のある，または抵当権のある債権者は，残額について一般債権者と競合する。

L643-7：L642-25 条第 3 項の留保の下，L643-4 条と L643-6 条の規定は，特別の動産担保の受益者である債権者に適用される。

L643-8：資産の金額は，裁判上の清算の費用，事業主または経営

者あるいはその家族に与えられた扶助料と優先債権者に払われた金額を控除し，確定した債権に按分して，すべての債権者に支払われる。

確定していない債権に対応する分と，会社の経営者の報酬が決定していなければ，この分は，留保される。

第2章　裁判上の清算の終了

L643-9：裁判上の清算を開始し，または宣告する決定において，裁判所は，手続の終了が審査される期間を定める。この期間に終了が宣告されないならば，裁判所は理由を付した決定により延長することができる。

期日の到来した債務がない，または清算人が債権者に支払うべき充分な金額を有する，あるいは裁判上の清算手続の追行が資産不足により不可能になったときは，債務者を審尋し，または適式に呼び出して，裁判上の清算の終了を宣告する。

裁判所は，いつでも清算人，債務者または検事局の請求により係属する。裁判所は職権で係属することができる。裁判上の清算決定から2年の期間の満了の時点で，すべての債権者も手続の終了を裁判所に係属するよう求めることができる。

譲渡計画の場合，裁判書は，譲受人によりその義務が遵守されていることを確認してから，手続の終了を宣告する。

L643-10：清算人は，収支報告を行う。清算人は，この収支報告の後5年間，手続中に引き渡された書類について責任を負う。

L643-11：
Ⅰ：資産不足による裁判上の清算の終了の決定は，以下により生じた債権でない限り，債権者に債務者に対する個別行使を回復させる

ことはない。
1)　債務者の刑事有罪判決
2)　債権者の個人に属する権利
Ⅱ：ただし，債務者に代位して支払った保証人または共同債務者は，債務者に請求することができる。
Ⅲ：次の場合には債権者は個別の追求を回復する。
1)　債務者の個人破産が宣告された場合
2)　債務者が詐欺破産の責めを負うとされた場合
3)　債務者，または債務者が経営者である法人が当該債務者の裁判上の清算開始の前5年以内に資産不足によって終了した従前の裁判上の清算手続に従っていた場合
4)　手続が支払不能手続に関する2000年5月29日理事会EC規則番号1346/2000の第3条第2パラグラフにいう地域手続として開始された場合
Ⅳ：さらに，一ないし複数の債権者に対する詐欺がある場合，裁判所は，債務者に対するすべての債権者の個別訴権を再開させる。裁判所は，債務者，清算人と監査委員を審尋し，または適式に呼び出した後，手続の終了の時点で決定する。裁判所は，この時点以降にも，すべての関係者の請求によって，同じ条件に従って，決定することができる。
Ⅴ：債権者の債権が確定したならば，本条の適用により，訴権の個別行使を回復した債権者は，裁判所のオルドナンスにより，執行名義を得ることができ，債権が検証されなかったならば，一般規定の条件に従って，実行することができる。

L643-12：裁判上の清算の終了は，手続開始決定前に振り出された小切手の拒絶の時点で有効となり，小切手と支払いカードに関する法を統合した1935年10月30日デクレ65-3条の対象となった債務者の小切手振出禁止の措置の効果を停止する。

債権者が個別追求権を回復するならば，禁止措置は，L643-11条の最終項にいう執行名義の交付から効果を生じる。

L643-13：裁判上の清算の終了が資産不足のために宣告され，かつ資産が換価できないことが明らかであるか，または債権者の利益の訴えが手続の間に提起されないならば，手続を再開することができる。
裁判所は，従前選任された清算人，検事局または関係する債権者の請求により係属する。また，裁判所は職権で係属することができる。債権者による係属ならば，債権者は費用に必要な金額を国立貯蓄供託金庫に供託したことを証明しなければならない。供託された費用金額は，手続の再開に続いて，回収された金額から優先的に返還される。
債務者の資産が金銭であるならば，本編第4章にいう手続が適用される。

第4章　簡易な裁判上の清算

L644-1：簡易な裁判上の清算手続は，本章の規定の留保の下，裁判上の清算の規則に従う。

L644-2：L642-19条にかかわらず，裁判所が本章の適用を決定するときは，裁判所は，相対での売却の対象となる債務者の財を決定する。清算人は，決定の公表に続く3ヶ月間，これを行う。
この期間に続き，残存の財を一般競売で売却する。

L644-3：L641-4条にかかわらず，配分において優位な順位に来ると思われる債権と労働契約から生じる債権のみを調査する。

L644-4：債権の調査，確定と財の換価に続き，清算人は配分案を作成し，書記課に提出し，すべての関係者は閲覧することができ，公告の対象となる。

すべての関係者は，コンセイユ・デタのデクレの定める期間内に，配分案について主任官に異議を述べることができる。

主任官は，異議について，公告手段の対象となり，関係の債権者に通知される決定によって決する。上訴は，コンセイユ・デタのデクレの定める期間内に，行うことができる。

清算人は，案または決定に応じて配分を行う。

L644-5：手続開始から遅くとも1年以内に，裁判所は，債務者を審尋し，または適式に呼び出して，裁判上の清算の終了を宣告する。裁判所は，理由を付した決定により，3ヶ月を超えない範囲で手続を延長することができる。

L644-6：いつでも，裁判所は，とくに理由を付した決定により，本章に定められた特則を適用しないことを決定することができる。

第5編　責任と制裁

L650-1：債権者は，詐欺，債務者の経営に当たっての過度な干渉，または参加の見合いとしての保証がその参加に不均衡な場合を除き，参加による損害について責任を負うことはない。

債権者の責任が明らかな場合には，その参加の見合いとしての保証は無効である。

事業救済に関する 2005 年 7 月 27 日法律番号 2005-845 による改正後の商事法典第 6 部「窮境にある事業」(仮訳)

第 1 章　資産不足についての責任

L651-1：本章と本編第 2 章の規定は，包括執行に服する私法上の法人の経営者，法人の経営者の常任代理人の自然人に適用される。

L651-2：救済または裁判上の更生計画の解除，あるいは裁判上の清算が，資産不足を明らかにするときは，裁判所は，資産不足の原因となった経営上の過失がある場合，法人の債務を，全額または一部，経営の失敗に与った，法律上または事実上の経営者の全員またはその一部に，負担させることを決定することができる。複数の経営者の場合，裁判所は，理由のある決定により，連帯して責任があると宣告することができる。
この訴権は，裁判上の清算を宣する決定または計画の解除から 3 年で時効にかかる。
1 項の適用により経営者が払う金額は，債務者の財産に入る。この金額はすべての債権者に按分で配分される。

L651-3：L651-2 条にいう場合，裁判所は，法定代理人，清算人または検事局の請求により係属する。
債権者の包括的利益において，裁判所は，コンセイユ・デタのデクレの定める期間内に，その条件に従って，催促したが，そのままとなり，権限のある法定受任者が同条にいう訴えを提起しないときは，監査委員に選任された債権者の請求により係属することができる。
第 1 項にいう場合，主任官は裁判に座を占めず，合議体に加わらない。
経営者が支払うように命じられた裁判費用は，負債の填補のために払われた金額に対して優先的に支払われる。

L651-4：L651-2条の適用については，職権で，またはL651-3条にいう者の一人の請求により，裁判所は，主任官に，またはこれがない場合には，裁判所が選任する裁判所の構成員に，法律上または規則上の反対の規定にかかわらず，自然人または法人である経営者およびL651-1条にいう法人経営者の常任代表である自然人の財産状況について，公的行政機関，社会保険局と金融機関から，書類・情報を入手するように命じることができる。

裁判所は，同じ条件に従い，前項にいう経営者または前項にいう代表の財に保全処分を行うことができる。

本条の規定は，救済，裁判上の更生または清算手続にある法人の構成員または社員が会社の債務者に無限連帯責任を負うときは，これらの者に適用される。

第2章　会社の負債についての責任

L652-1：裁判上の清算手続の過程で，裁判所は，法人の法律上または事実上の経営者の一人について，下記の過失の一つが支払停止の原因になったと判断するときは，その者に法人の債務の全額または一部を負担させることができる。

1）　法人の財を自己の財のごとく処分した場合
2）　法人を自己のたくらみを隠すものとして使って，個人的利益で商行為を行った場合
3）　法人の利益に反して，個人目的またはその者が直接または間接に関係する他の法人または事業のために，法人の財または信用を利用したとき
4）　個人的利益のために，詐害的に，法人の支払停止に到らざるを得ない不採算の運営をした場合
5）　資産の全部または一部を隠匿し，または法人の負債を詐害的に増やした場合

本条にいう場合，L651-2条の規定の適用を受けない。

L652-2：複数の有責の経営者の場合，裁判所は，その負担すべき会社の債務の負担分の決定に各人の過失を考慮する。理由を付した決定により，裁判所は，連帯責任とすることができる。

L652-3：取り立てた資金は，担保順位に従って債権者に支払われる。

L652-4：この訴権は，裁判上の清算を宣告する決定から3年で時効にかかる。

L652-5：L651-3条とL651-4条の規定は，本章にいう訴えに適用される。

第3章　個人破産と禁止措置

L653-1：
Ⅰ：救済，裁判上の更生または裁判上の清算手続が開始されたとき，以下の者に本章の規定が適用される。
1）　商業を営む自然人，農業経営者または手工業者名簿に登録されたすべての者，法令上の資格を要する，またはその資格が保護される自由職を含む独立職を営む者
2）　法人の法律上または事実上の経営者である自然人
3）　法人の常任代表，第2号の法人の経営者である自然人
この規定は，独立職を営み，その資格において，服務規制に従う自然人または法人の経営者には適用されない。
Ⅱ：本章の訴権は，Ⅰにいう手続の開始を宣告する決定から3年で時効にかかる。

フランス倒産法

L653-2：個人破産は，商業的または職人的事業，農業経営または独立職の事業および法人を直接または間接に経営し，管理し，監督することを禁ずる。

L653-3：裁判所は，L653-1条Ⅰ最終項にいう例外の留保の下，同第1号にいう者で，下記の事実の一つが明らかな者に対して，個人破産を宣告することができる。
1) 詐害的に，支払停止に到らざるを得ない不採算の運営をした場合
2) （削除）
2) その資産の全部または一部を隠匿し，または法人の負債を詐害的に増やした場合

L653-4：裁判所は，L652-1条にいう過失の一つのあった法人の，法律上または事実上の経営者について，個人破産を宣告することができる。

L653-5：裁判所は，L653-1条にいう者で，下記の事実の一つが明らかな者について，個人破産を宣告することができる。
1) 法律の禁止に反して，商業的，職人的，農業事業を営み，または法人の経営，管理を行った場合
2) 裁判上の更生または裁判上の清算手続の開始を避け，または遅れさせる意図で，相場以下で転売する目的で購入し，または資金調達のために破滅的な手段を行使した場合
3) 他人の計算で，対価なしに，締結したときに事業または法人の状況から見て過剰な債務を引き受けた場合
4) 支払の停止後に，それを承知して，他の債権者を害して，一人の債権者に対して支払い，または支払わせた場合
5) 意図的に手続の機関と協力することをせず，その進行を妨げ

た場合

6） 計算書類を紛失させ，適用される条文が義務を課しているときに，会計処理を行わず，または適用される規定の観点から明らかに不完全，不当な虚偽の会計処理を行った場合

L653-6：裁判所は，負担を命じられた債務を支払わない法人の経営者について個人破産を宣告することができる。

L653-7：L653-3条からL653-6条とL653-8条にいう場合，裁判所は，法定代理人，清算人または検事局の請求により係属する。
債権者の包括的利益において，裁判所は，コンセイユ・デタのデクレの定める期間内に，その条件に従って，催促したが，そのままとなり，権限のある法定受任者が同条にいう訴えを提起しないときは，監査委員に選任された債権者の請求により係属することができる。
第1項にいうと同じ場合に，主任官は裁判に座を占めず，合議体に加わらない。

L653-8：L653-3条からL653-6条にいう場合，裁判所は，個人破産に代えて，商業的または職人的事業，農業事業，または法人，またはこれらのうちの一つまたは複数の経営，管理，監督の禁止を命じることができる。
前項の禁止は，L653-1条にいう者で，悪意から，開始決定に続く1ヶ月の間に，622-6条を適用して通知すべき情報を債権者代表，管理人または清算人に提供しなかった者について宣告される。
個人破産は，L653-1条にいう者で，45日以内に，調停手続の開始を請求することなく，支払停止の届出を行わなかった者に対して宣告される。

L653-9：個人破産を宣告され，またはL653-8条にいう禁止処分を

受けた経営者の議決権は，救済，裁判上の更生または裁判上の清算手続にある法人の総会で，管理人，清算人または計画遂行監督員の請求によって，裁判所が選任した代理人によって代行される。

裁判所は，これらの経営者の全部または一部の者について，法人の持分または株式を譲渡することを命じ，または必要がある場合には鑑定して，代理人の手で強制譲渡するように命じることができる。

売却代金は，会社の債務が経営者の負担とされている場合，会社の債務の一部の支払いに当てられる。

L653-10：個人破産を宣告する裁判所は，選挙により選出される公的職務の不能を宣告することができる。公職不能は，5年を限度に，個人破産の期間と同じ期間，宣告される。決定が確定したときは，検事局は当該の者に職務不能を通知し，通知の日から効果を生ずる。

L653-11：裁判所が個人破産またはL653-8条にいう禁止を宣告するときは，15年を超えない範囲で，処分期間を定める。裁判所は，決定の仮執行を命ずることができる。失権，禁止，公職不能は，決定がなくても，期限に終了する。

会社の債務の義務の履行の後を含めて，負債の消滅のための終了決定は，事業主または法人の経営者にそのすべての権利を復権させる。これは，すべての失権，禁止，公職不能を免除し，解除する。

当該の者は，負債の支払いに充分な負担を行ったならば，裁判所に，失権，禁止，公職不能の全部または一部の解除を申し立てることができる。

L653-8条にいう禁止処分の対象であるときは，同条にいう一または複数の事業または法人を経営，管理，監督する能力を証する保証を示したならば，解除されることができる。

すべての失権，禁止，公職不能の解除があるときは，裁判所の決定が復権させる。

事業救済に関する 2005 年 7 月 27 日法律番号 2005-845 による改正後の商事法典第 6 部「窮境にある事業」(仮訳)

第 4 章 詐欺破産とその他の罰則

第 1 節 詐欺破産

L654-1：本節は以下の者に適用される。
1) すべての商人，農業経営者，手工業者名簿に登録されたすべての者，その他法令上の資格を要する，またはその資格が保護される自由職を含む独立職を営む者
2) すべての私法上の法人を直接的にまたは間接的に，法律上または事実上経営し，または清算した者
3) 第 2 号の法人の経営者である法人の常任代表である自然人

L654-2：裁判上の更生または裁判上の清算手続の開始の場合，L654-1 条にいう者で，以下の事実の一つがある者は，詐欺破産罪として有罪である。
1) 裁判上の清算手続の開始を避け，または遅れさせる意図で，相場以下で転売する目的で購入し，または資金調達のために破滅的な手段を行使した場合
2) 債務者の資産の全部または一部を隠匿した場合
3) 債務者の負債を詐害的に増やした場合
4) 事業または法人の虚偽の会計処理を行い，または書類を紛失させ，あるいは，適用される条文が義務を課しているときに，会計処理を行わなかった場合
5) 法律規定の観点から明らかに不完全，不当な虚偽の会計処理を行った場合

L654-3：詐欺破産は，5 年の禁固と 7 万 5000 ユーロの罰金に処せられる。

商人,農業経営者,職人,または経済活動を行う私法上の法人を直接または間接的に,法律上または事実上,経営する者でない者であっても,詐欺破産の共犯者は同様とする。

L654-4:詐欺破産の主犯または共犯が,投資サービス事業の経営者であるときは,7年の禁固と10万ユーロの罰金に処せられる。

L654-5:L654-3条とL654-4条の罰則の対象となる自然人は,さらに下記の追加的制裁を受ける。
1) 刑法典131-26条により,公民権,私権,家族権の禁止
2) 確定した判決によって,民事または商事裁判所がこのような処分を宣告していない限り,最長5年間,公職,またはその遂行上違反があった職業または会社での活動の禁止
3) 最長5年間,公的契約からの排除
4) 最長5年間,振出人による支払銀行での資金の引出し以外の小切手の振出の禁止
5) 刑法典131-35条にいう条件で宣告された決定の掲示または配布

L654-6:L654-1条にいう者の一について,詐欺破産を宣告する刑事裁判所は,民事または商事裁判所が確定的決定によって,この処分を宣告していなければ,その者の詐欺破産,またはL653-8条にいう禁止を宣告することができる。

L654-7:
Ⅰ:法人は,L654-3条とL654-4条の違反について,刑法典121-2条にいう条件に従い,刑事責任を負う。
Ⅱ:法人の罰則は以下のとおりである。
1) 刑法典131-38条にいう罰金

2) 刑法典131-39条にいう罰則

Ⅲ：刑法典131-38条第2項にいう禁止は，違反が行われた活動に対して行われる。

第2節　その他の罰則

L654-8：以下の場合，2年の禁固と3万ユーロの罰金に処せられる。

1) L654-1条にいう者について，観察期間中に，抵当権，担保の設定を行い，L622-7条第2項にいう許可なく，処分行為を行い，または本条1項にいう禁止に反して，債務の全部または一部を支払った場合

2) L654-1条にいうすべての者について，救済計画または更生計画に予定された負債の支払い方法に反して，支払を実行し，L626-14条にいう許可なく，処分行為を行い，またはL642-10条を適用して，譲渡計画の中で，譲渡禁止とされた財の譲渡を実行した場合

3) すべての者について，観察期間または救済計画ないし更生計画の遂行中に，債務者の状況を承知して，債務者と上記第1，第2号にいう行為を行い，または違法な支払いを受領した場合

L654-9：以下の事実は，L654-3条からL654-5条にいう刑に処せられる。

1) L654-1条にいう者について，その者の動産，不動産の財の全部または一部を隠匿した場合。ただし，この場合，刑法典121-7条の適用を妨げない。

2) すべての者について，救済，裁判上の更生または裁判上の清算の手続において，その名において，または仲介者を通じて虚偽の債権を届け出た場合

3) 商事的，職人的，農業，または独立職は営む者について，他人の名または架空の名で，L654-14条にいう事実の一つで有責とさ

れた場合

L654-10：L654-1条にいう者の配偶者，尊属・卑属，傍系親族，姻族については，救済または裁判上の更生手続に従う債務者の資産を隠匿することは，刑法典314-1条にいう刑に処せられる。

L654-11：前条にいう場合，管轄裁判所は，無罪とするときも以下を行う。
1) 職権で，詐害的に失われた財，権利，株式の債務者の財産を請戻すこと
2) 損害賠償請求の裁判

L654-12：
Ⅰ：管理人，債権者代表，清算人，または計画遂行監督員については，以下の場合，刑法典314-2条にいう刑に処せられる。
1) その任務の遂行にあたって受領した金銭を自己の利益に使用し，または自ら受けることのできない特権を自らに与え，債権者または債務者の利益を意図的に損なった場合
2) その利益のために，有する権限を債権者または債務者の利益に反して行使した場合
Ⅱ：管理人，債権者代表，清算人，計画遂行監督員または被用者の代表を除くその他すべての者は，手続において，債務者の財を直接的または間接的に，その計算で取得し，またはその利益のために使用した場合，同様である。管轄裁判所は，取得の無効を宣告し，損害賠償を命ずる。

L654-13：債権者については，救済，裁判上の更生または裁判上の清算手続の開始決定の後に，債務者の負担で特に有利な特権を含む契約を締結した場合，刑法典314-1条の刑に処せられる。

係属した裁判所がこの契約の無効を宣告する。

L654-14：L654-1条第2号，第3号にいう者は，悪意で，救済，裁判上の更生または裁判上の清算手続の対象である法人の追求，または法人の社員ないし債権者の追及から，その財産の全部または一部を隔離するため，その財の全部または一部を隠匿し，または隠匿しようとした場合，または詐害的に負担していない金額の負担があるとした場合，L654-3条からL654-5条の刑に処せられる。

L654-15：すべての者について，L653-2条とL654-8条にいう失権，禁止，公職不能に反して，職業活動または機能を営むことは2年の禁固と37万5000ユーロの罰金に処せられる。

L654-16：本章第1節，第2節の適用について，公訴権の時効は，訴えられた事実が救済，裁判上の更生または裁判上の清算手続の開始決定以前に明らかであるときは，決定の日から開始する。

L654-17：刑事裁判所は，検事局の訴追，または管理人，債権者代表，被用者の代表，計画遂行監督員，清算人の請求，または，債権者の包括的利益において，コンセイユ・デタのデクレの定める期間内に，その条件に従って，催促したが，そのままとなり，権限のある法定受任者が同条にいう訴えを提起しないときは，監査委員に選任された債権者の過半数の請求により係属することができる。

L654-18：検事局は，管理人または清算人から，保有するすべての証書，書類の引渡しを求めることができる。

L654-19：管理人，法定代理人，被用者の代表，計画遂行監督員または清算人によって提起された訴えの費用は，無罪のときは国庫が

負担する。

有罪の場合,国庫は裁判上の清算手続が終了後に債務者に対して請求する。

L654-20:本章を適用して言い渡される判決は,被告人の負担で公表される。

第6編　手続の一般規定

第1章　上　訴

L661-1:

Ⅰ:以下の裁判については,控訴または破毀申立てができる。

1) 債務者,債権者,または主たる当事者でなくても,検事局については,救済,裁判上の更生または裁判上の清算手続の開始決定に対して

2) 債務者,管理人,債権者代表,企業委員会代表,またはそれがなければ地域従業員代表,または,主たる当事者でなくても,検事局については,裁判上の清算決定,救済計画または裁判上の更生計画の拒絶に対して

3) 債務者,計画遂行監督員,企業委員会代表,またはそれがなければ地域従業員代表,または,主たる当事者でなくても,検事局については,救済計画または裁判上の更生計画の変更に対して

Ⅱ:検事局の控訴は,救済,裁判上の更生手続の開始決定を除き,停止的である。

Ⅲ:企業委員会,または地域従業員代表がない場合,被用者の代表が本条にいう当該機関に開かれた上訴を行う。

L661-2：第三者異議に関する裁判は，異議を申し立てる第三者により控訴または破毀申立てることができる。

L661-3：救済計画または更生計画の決定または変更の決定は，第三者異議をすることができる。
第三者異議に関する裁判は，異議を申し立てる第三者により控訴または破毀申立てることができる。

L661-4：主任官の選任，交替に関する決定は，上訴することができない。

L661-5：L642-18条とL642-19条を適用して，主任官が行ったオルドナンスに対する異議についての決定は，控訴または破毀申立てができない。

L661-6：
Ⅰ：以下の裁判は，主たる当事者でなくとも，検事局による控訴のみが可能である。
1）　管理人，債権者代表，清算人，監査委員，または一ないし複数の専門家の選任または交替の決定
2）　観察期間，活動の継続または停止に関する決定
Ⅱ：事業譲渡計画の決定，または拒絶の決定は，債務者，または主たる当事者でなくとも，検事局，あるいはL642-7条にいう譲受人または契約相手方のみが控訴することができる。譲受人は，譲渡計画が計画の準備過程で引き受けた債務以外の負担を命じている場合のみ，計画決定に対して控訴することができる。L642-7条にいう契約相手方は，契約の譲渡を含む決定についてのみ控訴することができる。
Ⅲ：譲渡計画変更は，主たる当事者でなくとも，検事局または前項

の限度内で，譲受人のみが控訴することができる。
Ⅳ：検事局の控訴は，停止的である。

L661-7：L661-6条Ⅰを適用して行われた決定に対しては上訴することはできない。
L661-6条Ⅱ，Ⅲを適用して行われた決定に対しては，検事局のみが破毀院に申し立てることができる。

L661-8：検事局が救済，裁判上の更生または裁判上の清算手続に関する情報および会社の経営者の責任に関する原因情報を得るとき，検事局のみが情報の欠缺を理由とする上訴を行うことができる。

L661-9：裁判所に差し戻す判決の取消の場合，控訴院は，新たな観察期間を開始することができる。この期間は，最長3ヶ月とする。観察期間中の裁判上の清算決定に対する控訴，または救済計画または更生計画の拒絶に対する控訴の場合，仮の執行が停止されたときは，観察期間は控訴院が定めるまで延長される。

L661-10：本編の適用について，企業委員会の構成員または地域従業員代表は，その中から，その名において上訴を行う者を選任する。

L661-11：第5編第1章，第2章，第3章を適用して行われた決定は，主たる当事者でなくとも，検事局は控訴することができる。
検事局の控訴は，停止的である。

第2章　その他の規定

L662-1：国立貯蓄供託金庫に払い込まれた金銭については，その性質にかかわらず，いかなる差押え，執行手続も行われない。

L662-2：面前の利益が正当化するときは、デクレの定める条件に従い、控訴院は、救済、裁判上の更生または裁判上の清算の手続について、控訴裁判所の管轄区域の他の管轄裁判所に移送することができる。破毀院は、同じ条件で係属して、他の控訴院に移送することができる。

L662-3：商事裁判所または大審裁判所での対審は、評議部で行われる。しかしながら、債務者、法定代理人、管理人、清算人、被用者の代表、または検事局が求めるならば、手続開始後、公開される。裁判所は、裁判の平穏を損なう混乱があれば、評議部で行い、または続けることができる。

前項の規定にかかわらず、第5編第1章、第2章、第3章の規定を適用した処分に関する対審は、公開で行われる。裁判所は、債務者がその開始前に請求するならば、評議部で行うことを決定することができる。

L662-4：管理人、雇用者、清算人、場合によってL621-4条とL641-1条にいう被用者の代表によって検討される解雇は、義務的に企業委員会に提示されなければならず、企業委員会は解雇案に意見を述べる。

解雇には、労働検査官の許可がなければならない。企業委員会がないときは、直接労働検査官が行う。

ただし、重過失がある場合、管理人、雇用者、または清算人は、場合によって、確定的な決定を待って、関係者の即時の解雇を宣告することができる。解雇が拒絶された場合、解雇は取り消され、その効果は消滅する。

L625-2条に定める任務の行使に被用者の代表に設けられた保護は、労働法典L143-11-4条にいう機関が債権者代表に払った金銭が同法典L143-11-7条第10項を適用して、従業員に戻されたときは、停

止する。
被用者の代表が，企業委員会，それがなければ地域従業員代表の機能を果たすときは，救済または裁判上の更生手続で予定された事情の審尋または協議の終了時に保護は停止する。

L662-5：裁判上の整理，財の清算，個人破産と詐欺破産に関する1967年7月13日法律番号67-563による裁判上の整理と財の清算手続として，サンディックが有する資金は，ただちに国立貯蓄供託金庫に払い込まなければならない。遅滞した場合，サンディックは，払わなかった金額について，法定利率に5ポイントを加算した利率で利息を支払わなければならない。

L662-6：商事裁判所の書記課，大審裁判所の書記課は，半期ごとに，本編に規定された手続に固有の任務を当該裁判所によって，当該期間に与えられ，裁判所が選任した法定管理人，法定代理人およびその他の者のリストを作成する。そこには，各人ごとに与えられた事件の全体とコンセイユ・デタのデクレが定める債務者に関する情報を示す。そこには，当該半期中に裁判所によって与えられた任務のとして，実現した金額を添付する。
この情報は，コンセイユ・デタのデクレの定める方法により，法務大臣，関係の省，法定管理人・代理人のコントロール検査担当当局に伝達される。

第3章　手続費用

L663-1：
Ⅰ：債務者の処分可能資金がただちには充分でないときは，下記について，国庫は，検事局の同意を得て，主任官または裁判所の理由を付したオルドナンスにより，書記課が受領する手数料，税金，納

付金，公定費用，代訴士の立替費用，公定費用，支払われる場合には弁護士の報酬，通知費用と公告費用，裁判所が選任する技師の報酬を前払いする。

1）　債権者の包括的利益または債務者の利益において行われた，救済，裁判上の更生または裁判上の清算中に行われた決定

2）　債務者の財産の保全または請戻し，または債権者の包括的利益のための訴権の行使

3）　L653-3条からL653-6条にいう訴権の行使

検事局の同意は，裁判所によってL621-4条を適用して，L622-6条にいう財産確認とL641-4条にいう値決めを行うために選任された公務員の報酬の前払いには不要である。

Ⅱ：国庫は，裁判所の理由を付したオルドナンスにより，計画の解除または変更のための訴権の行使に関する費用を前払いする。

Ⅲ：この規定は，上記の決定に関する控訴または破毀手続に適用される。

Ⅳ：前払い分の償還については，国庫は，裁判費用の先取特権で保証される。

L663-2：コンセイユ・デタのデクレは，法定管理人，法定代理人，計画遂行監督員と清算人の報酬条件を定める。この報酬は，同一手続の他の報酬や費用，延長として継続された任務の報酬や立替費用の償還を含まない。

L663-3：事業の資産の換価の代金では，L663-2条を適用して受けることのできる報酬として，コンセイユ・デタのデクレの定める上限以下の金額を，清算人または法定代理人が受けることができないとき，当該事案は，主任官の提言に基づき，清算人または法定代理人の提出する証拠を見て，裁判所の決定で，資金不足とする。

同じ決定で，清算人または法定代理人が現に受取った報酬と1項に

いう限度の差に対応する金額を定める。

法定代理人または清算人に払われる資金は，L622-18条，L626-25条，L641-8条を適用して預けられた資金に国立貯蓄供託金庫が付した金利の割当て分を差し引く。この割当て分は，国立貯蓄供託金庫が管理委員会のコントロールの下で運営するファンドに充当される。本項の適用条件は，コンセイユ・デタのデクレが定める。

L663-4：主任官は，債務者の資産について，移動費用の償還請求権を有する。

第7編　モーゼル県，バ・ラン県，オ・ラン県の特則

L670-1：本編の規定は，モーゼル県，バ・ラン県，オ・ラン県に居住する自然人とその相続人であって，商人，手工業者名簿に記載された者，農業経営者，法令上の資格を要する，またはその資格が保護される自由職を含む独立職を営む者でなくても，善意であり，明らかな支払不能にあるときには，適用される。本編の第2編から第6編の規定は，本編の規定に反しない限りで適用される。

開始決定以前に，裁判所は，有益ならば，債務者の経済的状況，会社の構成について情報を受取るために，承認された機関のリストの中から選んだ者を任ずることができる。

個人破産に伴う失権，禁止はこの者に適用されない。

本条の適用方法はデクレが定める。

L670-2：主任官は，L670-1条にいう者の財の財産目録を免除することができる。

L670-3：裁判上の清算の場合，資産の換価代金が裁判費用にすべ

て充当されることが明らかであれば，主任官の反対の決定がない限り，債権調査は行わない。

L670-4：裁判上の清算の終了のとき，裁判所は，例外的に，裁判所が定める割合で債務の履行に向けた資金負担を債務者に命じることができる。裁判所は，この決定で，負担の遂行の監査委員を選任する。
負担割合を決定するため，裁判所は，その資産と差し引く前の負担を勘案して，債務者の負担能力を考慮する。裁判所は，負担する者の資産の減少または負担の増加の場合，負担額を減額する。
支払いは，2年以内に行わなければならない。
本条の適用方法は，デクレが定める。

L670-5：L643-11条にいう場合のほか，債権者は，裁判所が職権で，または監査委員の請求により，L670-4条にいう負担の不履行を確認したときは，債務者に対する個別追求権を回復する。

L670-6：裁判上の清算を宣する決定は，消費者法典L333-4条にいうファイルに8年間記載され，関係者の犯罪記録には記載されない。

L670-7：裁判上の更生または清算について，裁判費用の税は，地方税規定に従って定める。

L670-8：オ・ラン県，バ・ラン県とモーゼル県の不動産の売却に関する1975年12月27日法律番号75-1256第1条の規定は，1986年1月1日以降に開始された裁判上の更生手続の対象である債務者の財産に含まれる不動産の強制売却には適用されない。

〈著者紹介〉

小 梁 吉 章（こはり よしあき）

1974年3月	京都大学法学部卒業
2001年3月	筑波大学大学院経営政策科学研究科企業法学専攻修了
2003年3月	筑波大学大学院ビジネス科学研究科企業法学専攻退学
2004年3月	博士（法学）（筑波大学）

職歴：

1974年4月	東京銀行入行（ルクセンブルク，パリ，法務部等勤務）
2002年3月	東京三菱銀行退職
2003年4月	広島大学法学部教授
2004年4月	広島大学大学院法務研究科教授

専攻：国際民事訴訟法，国際取引法，倒産法

〈主著〉
金銭債権の国際化と民事執行（2004年，信山社）
倒産法講義（2005年，信山社）

法学研究双書
倒産法

フランス倒産法

2005年12月22日　第1版第1刷発行
3345-0101 P280：Y4200E：b012

著　者　　小　梁　吉　章
発行者　　今　井　　　貴
発行所　　株式会社信山社

〒113-0033　東京都文京区本郷6-2-9-102
Tel　03-3818-1019
Fax　03-3818-0344
henshu@shinzansha.co.jp
出版契約 3345-01010　Printed in Japan

©小梁吉章 2005　印刷・製本／松澤印刷・大三製本
ISBN 4-7972-3345-1　C3332　分類 327-365-a006
禁コピー　信山社 2005

小梁吉章　　金銭債権の国際化と民事執行
　　　　　　　　　　　　　　　　　　10,000円

小梁吉章　　倒産法講義〔倒産法と経済社会〕
　　　　　　　　　　　　　　　　　　3,200円

民事手続法研究（松本博之=徳田和幸　責任編集）
創刊第1号　　　　　　　　　　　　　3,500円

民事再生法書式集〔第3版〕
　　　　　　　　　　　　　　　　　　5,600円

福永有利　　倒産法研究
　　　　　　　　　　　　　　　　　　4,200円

──────── 信 山 社 ────────

価格は税別